高等职业教育工学结合系列教材·汽车类

汽车底盘电控系统检修

主　编　宫　涛　刘福华

副主编　卿　龙　吴　沉

参　编　罗美琴　毛建军

北京理工大学出版社

BEIJING INSTITUTE OF TECHNOLOGY PRESS

内 容 简 介

本书内容主要包括底盘电控技术分析及布置认识，分为自动变速器检修、DTC 系统检修、CVT 系统检修、电控悬架系统检修、电控动力转向系统检修和制动安全系统检修（防抱死制动系统检修、驱动防滑系统检修、电子稳定系统检修）6 个项目。内容与当前汽车底盘电控系统主流新技术接轨，力求实现基本理论和实践技能的统一，用任务进行驱动，建立以工作任务为框架的课程结构，以案例引入，引导学生进行任务实施，在任务实施的过程中自行获取和学习相关知识。书本结构设计以学生为中心，培养学生自我学习、团队协作的能力。

图书在版编目（C I P）数据

汽车底盘电控系统检修／宫涛，刘福华主编. — 北京：北京理工大学出版社，2024.3（2024.7 重印）
ISBN 978-7-5763-3710-5

Ⅰ. ①汽… Ⅱ. ①宫… ②刘… Ⅲ. ①汽车–底盘–电气控制系统–车辆检修 Ⅳ. ①U472.41

中国国家版本馆 CIP 数据核字（2024）第 058052 号

责任编辑：封 雪		**文案编辑：**封 雪	
责任校对：周瑞红		**责任印制：**李志强	

出版发行／北京理工大学出版社有限责任公司
社　　址／北京市丰台区四合庄路 6 号
邮　　编／100070
电　　话／（010）68914026（教材售后服务热线）
　　　　　　（010）68944437（课件资源服务热线）
网　　址／http://www.bitpress.com.cn
版 印 次／2024 年 7 月第 1 版第 2 次印刷
印　　刷／河北盛世彩捷印刷有限公司
开　　本／787 mm×1092 mm　1/16
印　　张／15
字　　数／349 千字
定　　价／48.00 元

前　言

　　为深入贯彻习近平总书记关于职业教育工作的重要指示和党的二十大精神，落实党中央、国务院关于加强和改进新形势下大中小学教材建设的意见，切实提高教材建设水平，适应当前社会对汽车技术服务行业高素质劳动者和技术技能人才的需求，进一步深化校企产教融合，体现"岗课赛证"融通的职业教育改革特色，特编写本教材，旨在为汽车技术服务行业培养一大批掌握理论知识与诊断技能、德才兼备的高素质技术技能人才。

　　本书采用任务驱动，建立以工作任务为框架的课程结构，以学生为中心，通过案例引入引导学生开展任务实施，在任务实施的过程中自行获取和学习相关知识，培养学生自我学习、团队协作的能力。课程的内容上注重加强新技术、新工艺、新规范的更新，并且融入1+X证书相关模块和项目，对接证书标准。同时教材编写力求详略得当、主次分明、简练准确、图文并茂，以达到易读、易学、学以致用的目的，既适合高职汽修专业学生使用，也可以作为汽修从业人员的参考用书。

　　本书主编宫涛、刘福华，副主编卿龙、吴沉，参加编写的人员还有罗美琴、企业专家毛建军。本书的编写也参考了一些文献资料，特在此向有关文献资料的作者表示衷心的感谢！

　　由于编者水平有限，书中难免有不当之处，敬请广大读者批评指正。

编　者

目　录

项目一　自动变速器检修 ·· 001
　任务一　自动变速器发展及结构认识 ··· 001
　任务二　液力变矩器检修 ··· 010
　任务三　齿轮传动系统检修 ··· 020
　任务四　液压控制系统检修 ··· 033
　任务五　电子控制系统检修 ··· 044
　任务六　自动变速器基础检查及性能试验 ··· 057

项目二　双离合变速器系统检修 ··· 067
　任务　DCT 系统检修 ··· 067

项目三　无级变速器系统检修 ·· 087
　任务　CVT 系统检修 ··· 087

项目四　电控悬架系统检修 ··· 111
　任务一　电控悬架系统检修 ··· 111
　任务二　胎压监测系统结构认识及匹配 ··· 134

项目五　电动助力转向系统检修 ··· 149
　任务　EPS 系统检修 ··· 149

项目六　制动安全系统检修 ··· 167
　任务一　ABS 检修 ··· 167
　任务二　ASR 系统检修 ·· 190
　任务三　ESP 系统检修 ·· 208

参考文献 ··· 231

项目一

自动变速器检修

项目描述

自动变速器（Automatic Transmission，AT）操作便捷，大大提高了汽车驾乘的舒适性、安全性，因而得到了广泛的应用。电控自动变速器结构复杂、配合精密、修理困难，对汽车维修服务人员的能力水平提出了极高的要求。本项目的目标是使学生通过学习，掌握自动变速器的结构及原理，能正确拆装自动变速器，应用所学知识来解决问题，培养学生的创新精神、劳动精神，用普遍联系的、系统的思维来解决问题，践行绿色、低碳、循环的理念。

自动变速器有多种形式，主要分为电控液力自动变速器（Electronic Automatic Transmission，EAT）、机械式无级自动变速器（Constantly Variable Transmission，CVT）、电控机械自动变速器（Automated Mechanical Transmission，AMT）和双离合自动变速器（Dual Clutch Transmission，DCT）。本项目主要以电控液力自动变速器为例进行学习。

任务一　自动变速器发展及结构认识

【任务目标】

知识目标

1. 了解自动变速器的类型及发展；
2. 熟悉自动变速器挡位；
3. 了解自动变速器结构组成。

技能目标

1. 能正确起动自动变速器车辆；
2. 能正确操作自动变速器挡位；
3. 能正确找到自动变速器位置；
4. 能正确识别变速器型号。

素质目标

1. 具备良好的职业素养及语言表达能力；
2. 具备团队协作及分析问题、解决问题的能力；
3. 具备追求真理、守正创新的精神。

【任务实施】

一、任务描述

一客户购置了一辆装有自动变速器的车，但是对自动变速器的基本情况和挡位使用不熟悉，请你学习相关知识，为客户进行讲解和操作演示。

二、任务准备

第一部分：信息准备

（1）自动变速器按布置形式分为_____和_____。

（2）观察图 1-1 并填空。

P 为_____，作用：_____。

R 为_____，作用：_____。

N 为_____，作用：_____。

D 为_____，作用：_____。

M 为_____，其中"+"和"−"的作用：_____。

S 为_____，作用：_____。

在变换选挡杆位置时，先按下选挡杆上方的选挡杆_____，否则无法移动选挡杆。

（3）观察图 1-2 并填空。

图 1-1　自动变速器挡位示意图

图 1-2　自动变速器结构示意图

① 为_____，作用：_____。

② 为_____，作用：_____。

③为_____，作用：_____。

④为_____，作用：_____。

（4）观察图1-3并填空。

①为_____。

②为_____。

③为_____。

④为_____。

⑤为_____。

⑥为_____。

⑦为_____。

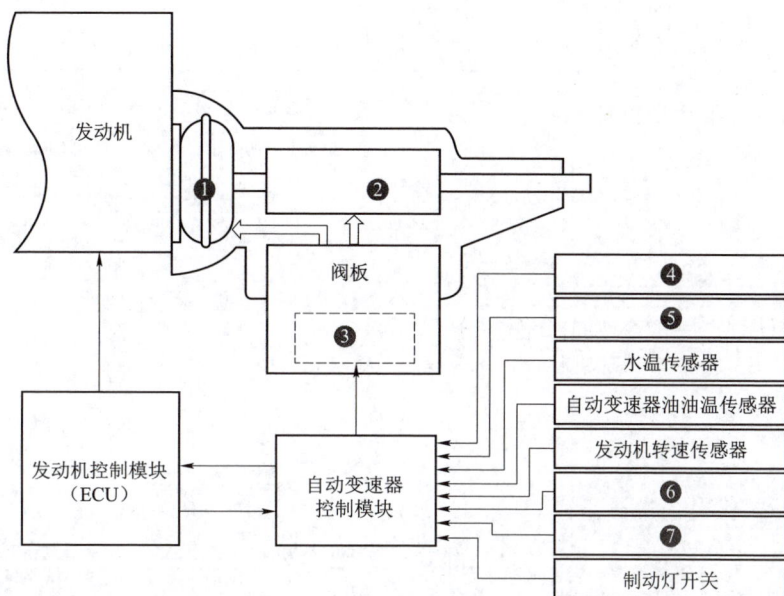

图 1-3　自动变速器的组成和原理图

（5）自动变速器有哪些优点？查阅资料，分析其有哪些缺点。

第二部分：制订计划

（1）需要准备的工具，请填表1–1。

表1–1 需要准备的工具

序号	名称	序号	名称	序号	名称	序号	名称
1		5		9		13	
2		6		10		14	
3		7		11		15	
4		8		12		16	

（2）操作过程中注意事项。

（3）根据计划，完成小组成员任务分工。

第三部分：实施计划

（1）型号识别：自动变速器型号_____。该型号所代表的含义_____
_____。

（2）结构认识：观察自动变速器及相关零部件，认识自动变速器组成，并简要叙述工作过程。

（3）位置认识：查找自动变速器及主要操控件在车上的位置，观察与其他部件的连接。

（4）操作练习：观察操纵杆，认识相关挡位。将车辆举升，进行换挡操作练习。

第四部分：评价反馈

任务评价如表1–2所示。

表1-2 任务评价

序号	评价项目	评价指标	分值	自评（25%）	互评（25%）	师评（50%）	合计
1	知识目标（25%）	了解自动变速器的特点及类型	5				
		熟悉自动变速器挡位及作用	5				
		了解自动变速器结构组成	5				
		熟悉自动变速器基本工作原理	10				
2	能力目标（50%）	能做好相关操作的安全准备	5				
		能正确起动车辆	5				
		能正确进行换挡操作	10				
		能正确识别变速器位置及布置形式	10				
		能正确识别变速器型号	10				
		能完整、规范地完成任务单	10				
3	素质目标（25%）	6S规范、劳动意识	10				
		协作能力、责任意识	5				
		表达能力、服从意识	5				
		搜集、利用资源的能力	5				
合计			100				
综合得分及评价							

【相关知识】

在当今车辆上，自动变速器得到了广泛应用，自动变速器可以根据节气门开度和车速等参数的变化，利用液压系统实现自动变换挡位，因此自动变速器又可简称为EAT。目前自动变速器的换挡过程都是由自动变速器的电子控制单元控制的。

注：本项目中自动变速器特指EAT，DCT、CVT单独列项目讲述。

一、自动变速器发展

第一台可用于大规模生产的自动变速器是美国通用汽车在1940年生产的Hydra-Matic，如图1-4所示，这台变速器是第一台真正意义上的自动变速器，使用液力耦合器（不是液力变矩器，没有导轮）和三排行星齿轮提供四个前进挡和一个倒挡，装配在奥兹莫比尔和凯迪拉克的车型上。

图 1-4　第一台真正意义上的自动变速器 Hydra-Matic

20 世纪 80 年代中期，一些汽车厂商开始将电子控制引入自动变速器控制中，使其逐渐发展为 EAT。

1997 年，标致 206 与雷诺 Clio 率先采用电脑控制技术及被称为"fuzzylogie"的原理，即"模糊逻辑"。该技术可以根据驾驶员的情况、路面的状况、负荷乃至环境等多种因素，实现智能化驾驶，充分发挥车辆的性能，降低油耗，确保安全。

1999 年，ZF 公司推出了首台 6 个速比的变速器。

现在，自动变速器挡位已从当初的三个或四个前进挡普遍增加到了六个前进挡，有的甚至增加到十个前进挡或更多，在操控方面还增加了手动换挡模式。

二、自动变速器的优点

自动变速器与手动变速器相比，优点如下：

（1）操纵简便。

驾驶自动变速器汽车，只需将选挡杆置于 D 位，通过控制加速踏板，就可根据实际需要自动升挡和降挡来改变汽车速度，操纵方便。

（2）提升动力性。

装配有自动变速器的汽车，换挡时功率传递没有中断，换挡时机准确无误，能自动适应道路阻力和车速的变化，可保证汽车有良好的加速性和较高的平均车速，汽车动力性得到提高。

（3）提升行驶平顺性。

自动变速器汽车可控制发动机在适宜的转速范围内运转，能减少发动机振动和噪声；自动变速器能通过电控系统精确地控制换挡时机和品质，可平稳换挡并减少换挡冲击；自动变速器汽车起步容易且平稳无振动。这些都可有效地改善汽车的行驶平顺性。

（4）通过性增强。

自动变速器汽车起步时，驱动轮上的驱动力矩是逐渐增加的，因而振动小、附着条件好、可避免车轮打滑、起步容易且行驶平稳。自动变速器汽车的稳定车速可以很低，当行驶阻力很大时，发动机也不至于熄火，汽车仍能以极低速度行驶。在坏路面行驶时，因换挡时没有动力间断且无冲击，不会出现汽车停车现象。因此，汽车通过性增强。

（5）降低排放。

自动变速器汽车能根据汽车工况，匹配最佳挡位，因此能减少发动机排气中有害物质的含量。

（6）提高安全性。

由于自动变速器简化了驾驶操作，且省力省时，减轻了劳动强度，因此驾驶员不易疲劳，可以把注意力集中于观察交通情况，可以大大地提高汽车运行的安全性。

（7）增加汽车使用寿命。

装配有自动变速器的汽车，其发动机与传动系统是液体连接，汽车行驶时可消除和吸收动载荷，起步、换挡平稳，冲击载荷小。

三、自动变速器的布置形式

按布置形式，自动变速器主要有纵置和横置两种类型，如图 1-5 所示。

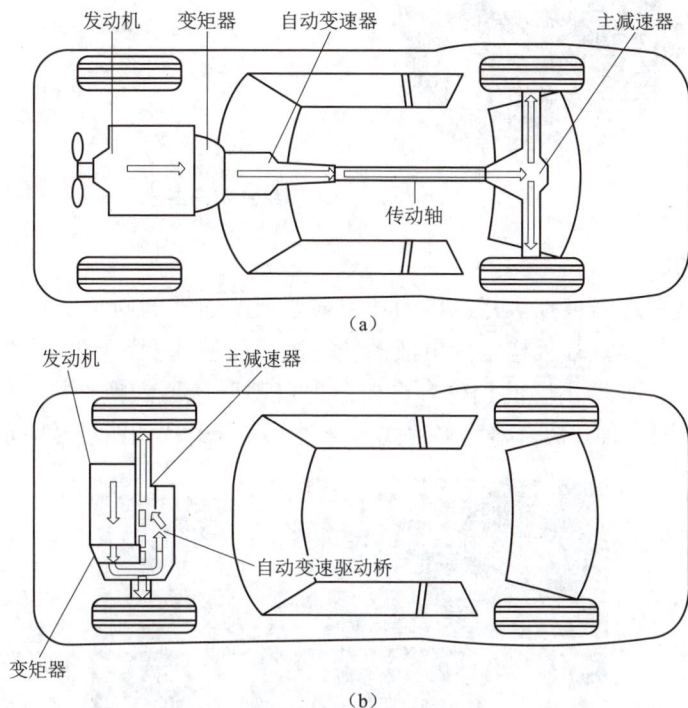

（a）

（b）

图 1-5 自动变速器的布置形式

（a）纵置；（b）横置

四、电控液力自动变速器的基本组成和控制原理

1. 基本组成

电控液力自动变速器主要由液力变矩器、齿轮变速机构、换挡执行机构、液压控制系统、电子控制系统组成。

1）液力变矩器

液力变矩器是一个通过自动变速器油传递动力的装置，如图 1-6 所示，其主要功用是在一定范围内自动、连续地改变转矩比，以适应不同行驶阻力的要求。驾驶员可通过控制节气门开度控制液力变矩器的输出转矩，逐步加大输出转矩，实现动力的柔和传递。

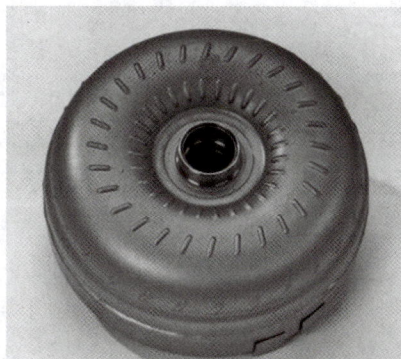

图 1-6 液力变矩器

2）齿轮变速机构

以常见的行星齿轮变速器为例，如图1-7所示，其由2～3排行星齿轮机构组成，不同的运动状态组合可得到2～5种速比。

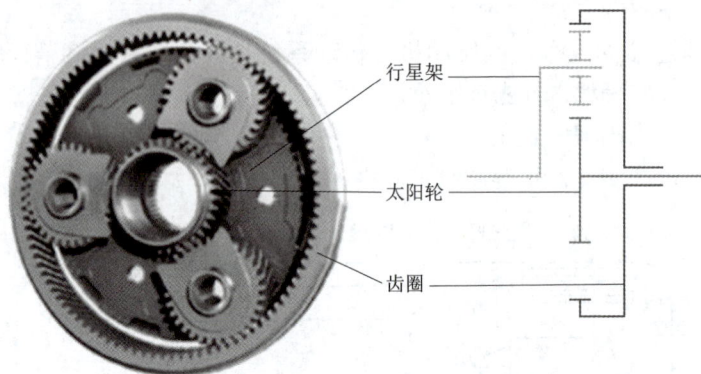

图1-7　行星齿轮变速器组成示意图

3）换挡执行机构

电控液力自动变速器换挡执行机构的功用与普通变速器的同步器有相似之处，但电控液力自动变速器的换挡执行机构是受电液系统控制，而普通变速器的同步器是由人工控制的。两者都可实现变速器不同的挡位。电控液力自动变速器的换挡执行机构包括离合器、制动器、单向离合器三种。离合器为多片式离合器，离合器片如图1-8所示。

图1-8　离合器片

4）液压控制系统

电控液力自动变速器中的液压控制系统主要控制换挡执行机构，它由油泵及各种液压控制阀和液压管路组成。汽车行驶过程中，根据行驶条件的需要，通过控制离合器和制动器工作状况的改变来实现机械变速器的自动换挡。

5）电子控制系统

电子控制系统将自动变速器的各种控制信号输入ECU，经ECU处理后发出控制指令控制液压控制系统中的各种电磁阀实现自动换挡，并改善换挡性能。

2. 基本原理

图1-9所示为电控液力自动变速器的组成和原理图。

电控液力自动变速器是通过各种传感器，将发动机的转速、节气门开度、车速、发动机水温、自动变速器油温度等参数信号传送给 ECU；ECU 根据这些信号，按照设定的换挡规律，向换挡电磁阀、油压电磁阀等发出动作控制信号；换挡电磁阀和油压电磁阀再将 ECU 的动作控制信号转变为液压控制信号；阀板中的各控制阀根据这些液压控制信号，控制换挡执行元件的动作，从而实现自动换挡过程。

五、自动变速器选挡杆的认识

图 1-9　电控液力自动变速器的组成和原理图

轿车自动变速器的选挡杆根据型号不同标注稍有差别，如图 1-10 所示选挡杆有 6 个位置，即 P、R、N、D、S（或 2，即 2 挡）、L（或 1，即 1 挡）。其功能如下：

P 位：驻车挡。当选挡杆置于此位置时，驻车锁止机构将自动变速器输出轴锁止。

R 位：倒挡。当选挡杆置于此位置时，液压控制系统倒挡油路被接通，驱动轮反转，实现倒向行驶。

N 位：空挡。当选挡杆置于此位置时，所有机械变速器的齿轮机构空转，不能输出动力。

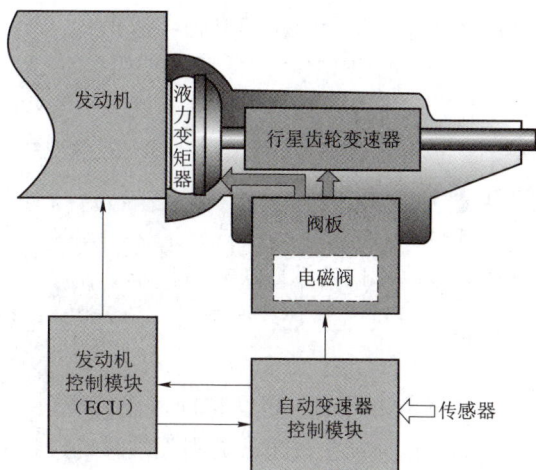

（a）　　　　　　　　　　　　　　　（b）

图 1-10　自动变速器挡位示意图

（a）常用自动变速器挡位标示；（b）手自一体变速器挡位标示

D 位：前进挡。当选挡杆置于此位置时，液压控制系统控制装置根据节气门开度信号和车速信号自动接通相应的前进挡油路，行星齿轮变速器在换挡执行元件的控制下得到相应的传动比。随着行驶条件的变化，在前进挡中自动升降挡，实现自动变速功能。

S 位（也称 2 挡）：高速发动机制动挡。当选挡杆置于此位置时，液压控制系统只能接通前进挡中的 1、2 挡油路，自动变速器只能在这两个挡位间自动换挡，无法升入更高的挡位，从而使汽车获得发动机制动效果。

L 位（也称 1 挡）：低速发动机制动挡。当选挡杆置于此位置时，汽车被锁定在前进挡的 1 挡，只能在该挡位行驶而无法升入高挡，发动机制动效果更强。

S 位和 L 位多用于山区等特殊路况的行驶，可避免频繁换挡，延长变速器的使用寿命。

M 位：M 挡即手动模式。通过手动将变速器的选挡杆推到 M+ 或 M-，变速器电脑会根据信号发出换挡指令，从而模拟手动换挡。

发动机只有在选挡杆置于 N 位或 P 位时才能起动汽车，此功能靠空挡起动开关来实现。

常见选挡杆的位置在转向柱上或驾驶室地板上。在变换选挡杆位置时，先按下选挡杆上方的选挡杆锁止按钮，否则无法移动选挡杆。

✵ 任务二　液力变矩器检修

【任务目标】

知识目标

1. 了解液力变矩器的功用及结构；
2. 掌握液力变矩器动力传动和转矩放大的工作原理；
3. 掌握液力变矩器的检查方法。

技能目标

1. 能根据故障现象制订正确的维修计划；
2. 能正确记录、分析各种检测结果并做出故障判断；
3. 能正确进行液力变矩器的检查与故障分析；
4. 能正确使用液力变矩器专用检修工具；
5. 能应用所学知识进行故障分析，并进行验证。

素质目标

1. 逐步养成良好的职业素养及语言表达能力；
2. 具备团队协作及分析问题、解决问题的能力；
3. 能根据环保要求，正确处理对环境和人体有害的废料和损坏的零部件，培养绿色、低碳、循环利用的意识和能力。

【任务实施】

一、任务描述

一辆自动变速器车辆出现了加速时动力不足、高速行驶时驱动状况又很正常的故障，经检查，自动变速器油颜色和气味正常，初步判断为液力变矩器故障。请根据液力变矩器结构分析故障具体位置及产生的原因，排除故障。

二、任务准备

第一部分：信息准备

（1）液力变矩器的锁止是指将_____和_____连接成一体。目的是：_____

_____。

（2）液力变矩器位于自动变速器的_____，安装在发动机的_____，其作用与_____类似。

（3）看图 1-11 完成习题。

油流

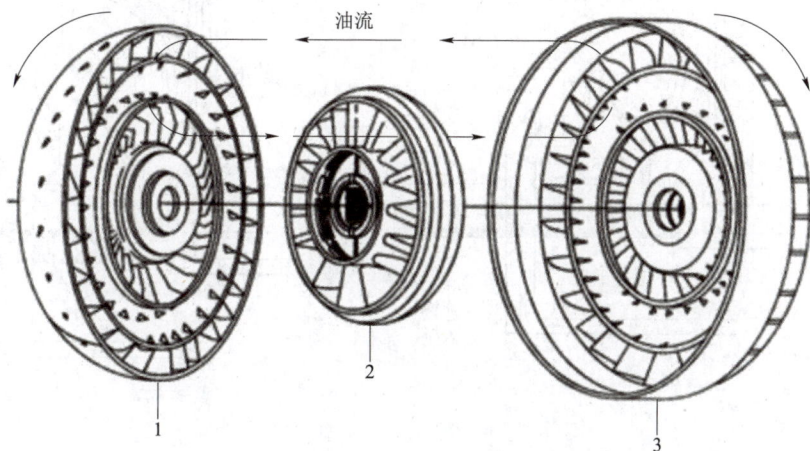

图 1-11　自动变速器油在液力变矩器中的循环流动

1 所示部件名称：_____；

作用：_____。

2 所示部件名称：_____；

作用：_____。

3 所示部件名称：_____；

作用：_____。

（4）液力变矩器是怎么样实现增矩的？

（5）液力变矩器工作原理。

汽车低速或起步时：

高速时:

（6）根据图 1-12 说明带锁止离合器的综合液力变矩器的工作原理。

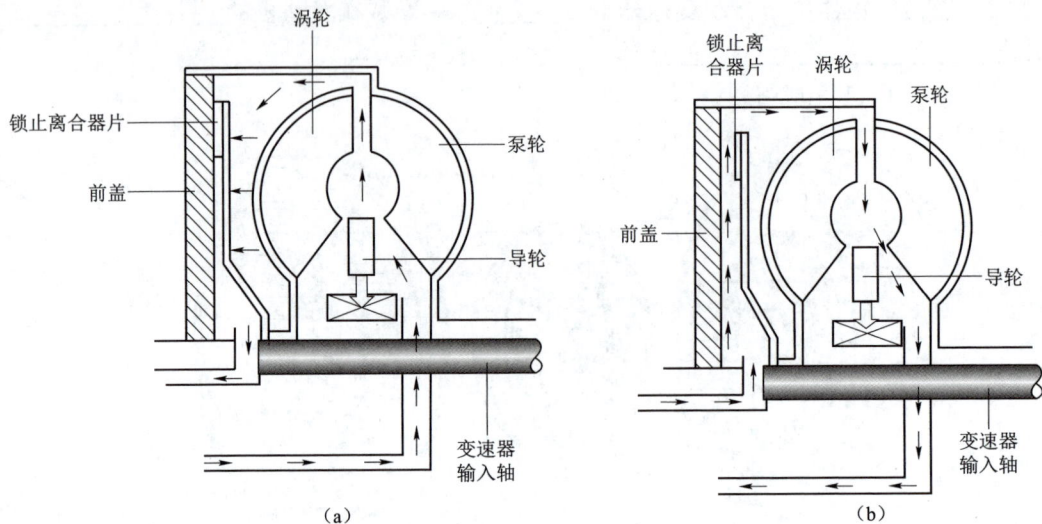

图 1-12 锁止离合器的原理

（a）锁止状态；（b）分离状态

第二部分：制订计划

（1）需要准备的工具，请填表 1-3。

表 1-3 需要准备的工具

序号	名称	序号	名称	序号	名称	序号	名称
1		5		9		13	
2		6		10		14	
3		7		11		15	
4		8		12		16	

（2）操作过程中注意事项。

（3）参照维修手册，结合所学知识，制订故障排除方案。

（4）根据计划，完成小组成员任务分工。

第三部分：实施计划

（1）检查液力变矩器外部有无_____、轴套外径有无磨损、驱动油泵的轴套缺口有无_____。如有异常，应更换_____。

（2）将液力变矩器安装在飞轮上，用千分表检查变矩器轴套的_____。如果在飞轮转动一周的过程中，千分表指针偏摆大于_____，应采用_____重新安装方法予以校正。若无法校正，应更换_____。

（3）检查单向离合器：将专用工具插入变矩器中；将单向离合器外座圈固定器_____，并卡在轴套上的_____。转动驱动杆，在逆时针方向上，单向超越离合器应_____，顺时针方向上应能_____。如有异常，说明单向超越离合器损坏，应更换_____。

（4）故障点确认。

（5）场地恢复，6S 管理。

第四部分：评价反馈

任务评价如表 1-4 所示。

表1-4 任务评价

序号	评价项目	评价指标	分值	自评（25%）	互评（25%）	师评（50%）	合计
1	知识目标（25%）	了解液力变矩器的作用	5				
		熟悉液力变矩器的结构及各部分的作用	5				
		掌握变矩器增矩的原理、特性曲线、液流的路线	10				
		熟悉变矩器的检测方法	5				
2	能力目标（50%）	能正确地制订维修计划	10				
		能正确选用工具	10				
		能正确进行故障的检测、故障的分析及验证	20				
		能完整、规范地完成任务单	10				

序号	评价项目	评价指标	分值	自评（25%）	互评（25%）	师评（50%）	合计
3	素质目标（25%）	6S规范、劳动意识	5				
		协作能力、责任意识	5				
		表达能力、服从意识	5				
		搜集、利用资源的能力	5				
		环保意识	5				
	合计		100				
	综合得分及评价						

【相关知识】

一、液力变矩器的功用和组成

1. 功用

液力变矩器位于发动机和机械变速器之间，以自动变速器油为工作介质，主要有以下功用：

（1）传递转矩。发动机的转矩通过液力变矩器的主动元件，再通过自动变速器油传给液力变矩器的从动元件，最后传给变速器。

（2）无级变速。根据工况的不同，液力变矩器可以在一定范围内实现转速和转矩的无级变化。

（3）自动离合。液力变矩器由于采用自动变速器油传递动力，当踩下制动踏板时，发动机也不会熄火，此时相当于离合器分离；当抬起制动踏板时，汽车可以起步，此时相当于离合器接合。

（4）驱动油泵。自动变速器油在工作的时候需要油泵提供一定的压力，而油泵一般是由液力变矩器壳体驱动的。

由于采用自动变速器油传递动力，液力变矩器的动力传递柔和，且能防止传动系统过载。

2. 组成

如图1–13所示，液力变矩器通常由泵轮、涡轮和导轮三个元件组成，称为三元件液力变矩器；也有的采用两个导轮，则称为四元件液力变矩器。

液力变矩器总成封在一个钢制壳体（变矩器壳体）中，装配好后形成环形内腔，内部充满自动变速器油。液力变矩器壳体通过螺栓与发动机曲轴后端的飞轮连接，与发动机曲轴一起旋转。泵轮位于液力变矩器的后部，与变矩器壳体连在一起。涡轮位于泵轮前，通过带花键的从动轴向后面的机械变速器输出动力。导轮位于泵轮与涡轮之间，利用单向离合器支承在固定套管上，只能单向旋转。

图 1-13 液力变矩器的组成

1）泵轮

泵轮在变矩器壳体内，许多曲面叶片径向安装在内。在叶片的内缘上安装有导环，提供一个通道使自动变速器油流动畅通。变矩器通过驱动端盖与曲轴连接。当发动机运转时，变矩器带动泵轮一同旋转，泵轮内的自动变速器油依靠离心力向外冲出。发动机转速升高时，泵轮产生的离心力也随着升高，由泵轮向外喷射的自动变速器油的速度也随着升高。

2）涡轮

涡轮内同样也是有许多曲面叶片的圆盘，其叶片的曲线方向不同于泵轮的叶片。涡轮通过花键与变速器的输入轴相啮合，其内的叶片与泵轮的叶片相对而设，相互间保持非常小的间隙。

3）导轮

导轮是有叶片的小圆盘，位于泵轮和涡轮之间。它安装于导轮轴上，通过单向离合器固定于变速器壳体上。

导轮上的单向离合器可以锁住导轮以防止其反向转动。这样，导轮根据工作油冲击叶片的方向进行旋转或锁止。

二、液力变矩器的工作原理

1. 动力的传递

液力变矩器工作时，发动机带动壳体旋转，壳体带动泵轮旋转，泵轮的叶片将壳体内的自动变速器油带动起来，并冲击到涡轮的叶片；如果作用在涡轮叶片上的冲击力大于作用在涡轮上的阻力，涡轮将开始转动，并带动机械变速器的输入轴一起转动。由涡轮叶片流出的自动变速器油经过导轮后再流回泵轮，形成如图 1-14 所示的循环流动。

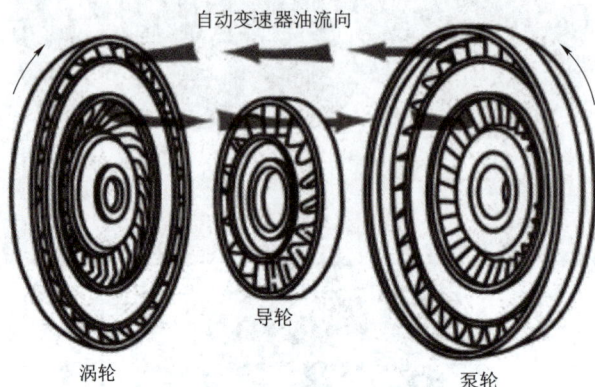

自动变速器油流向

涡轮   导轮   泵轮

图 1-14　自动变速器油在液力变矩器中的循环流动

2. 工作过程

1）起步及低速时

在泵轮与涡轮的转速差较大的情况下，由涡轮甩出的自动变速器油以逆时针方向冲击导轮叶片，如图 1-15 所示，此时导轮是固定不动的，因为导轮上装有单向离合器，可以防止导轮逆时针转动。导轮的叶片形状使自动变速器油的流向改变为顺时针方向流回泵轮，即与泵轮的旋转方向相同。泵轮将来自发动机和从涡轮回流的能量一起传递给涡轮，使涡轮输出转矩增大。液力变矩器的转矩放大倍数一般为 2.2 左右。

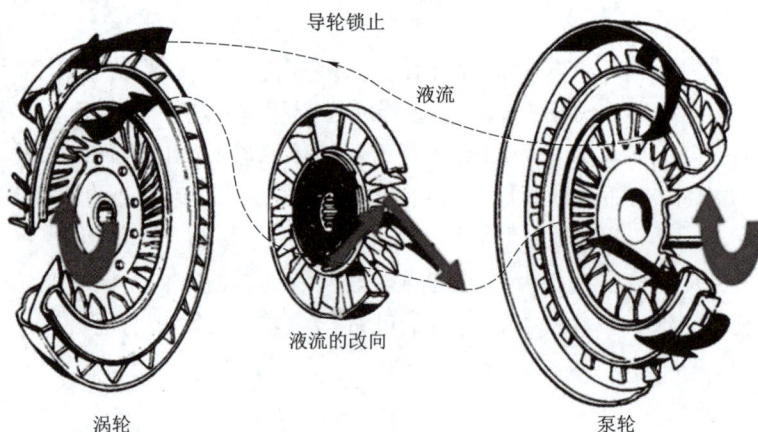

导轮锁止

液流

液流的改向

涡轮   泵轮

图 1-15　起步及低速时液力变矩器的液流

2）高速时

液力变矩器的变矩特性只有在泵轮与涡轮转速相差较大的情况下才成立，随着涡轮转速的不断提高，从涡轮回流的自动变速器油会按顺时针方向冲击导轮。若导轮仍然固定不动，自动变速器油将会产生涡流，阻碍其自身的运动。为此，绝大多数液力变矩器在导轮机构中增设了单向离合器，这样的导轮机构也称自由轮机构。当涡轮转速达到泵轮转速的85%～90%时，单向离合器导通，导轮空转，如图1-16所示，不起导流的作用，液力变矩器的输出转矩不能增加，只能等于泵轮的转矩。

图1-16　高速时液力变矩器的液流

3. 液力变矩器的工作特性

1）特性参数

（1）转速比 i：涡轮转速与泵轮转速之比，用来描述液力变矩器的工况。

（2）变矩比 K：涡轮转矩与泵轮转矩之比，用来描述液力变矩器改变输入转矩的能力。

（3）传动效率 η：涡轮轴输出功率与泵轮轴输入功率之比。

2）特性曲线

图1-17所示为液力变矩器特性曲线。

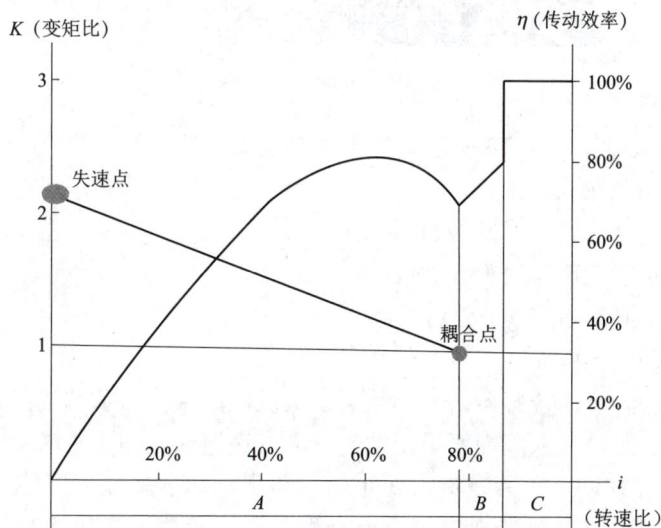

图1-17　液力变矩器特性曲线

（1）起步时，在失速点（涡轮与泵轮的转速比为零）获得最大的变矩比，但传动效率为零。

（2）当逐渐加速时，随着涡轮与泵轮的转速比逐渐增加，变矩比逐渐下降，变矩器传动效率则逐渐增大。

（3）在耦合点时，变矩比为1。

为提高变矩器在耦合区工作的性能，需加装单向离合器和锁止离合器，以提高传动效率，降低燃料消耗。

4. 锁止离合器

锁止离合器（Torque Converter Clutch，TCC），其安装位置如图1-18所示，作用是将泵轮和涡轮直接连接起来，即将发动机与机械变速器直接连接起来，以此来减少液力变矩器在高转速比时的能量损耗，提高传动效率，提升汽车在正常行驶时的燃油经济性，并防止自动变速器油过热。

图1-18 锁止离合器的安装位置

锁止离合器的原理如图1-19所示。当车辆在良好路面行驶，并满足下面五个条件时，ECU使锁止离合器进入锁止工况：

（1）发动机冷却液温度不得低于50 ℃；

（2）挡位开关指示变速器处于行驶挡；

（3）制动灯开关必须指示没有进行制动；

（4）车速必须高于50 km/h；

（5）来自节气门开度的传感器信号必须高于最低电压，以指示节气门处于开启状态。

锁止离合器接合时，进入液力变矩器中的自动变速器油按图1-19（a）所示的方向流动，使锁止离合器片向前移动，压紧在液力变矩器前盖上，通过摩擦力矩使二者一起转动。此时发动机的动力经液力变矩器前盖、锁止离合器片、涡轮传给变速器输入轴，相当于将泵轮和涡轮刚性地连在一起，传动效率为100%。

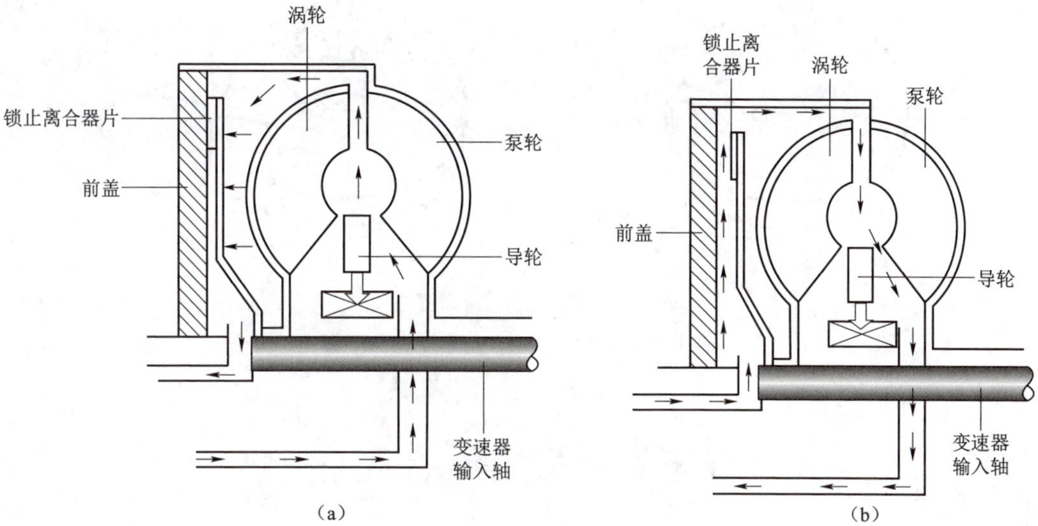

图 1-19　锁止离合器的原理

（a）锁止状态；（b）分离状态

当车辆起步、低速或在坏路面上行驶时，应将锁止离合器分离，使液力变矩器具有变矩作用。此时自动变速器油按图 1-19（b）所示的方向流动，将锁止活塞与液力变矩器壳体分离，解除液力变矩器壳体与涡轮的直接连接。

三、液力变矩器的检查

1. 检查液力变矩器的外部

（1）查看焊接处是否有油泄漏的痕迹。

（2）检查壳体是否有损伤及变形。

（3）查看所有的螺纹是否有损伤。

（4）检查变矩器毂是否有磨损。

（5）检查是否过热（过热壳体表面发蓝）。

出现以上情况则应更换液力变矩器。

2. 液力变矩器的清洗

当自动变速器曾有过热现象或自动变速器油被污染后，应该清洗液力变矩器。液力变矩器的清洗可以采用专用的冲洗机进行，也可以手工清洗。手工清洗的方法是加入干净的自动变速器油，用力摇晃、振荡液力变矩器，然后排净油液，反复进行这样的操作，直到排出的油液干净为止。

3. 导轮单向离合器检查

（1）确保变矩器内部清洁；

（2）将检测工具安装到变矩器上；

（3）使导轮单向离合器的外圈固定；

（4）通过检测工具适当旋转导轮单向离合器的内圈，如图 1-20 所示。

单项离合器应能顺时针自由转动，逆时针方向不能转动，否则应更换液力变矩器。

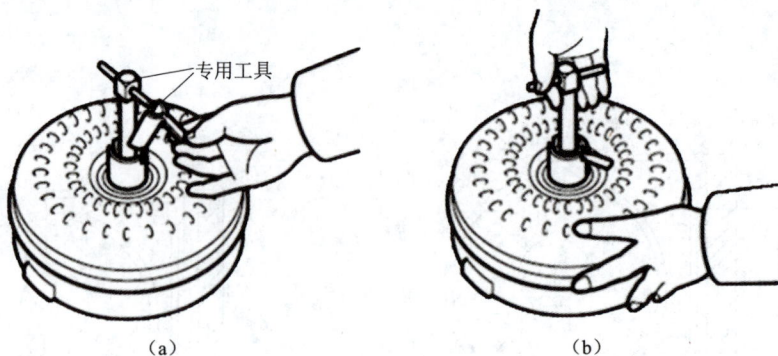

图 1-20　导轮单向离合器检查

（a）插入专用工具；（b）转动单向离合器内圈

任务三　齿轮传动系统检修

【任务目标】

知识目标

1. 掌握行星齿轮传动机构的结构、组成；
2. 熟悉行星齿轮传动机构主要零件的检修内容与方法；
3. 掌握行星齿轮机构动力传递路线；
4. 掌握换挡执行机构的功能、类型、结构与工作原理；
5. 掌握换挡执行元件的故障形式及对汽车行驶性能的影响；
6. 熟悉换挡执行元件的检修方法。

技能目标

1. 能正确选用工具进行齿轮传动系统的检查和故障分析；
2. 能根据故障现象制订正确的维修计划；
3. 能正确更换换挡执行元件。

素质目标

1. 养成问题意识，能守正创新；
2. 具备爱国主义、集体主义精神；
3. 能吃苦耐劳，有良好的职业素养和劳动习惯；
4. 能践行环保理念，正确处理对环境和人体有害的废料和损坏的零部件。

【任务实施】

一、任务描述

　　一辆装配有自动变速器的车辆，在进行 P-N 挡或 D-R 挡换挡的过程中，变速器内部总是会发生异响，初步诊断为变速器内部机械部分故障。请你学习相关知识，合理选用工具，对故障进行分析及排除。

二、任务准备

第一部分：信息准备

（1）自动变速器齿轮传动常用的有两种基本类型：_____和_____。

（2）传动比：_____。

（3）单排单级行星齿轮机构传动比计算公式：_____。

（4）在一个行星齿轮排中，当太阳轮为固定件、行星架为主动件、齿圈为从动件时，则此种状态下的传动比_____（填大于1、小于1或等于1），由传动比可知从动件的转速将_____（填大于、等于或小于）主动件的转速。

（5）完成图1-21，并说明一般的行星齿轮排由_____、_____和_____三部分构成。

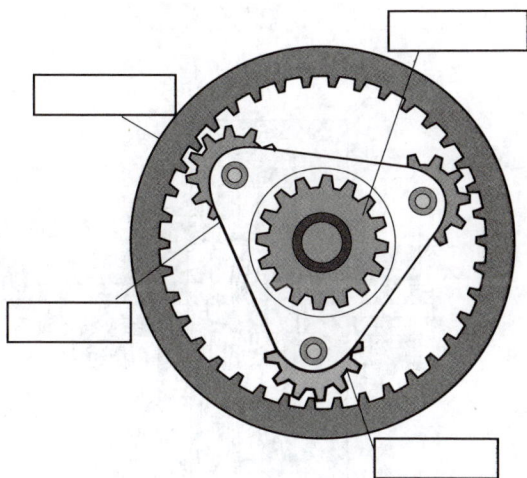

图1-21　单排行星齿轮结构示意图

（6）根据学习知识，完成表1-5。

表1-5　单排行星齿轮

太阳轮	内齿圈	行星架	传动比	增/减速	输入和输出元件旋转方向（同/反）
固定	输入	输出			
输入	输出	固定			
固定	输出	输入			
输入	固定	输出			
输出	输入	固定			
输出	固定	输入			
任意两个元件连接成一体					
一个元件也不固定					

（7）图 1-22 所示为离合器机构示意图，标注出各零部件的名称。

① 填空：1—_____；2—_____；3—_____；4—_____；5—_____；
6—_____；7—_____；8—_____；9—_____；10—_____。

② 作用：

③ 工作原理：

④ 离合器活塞上有一个钢珠，思考并说出它的作用？

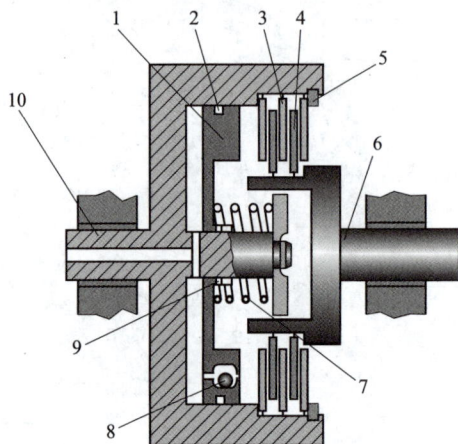

图 1-22　离合器机构示意图

（8）根据图 1-23 完成多片式制动器的练习。

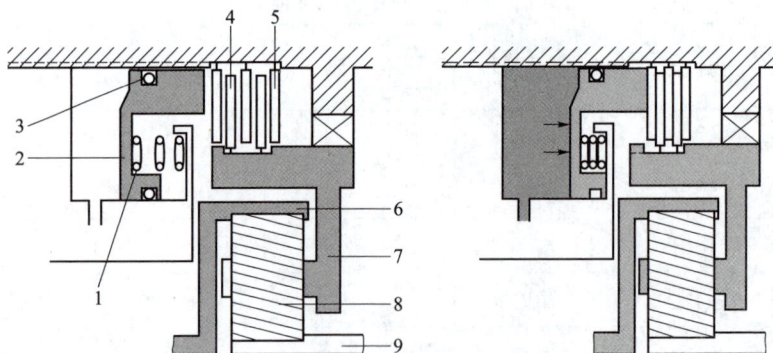

图 1-23　多片式制动器结构及原理示意图

① 填空：1—_____；2—_____；3—_____；4—_____；5—_____；
6—_____；7—_____；8—_____；9—_____。

② 作用：

③ 工作原理：

（9）根据图 1-24 观察滚柱式单向离合器，分析其工作原理：

图（a）是单向离合器＿＿＿＿＿＿＿＿（锁止、解锁）状态。

图（b）是单向离合器＿＿＿＿＿＿＿＿（锁止、解锁）状态。

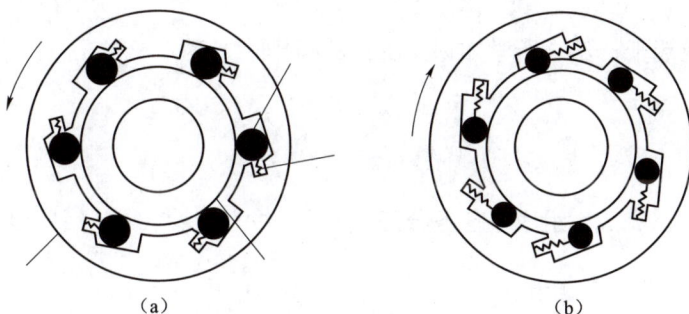

（a）　　　　　　　　　　　　　　　　（b）

图 1-24　滚柱式单向离合器结构及原理示意图

（10）常见的几种复合行星齿轮组。

① ＿＿＿＿＿＿＿＿＿＿＿＿＿＿＿＿＿＿＿＿＿，特点：＿＿＿＿＿＿＿＿＿＿＿＿＿＿＿＿＿

＿＿。

② ＿＿＿＿＿＿＿＿＿＿＿＿＿＿＿＿＿＿＿＿＿，特点：＿＿＿＿＿＿＿＿＿＿＿＿＿＿＿＿＿

＿＿。

③ ＿＿＿＿＿＿＿＿＿＿＿＿＿＿＿＿＿＿＿＿＿，特点：＿＿＿＿＿＿＿＿＿＿＿＿＿＿＿＿＿

＿＿。

（11）行星齿轮变速机构的变速原理是什么？

（12）行星齿轮组需要检查的项目包括哪些？

第二部分：制订计划

（1）需要准备的工具，请填表1-6。

表1-6　需要准备的工具

序号	名称	序号	名称	序号	名称	序号	名称
1		5		9		13	
2		6		10		14	
3		7		11		15	
4		8		12		16	

（2）操作过程中注意事项。

（3）参照维修手册，结合所学知识，制订故障排除方案。

（4）根据计划，完成小组成员任务分工。

第三部分：实施计划

（1）相关信息填写：自动变速器型号_____。

（2）齿轮机构检查情况记录。

（3）离合器、制动器的检查。

（4）单向离合器检查。

（5）检查结论。

（6）修复计划。

（7）场地恢复，6S 管理。

第四部分：评价反馈

任务评价如表 1-7 所示。

表 1-7　任务评价

序号	评价项目	评价指标	分值	自评（25%）	互评（25%）	师评（50%）	合计
1	知识目标（25%）	掌握行星齿轮传动机构的结构、组成	5				
		掌握行星齿轮传动机构传动的八种组合形式及相关传动比计算	5				
		掌握换挡执行机构的类型、作用及结构	5				
		熟悉换挡执行机构的工作原理	5				
		了解常见的多排行星齿轮机构组合形式及特点	5				
2	能力目标（50%）	能正确地制订维修计划	10				
		能正确选用工具	5				
		能正确进行行星齿轮机构的元件状况检测、分析及故障排除	10				
		能正确进行换挡执行机构的元件状况检测、分析及故障排除	10				
		能正确分析多排行星齿轮机构的传动路线和各元件的工作情况	10				
		能完整、规范地完成任务单	5				
3	素质目标（25%）	6S规范、劳动意识	5				
		协作能力、创新意识	5				
		表达能力、服从意识	5				

续表

序号	评价项目	评价指标	分值	自评（25%）	互评（25%）	师评（50%）	合计
3	素质目标（25%）	搜集、利用资源的能力	5				
		民族意识、环保意识	5				
	合计		100				
	综合得分及评价						

【相关知识】

齿轮传动是机械传动中应用最广的一种传动形式。它的传动比准确、传动效率高、结构紧凑、工作可靠、寿命长。而行星齿轮传动作为齿轮传动的一种类型，结构更加紧凑，可以简单高效地实现变速器各个挡位动力的传递，被广泛应用于自动变速器的传动。

一、常用于自动变速器的齿轮传动类型

自动变速器齿轮传动常用的有两种基本类型：定轴齿轮传动和行星齿轮传动。

平行轴式齿轮变速机构主要由平行轴和普通齿轮组成，在传动时所有齿轮的轴线位置相对固定，齿轮轴线没有相对运动，为外啮合方式，如图1-25（a）所示。行星齿轮变速机构主要由太阳轮、齿圈和装有行星齿轮的行星架三元件组成，一个或多个行星齿轮除绕自身轴线自转外，还绕太阳轮的固定轴线做回转运动，为内啮合方式，如图1-25（b）所示。

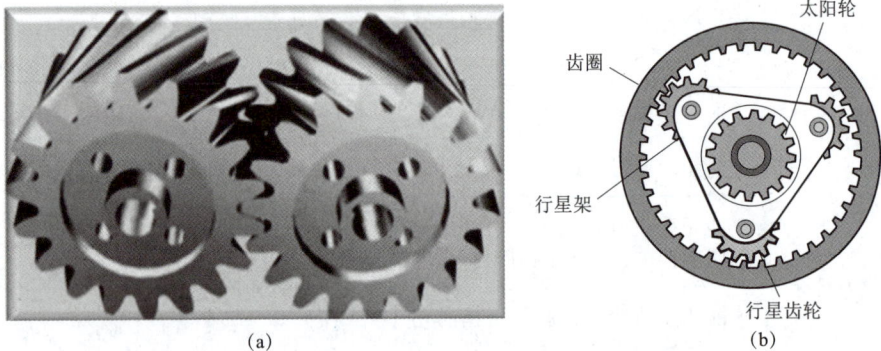

图1-25 齿轮结构示意图

（a）平行轴式齿轮结构；（b）行星齿轮结构

目前，绝大部分自动变速器采用的齿轮变速机构为行星齿轮机构，本节也主要讲述行星齿轮变速器机构。

二、简单行星齿轮变速机构的基本组成与工作原理

1. 单排行星齿轮机构的组成

如图1-26所示，单排行星齿轮机构主要由一个太阳轮（或称为中心轮）、一个带有若干个行星齿轮的行星架和一个齿圈组成。

图 1-26 单排行星齿轮机构

1—行星架；2—太阳轮；3—齿圈

2. 单排行星齿轮机构的运动规律

根据能量守恒定律，由作用在单排行星齿轮机构各元件上的力矩和结构参数，可以得出表示单排行星齿轮机构运动规律的特性方程式：

$$n_1+\alpha n_2-(1+\alpha)n_3=0$$

式中：n_1 为太阳轮转速；n_2 为齿圈转速；n_3 为行星架转速；α 为齿圈齿数 z_2 与太阳轮齿数 z_1 之比，即 $\alpha=z_2/z_1$，且 $\alpha>1$。

由于一个方程有三个变量，如果将太阳轮、齿圈和行星架中某个元件作为主动（输入）部分，让另一个元件作为从动（输出）部分，则由于第三个元件不受任何约束和限制，从动部分的运动是不确定的。因此为了得到确定的运动，必须对太阳轮、齿圈和行星架三者中的某个元件的运动进行约束和限制。

3. 单排行星齿轮机构不同的动力传动方式

图 1-27 所示为单排行星齿轮机构不同的动力传动方式及运动方向，表 1-8 所示为单排行星齿轮机构不同组合运动情况及传动比。

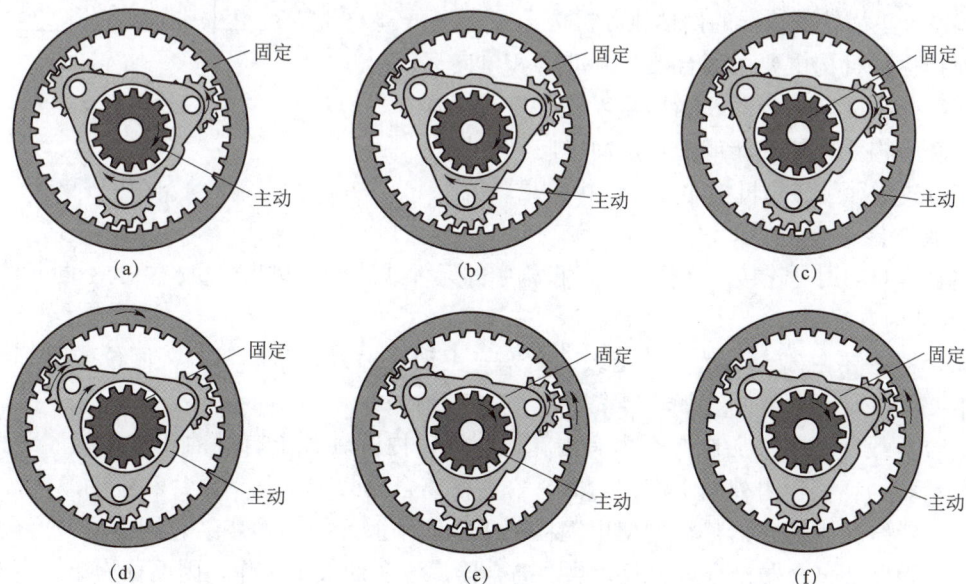

图 1-27 单排行星齿轮机构不同的动力传动方式及运动方向

表 1-8　单排行星齿轮机构不同组合运动情况及传动比

挡位	太阳轮	内齿圈	行星架	传动比
减速1	固定	输入	输出	$1+1/\alpha$
倒挡1	输入	输出	固定	$-\alpha$
超速1	固定	输出	输入	$\alpha/(1+\alpha)$
减速2	输入	固定	输出	$1+\alpha$
倒挡2	输出	输入	固定	$-1/\alpha$
超速2	输出	固定	输入	$1/(1+\alpha)$
直接传动	任意两个元件连接成一体			1
空挡	任意一个元件都不固定			无

　　自动变速器中的行星齿轮变速器一般是采用 2～3 排行星齿轮机构传动,其各挡传动比就是根据上述单排行星齿轮机构传动特点进行合理组合得到的。

　　4. 单排双级行星齿轮机构

　　图 1-28 所示为单排双级行星齿轮机构,其运动规律的特性方程式为

$$n_1-\alpha n_2+(\alpha-1)n_3=0$$

三、换挡执行机构

　　行星齿轮变速器机构中所有的齿轮都处于常啮合状态,如果要实现挡位的变换和动力的传递,必须通过不同的方式对行星齿轮机构的基本元件进行特定的约束(比如固定或连接某些基本元件)来实现。用来对行星齿轮机构的基本元件实施约束的机构,就是行星齿轮变速器的换挡执行机构。

　　换挡执行机构主要由离合器、制动器和单向离合器三部分组成。离合器和制动器以液压方式控制行星齿轮机构元件的旋转或锁止,而单向离合器则以机械方式对行星齿轮机构的元件进行锁止。

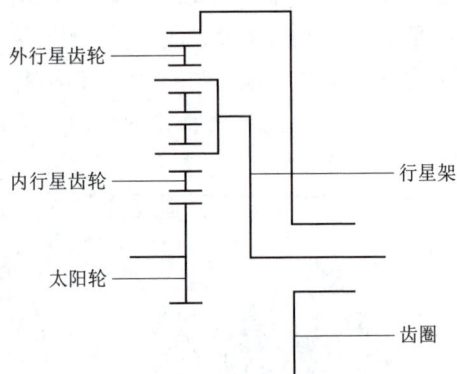

外行星齿轮　内行星齿轮　太阳轮　行星架　齿圈

图 1-28　单排双级行星齿轮机构

　　1. 离合器

　　离合器的功用是连接轴和行星齿轮机构中的元件或连接行星齿轮机构中的不同元件。

　　1)结构

　　离合器主要由离合器毂、花键毂、活塞、主动摩擦片、从动钢片、回位弹簧等组成,如图 1-29 所示。

　　离合器毂是一个液压缸,毂内有内花键齿圈,内圆轴颈上有进油孔与控制油路相通。离合器活塞为环状,内外圆上有密封圈,安装在离合器毂内。从动钢片和主动摩擦片交错排列,二者统称为离合器片,均使用钢料制成,但摩擦片的两面烧结有铜基粉末冶金的摩擦材料。为保证离合器接合柔和及散热,离合器片浸在油液中工作,因而称为湿式离合器。钢片带有外花键齿,与离合器毂的内花键齿圈连接,并可轴向移动,摩擦片则以内花键齿

图 1-29　离合器零件分解图

与花键毂的外花键槽配合，也可做轴向移动。花键毂和离合器毂分别以一定的方式与变速器输入轴或行星齿轮机构的元件相连接。回位弹簧的作用是使离合器接合柔和，防止换挡冲击。可以通过调整卡环或压盘的厚度调整离合器的间隙。

2）工作原理

离合器的工作原理如图 1-30 所示。

当一定压力的自动变速器油经控制油道进入活塞左侧的液压缸时，如图 1-31（a）所示（大箭头方向为工作时动力传递方向），液压作用力便克服弹簧力使活塞右移，将所有离合器片压紧，即离合器接合，与离合器主、从动部分相连的元件也被连接在一起，以相同的速度旋转。

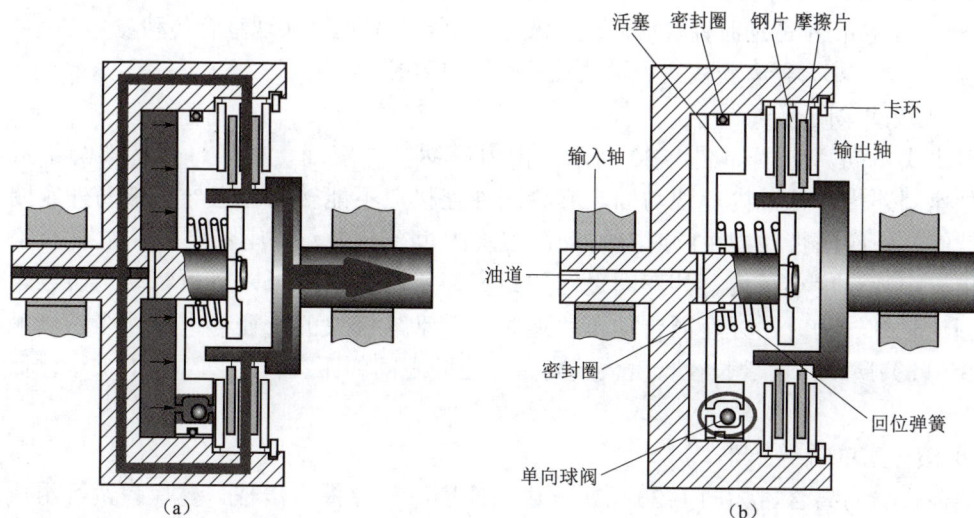

（a）　　　　　　　　　　　（b）

图 1-30　离合器结构及工作原理图

（a）离合器接合示意图；（b）离合器分离示意图

当控制阀将作用在离合器液压缸的油压撤除后，离合器活塞在回位弹簧的作用下回到原位，并将缸内的自动变速器油从进油孔排出，使离合器分离。离合器主从动部分可以不同转速旋转。

为了快速泄油，保证离合器彻底分离，一般在液压缸中都有一个单向球阀，如图1-31（b）圆圈部分所示。当自动变速器油被撤除时，球体在离心力的作用下离开阀座，开启辅助泄油通道，使自动变速器油迅速撤离。

2. 制动器

制动器的功用是固定行星齿轮机构中的元件，防止其转动。制动器有片式和带式两种形式。其中片式制动器与离合器的结构和原理相同，不同的是离合器是通过连接作用而传递动力，而片式制动器是通过连接起制动作用，如图1-31所示。

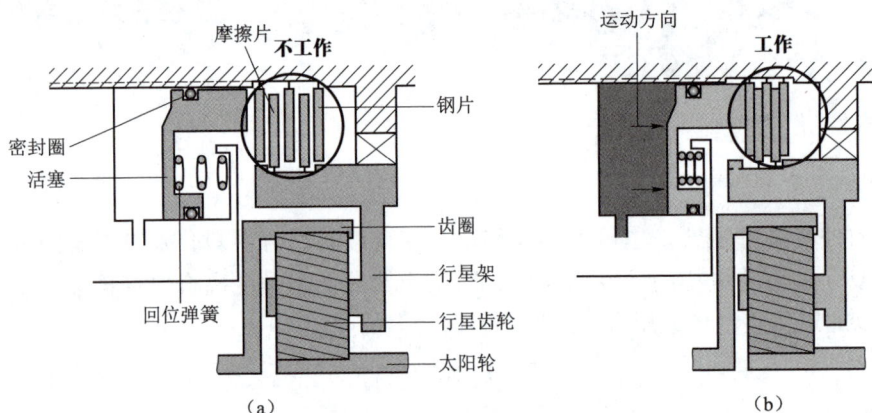

图1-31　片式制动器结构及原理示意图

（a）不工作时；（b）工作时

3. 单向离合器

单向离合器又称为自由轮机构、超越离合器，其功用是实现导轮的单向锁止，即导轮只能顺时针转动而不能逆时针转动，使得液力变矩器在高速区实现耦合传动。

常见的单向离合器有楔块式和滚柱式两种结构形式。

1）楔块式单向离合器

楔块式单向离合器如图1-32所示，由内座圈、外座圈、楔块、保持架等组成。导轮与外座圈连为一体，内座圈与固定套管刚性连接，不能转动。当导轮带动外座圈顺时针转动时，外座圈带动楔块顺时针转动，楔块的短径与内、外座圈接触，如图1-32（a）所示由于短径长度小于内、外座圈之间的距离，所以外座圈可以自由转动。当导轮带动外座圈逆时针转动时，外座圈带动楔块逆时针转动，楔块的长径与内、外座圈接触，如图1-32（b）所示，由于长径长度大于内、外座圈之间的距离，所以外座圈被卡住而不能转动。

2）滚柱式单向离合器

滚柱式单向离合器如图1-33所示，由内座圈、外座圈、滚柱、叠片弹簧等组成。当导轮带动外座圈逆时针转动时，滚柱进入楔形槽的宽处，如图1-33（a）所示，内、外座圈不能被滚柱楔紧，外座圈和导轮可以逆时针自由转动。当导轮带动外座圈顺时针转动时，

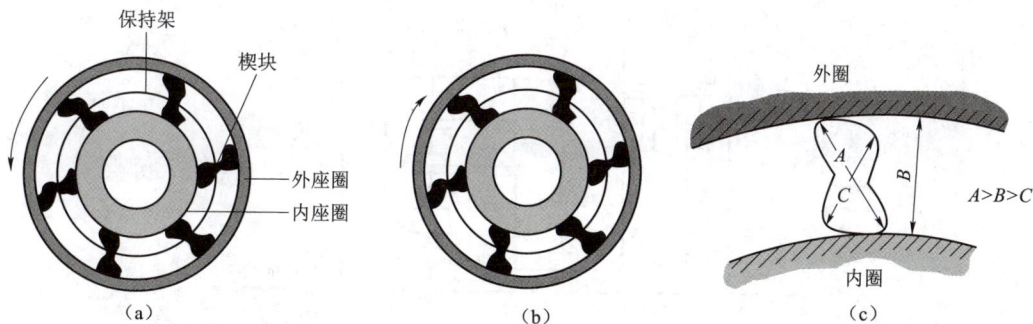

图 1-32　楔块式单向离合器

（a）自由转动状态；（b）锁止不动状态；（c）原理示意图

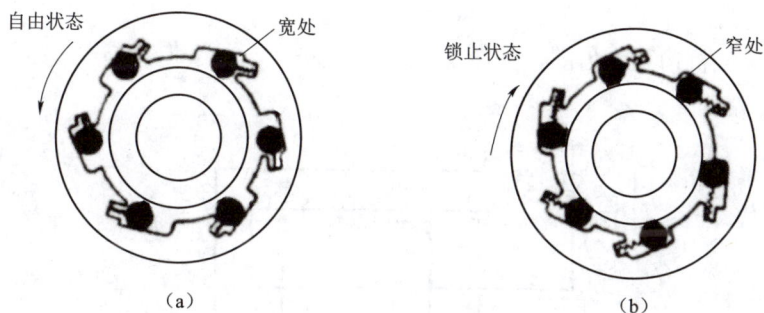

图 1-33　滚柱式单向离合器

（a）自由滚动状态；（b）锁止不动状态

滚柱进入楔形槽的窄处，如图 1-33（b）所示，内、外座圈被滚柱楔紧，外座圈和导轮固定不动。

四、组合式行星齿轮机构

常见的几种复合行星齿轮组主要有辛普森式、拉维娜式、串联式行星齿轮组。

1. 辛普森式

特点：两组行星齿轮共用太阳轮，如图 1-34 所示。

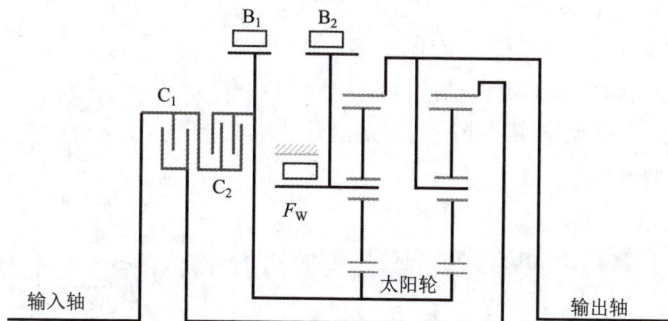

图 1-34　辛普森式行星齿轮组合

2. 拉维娜式

特点：两组行星齿轮共用一个齿圈，如图 1-35 所示。

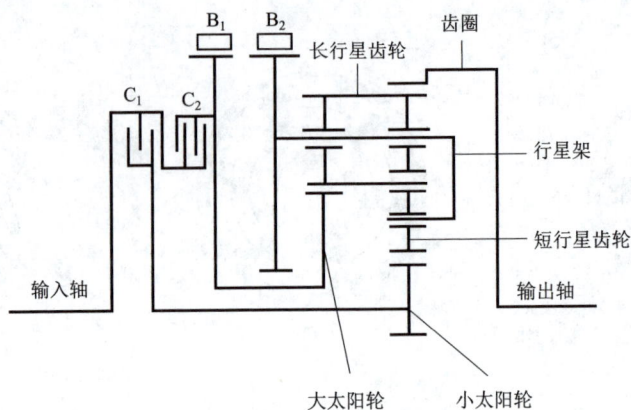

图 1-35　拉维娜式行星齿轮组合

3. 串联式

特点：行星架机构互为齿圈，如图 1-36 所示。

图 1-36　串联式行星齿轮组合

五、相关部件的检修

1. 行星齿轮机构

（1）检查太阳轮、行星齿轮和齿圈的齿面，如有磨损或疲劳剥落，应更换整个行星排。

（2）检查行星齿轮和轴有无烧蚀，如果行星齿轮和轴出现烧蚀，说明工作时严重超载，行星轮架或行星轮轴可能发生变形。

（3）检查行星齿轮轴向间隙，如图 1-37 所示，用厚薄规在行星齿轮端部测试轴向间隙，通常应在 $0.2 \sim 0.7$ mm，使用限度不超过 1 mm。具体数值应参考各车型维修手册。

（4）检查太阳轮、行星架、齿圈等零件的轴径或滑动轴承处有无磨损，如有异常，应更换新件。

2. 换挡执行机构的检修

1）多片式离合器（制动器）

（1）工作检查（空气压力测试）。

常用一个橡胶尖端的空气枪，压在通道末端

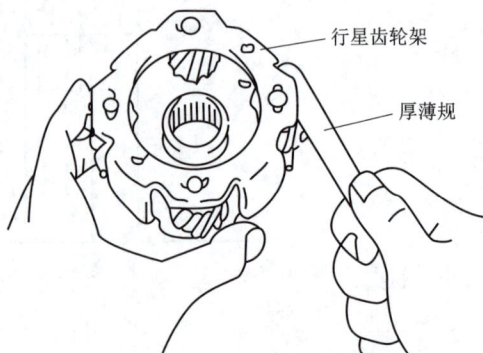

图 1-37　行星齿轮机构间隙检查

来保证密封，用空气压力来检测离合器工作是否正确。

给对应的油压通道施加空气压力，使空气压力保持几秒钟，其间应能看到活塞是否正常移动、离合器钢片和摩擦片是否被压紧以及移动的速度是否正常等。

（2）摩擦片检查。

① 摩擦片上的存油沟槽磨平后，自动变速器油就无法进入摩擦片与钢片之间，磨损速度就会急剧加快，必须更换摩擦片。

② 摩擦片上有数字记号，记号磨掉后必须更换摩擦片。

③ 新拆下来的摩擦片用无毛布将表面擦干，用手轻按摩擦表面时应有较多的自动变速器油渗出。轻按时如不出油，说明摩擦片含油层（隔离层）已被抛光，无法保存自动变速器油，必须更换摩擦片。

④ 摩擦片出现翘曲变形的也必须更换。翘曲检查时可以采取将两片摩擦片重叠在一起，并不断变换重叠角度，若局部出现间隙，则可断定为变形。

⑤ 摩擦片表面发黑（烧蚀）的必须更换。

⑥ 摩擦片表面出现剥落、有裂纹、内花键被拉毛（拉毛容易造成卡滞）、掉齿等现象的都必须更换。

（3）钢片检查。

离合器钢片主要损坏形式有花键齿拉毛、变形、烧蚀等，容易引起离合器分离不彻底，烧蚀加剧，可目测检查。

（4）自由间隙检查。

如图 1-38 所示，将厚薄规插入压盘与摩擦片之间，测量自由间隙的大小。一般可按照每一摩擦片需要 0.3 mm 间隙确定总间隙值。具体应参考维修手册。

2）单向离合器检查

外观检查：内外圈是否有烧蚀发蓝的痕迹，是否有划痕或裂纹。

转动检查：若内圈在一个方向能自由转动，而在另一个方向锁止，则表明单向离合器功能正常。

图 1-38　离合器片自由间隙检查

❀ 任务四　液压控制系统检修

【任务目标】

知识目标

1. 了解变速器油的作用和特性；
2. 了解滤清器的类型及原理；
3. 掌握液压控制系统的组成及工作原理；
4. 掌握不同类型油泵的结构及工作原理；
5. 掌握液压控制系统各类型阀体的结构及工作原理。

技能目标

1. 能正确选用、检查、更换自动变速器油；
2. 能回收变速器油及避免污染；
3. 能对油泵进行拆装、检测；
4. 能拆装阀体总成；
5. 能对阀体、阀芯进行检查、检测。

素质目标

1. 通过拆装、检查、数据记录，增强团队合作意识和能力；
2. 通过查阅资料、制订诊断流程，践行问题导向，增强分析问题、解决问题的能力；
3. 通过费油收集、吸油纸回收，养成良好的安全和环保习惯，树立绿色发展观。

【任务实施】

一、任务描述

一辆装配有自动变速器的车辆到店进行检修，据驾驶员介绍，变速器在中低车速或冷车时有明显的换挡顿挫，高速时换挡顿挫消失。请你学习相关知识，合理选用工具，对故障进行分析及排除。

二、任务准备

第一部分：信息准备

（1）自动变速器应使用_____的自动变速器油，一般使用的自动变速器油有_____。

（2）自动变速器油更换周期以_____为准。

（3）自动变速器油的检查内容主要包括_____、_____和_____。其中油量的多少以_____为准，_____只作为参考。

（4）自动变速器油的过多或过少都会使汽车加速能力变差，其主要原因为：

① 油液过多会_____回油孔道，导致离合器或制动器接合速度_____而产生换挡冲击，离合器或制动器无法完全退出工作致使_____，从而使汽车加速缓慢。

② 油液过少会使油泵泵油压力变小、主油压_____，导致离合器或制动器_____、液力变矩器_____，从而汽车加速缓慢。

（5）油泵是液压控制系统的动力源，其功用是产生_____和_____的自动变速器油，供给液力变矩器、液压控制系统和行星齿轮机构。常见的油泵类型有_____、_____、_____。

（6）油泵将自动变速器油从自动变速器_____中泵出来、加压，并经过_____的调压，形成具有一定压力的自动变速器油，一般称为_____（或管道压力）。主油压经过_____后作用在各换挡阀上，换挡阀的动作能_____，使经过手动阀的主油压作用到不同的_____（离合器、制动器）以得到不同的挡位。主油压还把自动变速器油分别送到_____进行冷却，送到机械变速器相应元件处进行_____和送到液力变矩器作为_____的工作介质。

（7）描述下列液压阀的功能。

油泵：

手动阀：

换挡阀：

调压阀：

第二部分：制订计划

（1）需要准备的工具，请填表1-9。

表1-9　需要准备的工具

序号	名称	序号	名称	序号	名称	序号	名称
1		5		9		13	
2		6		10		14	
3		7		11		15	
4		8		12		16	

（2）操作过程中注意事项。

（3）参照维修手册，结合所学知识，制订故障排除方案。

（4）根据计划，完成小组成员任务分工。

第三部分：实施计划

（1）请根据你所检查的实际情况填写以下内容

自动变速器油的颜色＿＿＿＿＿＿＿＿＿＿＿＿＿＿＿。

自动变速器油的液位在＿＿＿＿＿＿＿＿＿＿＿＿＿＿＿范围。

放油螺塞拧紧力矩是＿＿＿＿＿＿＿＿＿＿＿＿＿＿＿N·m。

① 查阅维修手册，说明自动变速器油的检查、更换步骤。

② 查询资料，说明自动变速器油有哪些品牌。

③ 检查结论。

④ 更换自动变速器油。

（2）油泵的拆装及检测，查阅维修手册，按步骤拆解油泵并完成检测。

油泵外观检查结论：

油泵检测结果如表 1–10 所示。

表 1–10　油泵检测结果

项目	标准间隙/mm	测量间隙/mm
内齿轮与壳体间隙		
齿顶与月牙板间隙		
齿轮端隙		

（3）查阅维修手册，说明阀体拆装步骤及注意事项。

（4）参照维修手册认识阀体上各控制阀，并写下它们的名称及作用。

（5）拓印阀体上的油路，在相应位置标识各个阀体的名称。

（6）场地恢复，6S 管理。

第四部分：评价反馈

任务评价如表 1-11 所示。

表 1-11 任务评价

序号	评价项目	评价指标	分值	自评（25%）	互评（25%）	师评（50%）	合计
1	知识目标（25%）	了解变速器油的作用和特性、对工作性能的影响	5				
		了解滤清器的类型及原理	5				
		掌握液压控制系统的组成及工作原理	5				
		掌握不同类型油泵的结构及工作原理	5				
		掌握液压控制系统各类型阀体的结构及工作原理	5				
2	能力目标（50%）	能正确地制订维修计划	5				
		能正确选用工具	5				
		能正确选用、检查、更换自动变速器油	5				
		能正确识别油泵，并按要求进行拆装、检测	10				
		能正确拆装、放置阀体总成	5				
		能根据维修手册正确识别阀体、阀芯及进行检查、检测	10				
		能处理、存放变速器油及相关废料	5				
		能完整、规范地完成任务单	5				
3	素质目标（25%）	6S规范、劳动意识	5				
		协作能力、创新意识	5				
		表达能力、服从意识	5				
		搜集、利用资源的能力	5				
		民族意识、环保意识	5				
	合计		100				
	综合得分及评价						

【相关知识】

一、自动变速器油及滤清器

1. 自动变速器油的作用

自动变速器油的作用是通过液力变矩器将发动机动力传递给变速器。自动变速器油的过多或过少都会使汽车加速能力变差：油液过多会堵塞回油孔道，导致离合器或制动器接合速度过快而产生换挡冲击，离合器或制动器无法完全退出工作致使换挡延时从而使汽车加速缓慢；油液过少会使油泵泵油压力变小、主油压降低，导致离合器或制动器打滑、液力变矩器传力不良，从而使汽车加速缓慢。自动变速器油主要有以下作用：

（1）通过电子控制系统、液压控制系统传递压力和运动，完成对各换挡元件的操纵；

（2）将变速器中的热量带出传递给冷却介质；

（3）强制润滑行星齿轮机构和摩擦副；

（4）清洁运动零件并起到密封作用。

2. 自动变速器油的特性

由于工作特点的不同，自动变速器油在性能上区别于其他油液，主要有：

（1）较高的黏温性；

（2）较高的氧化安定性；

（3）防腐防锈性；

（4）良好的抗泡沫性；

（5）抗磨性；

（6）剪切稳定性。

用于自动变速器的油液应通过严格的台架实验和道路实验，具备上述性能。各个国家对自动变速器油均有严格的规定，自动变速器应使用设计规定的自动变速器油。目前，应用最为广泛的自动变速器油是 DEXRON；最新的是 DEXRON Ⅵ，主要应用于美国通用、克莱斯勒以及日本和德国的大部分车型上。

3. 滤清器

滤清器用来滤掉颗粒物或污染物，防止颗粒物或污染物进入变速器油道循环。

滤清器要保持浸在油液中，但要和壳体保持一定距离，防止油底壳内积淀物阻塞滤清器。常见的滤清器有三种，即滤网式滤清器、纸质滤清器和毡式滤清器。

1）滤网式滤清器

最早的滤清器使用的是金属滤网，每次变速器维护时都要对它进行清洗，如有损坏应更换。滤网上的漆类物可以用化油器清洗剂或溶剂清洗，如不能清洗干净则要更换滤清器。

2）纸质滤清器

纸质滤清器被封套在塑料或金属外壳里。纸质滤清器不能清洗，每次维护变速器时都要更换。纸质滤清器也是表面滤清器，只不过相比滤网式滤清器，它可以过滤更微小的颗粒物。

3）毡式滤清器

毡式滤清器由特别处理的聚酯纤维制成，不能清洗，维护时只能更换。它是深层滤清器，过滤的污染颗粒不只存在于表面，还会存在其内部。因此，它能在保证较好的过滤效果的同时，对油流的影响较小。

二、液压控制系统的基本组成和工作原理

对于全液控自动变速器来说,液压控制系统将发动机的负荷(节气门开度)和车速信号转换为不同的油压,并由此确定换挡时刻,进行换挡的控制。

1. 液压控制系统的基本组成

液压控制系统包括动力源、执行机构和控制机构三大部分。

1)动力源

液压控制系统的动力源是油泵(或称为液压泵),它是整个液压控制系统的工作基础。各种阀体的动作、换挡执行元件的工作等都需要一定压力的自动变速器油,油泵的基本功用就是提供满足需求的自动变速器油油量和油压。

2)执行机构

执行机构主要由离合器、制动器油缸等组成。其功用是在控制油压的作用下实现离合器的接合和分离、制动器的制动和松开动作,以便得到相应的挡位。

3)控制机构

控制机构包括阀体和各种阀,包括调压阀、手动阀、换挡阀等。

液压控制系统还包括一些辅助装置,如用于防止换挡冲击的蓄能器、单向阀等。

2. 液压控制系统的工作原理

油泵将自动变速器油从自动变速器油底壳中泵出来、加压,并经过主调压阀的调压,形成具有一定压力的自动变速器油,一般称为主油压(或管道压力)。主油压经过手动阀后作用在各换挡阀上,换挡阀的动作能切换油道,使经过手动阀的主油压作用到不同的换挡执行元件(离合器、制动器)以得到不同的挡位。主油压还把自动变速器油分别送到油冷却器进行冷却,送到机械变速器相应元件处进行润滑和送到液力变矩器作为液力变矩器的工作介质。

三、液压控制系统主要元件

1. 油泵

1)功用

油泵是液压控制系统的动力源,其功用是产生一定压力和流量的自动变速器油,供给液力变矩器、液压控制系统和行星齿轮机构。

2)结构原理

常见的油泵有叶片泵、转子泵、内啮合齿轮泵,其结构不同、原理相同。下面以内啮合齿轮泵为例讲述其基本工作原理,如图1-39所示。内啮合齿轮泵主要由主动齿轮、从动齿轮、月牙板、壳体等组成。主动齿轮为外齿轮,从动齿轮为内齿轮,在壳体上有一个月牙板,把主、从动齿轮不啮合的部分隔开,并形成两个工作腔,分别为进油腔和出油腔。进油腔与泵体上的进油口相通,出油腔与泵体上的出油口相通。主动齿轮

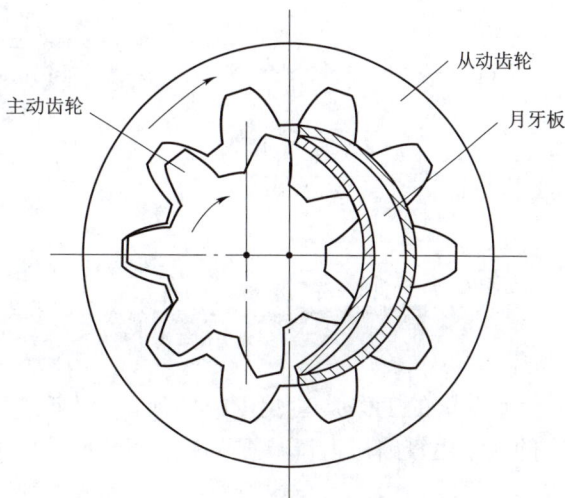

图1-39 内啮合齿轮泵结构图

由液力变矩器泵轮驱动，只要发动机转动，油泵便转动并开始供油。

如图 1-40 所示，油泵在工作过程中，主动齿轮带动从动齿轮转动，在齿轮脱离啮合的一端（进油腔），容积不断变大，产生真空吸力，把自动变速器油从油底壳经滤网吸入油泵。在齿轮进入啮合的一端（出油腔），容积不断减小，油压升高，把自动变速器油从出油腔挤压出去。这样，油泵不停运转，就形成了具有一定压力的油液，供给自动变速器工作。

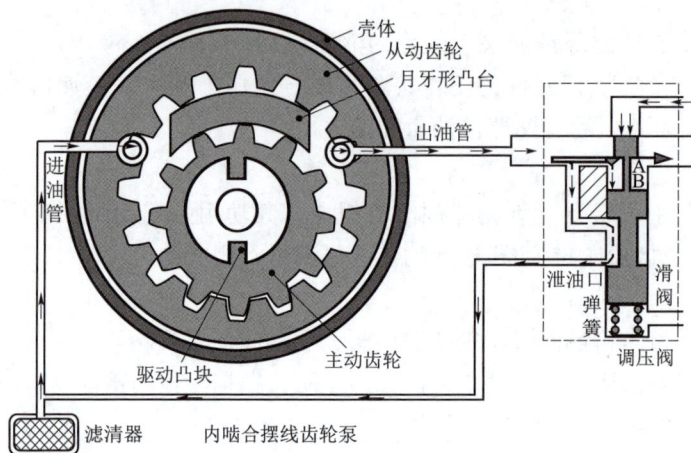

图 1-40　内啮合齿轮泵的工作原理

这种油泵要求具有严格的加工制造精度。因为齿轮之间、齿轮与泵体之间过大的磨损和间隙会导致油泵的性能下降，油压过低。而油压对于保证自动变速器的正常工作是非常重要的。

2. 调压阀

通常在油泵总成上集成有管路压力调节阀和变矩器锁止离合器控制阀，用来调节管路压力和变矩器压力，如图 1-41 所示。

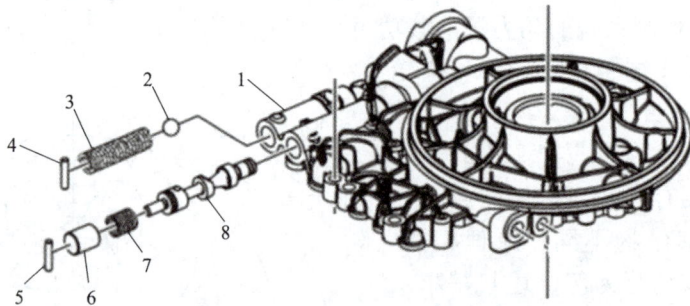

图 1-41　主调压阀的结构

1—自动变速器油泵体；2—泵排气球阀；3—泵排气阀弹簧；4，5—压力调节阀孔塞固定件；
6—压力调节阀孔塞；7—压力调节阀弹簧；8—压力调节阀

调压阀的工作原理如图 1-42 所示。发动机起动后，变速器油泵工作，产生液压力。压力的大小由管路压力调节阀调节，调节后的压力输入阀体进行换挡控制。压力调节阀的一端连通管路压力，另一端则受到弹簧力和管路压力控制电磁阀的输出油压共同控制。当管路压力控制电磁阀的输出油压为 0 时，作用在调节阀上的管路压力只需克服弹簧力即可推动阀杆。此时，回油口的开度为最大，有较多的油液重新返回到油泵的入口，形成较低的管路压力。发动机转速不变，随着管路压力控制电磁阀输出油压的增加，阀杆向关闭回油口的方向移动，回油口的开度逐渐变小，从而使管路压力上升。

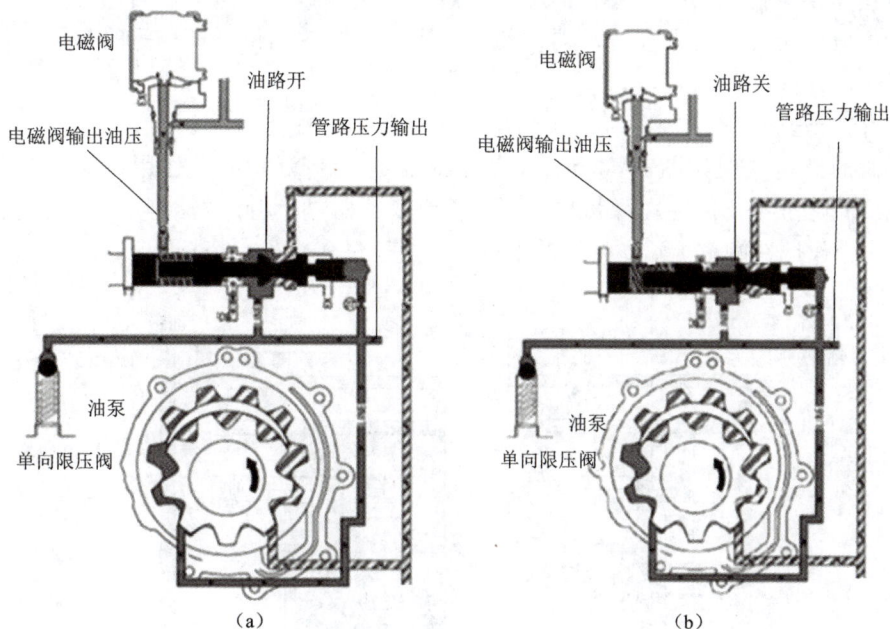

图 1-42 调压阀的工作原理

（a）油路开；（b）油路关

3. 蓄能器

1）功能

蓄能器又称蓄压器或储能器。其作用是使换挡执行元件的接合更为柔和，使换挡平稳、无冲击。

2）结构原理

蓄能器的结构和工作原理如图 1-43 所示。

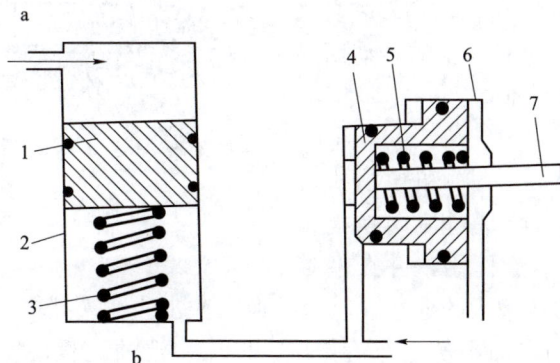

图 1-43 蓄能器的结构和工作原理

a—来自油泵的主油路压力油液进油道；b—来自换挡阀的主油路压力油液进油道；

1—蓄能器活塞；2—油缸；3、5—弹簧；4—制动器液压活塞；6—制动器液压缸；7—推杆

4. 换挡阀

1）功用

换挡阀的功用是根据换挡控制信号或油压，切换挡位油路，以实现两个挡位的转换。换挡阀直接与换挡控制元件（离合器、制动器）相通，当换挡阀动作后，会切换相应的油道以便给相应挡位的离合器和制动器供油，得到所需要的挡位。换挡阀的数量与自动变速器前进挡的个数有关。

2）结构原理

换挡阀的结构原理如图1-44所示。当ECU对电磁阀通电时，作用在阀芯上端的管路压力由电磁阀排放掉，阀芯在弹簧作用下上移，变速器进入特定挡。当ECU使电磁阀断电时，管路压力作用在阀芯上端，使阀芯下移，变速器进入另外一个挡。

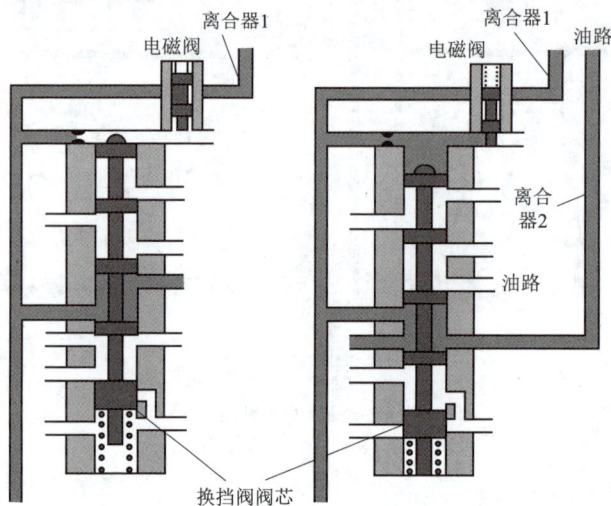

图1-44　换挡阀的结构原理

5. 手动阀

手动阀又称为手控阀或手动换挡阀，与驾驶室内的选挡杆相连，其功用是控制各挡位油路的转换。如图1-45所示，当驾驶员操纵选挡杆时，手动阀会随着棘轮的转动而移动，使主油压通往不同的油道。

6. 单向节流阀

单向节流阀布置在换挡阀和换挡执行元件之间的油路中，作用是对流向换挡执行元件的液压油产生节流作用，并在换挡

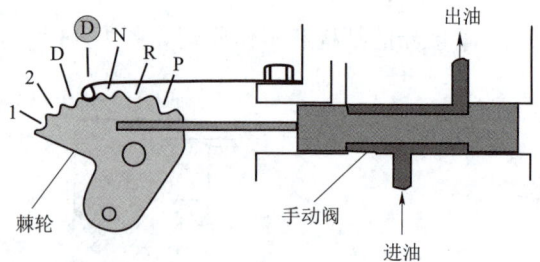

图1-45　手动阀的结构

执行元件接合时延缓油压增大的速率，以减小换挡冲击。在换挡执行元件分离时，单向节流阀对换挡执行元件的泄油不产生节流作用，以加快泄油过程，使换挡执行元件迅速分离。

单向节流阀有两种类型，一种是弹簧节流阀式，另一种是球阀节流孔式，如图1-46所示。

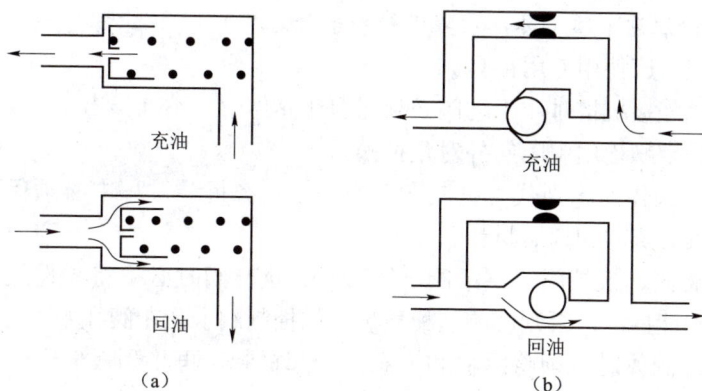

图 1-46 单向节流阀的类型

（a）弹簧节流阀式；（b）球阀节流孔式

四、液压系统的拆装及检测

1. 油泵的分解

（1）拆下油泵后端轴颈上的密封环；

（2）按照对称交叉的顺序依次松开转子轴与泵体的固定螺栓，打开油泵；

（3）用油漆在小齿轮上做一记号，取出小齿轮及内齿轮；

（4）拆下油泵前端盖上的油封。

2. 油泵零件的检验

（1）用厚薄规分别测量油泵内齿轮外圆与油泵壳体之间的间隙、小齿轮及内齿轮的齿顶与月牙板之间的间隙、小齿轮及内齿轮端面与泵壳平面的端隙。将测量结果与表 1-12 对照。如不符合标准，应更换齿轮、泵壳或油泵总成。

表 1-12 油泵测量标准

项目	标准间隙/mm	最大间隙/mm
内齿轮与壳体间隙	0.07～0.15	0.3
齿顶与月牙板间隙	0.11～0.14	0.3
齿轮端隙	0.02～0.05	0.1

（2）检查油泵小齿轮、内齿轮、泵壳端面有无肉眼可见的磨损痕迹，如有，应更换新件。

（3）用量缸表或内径千分表，测量泵体衬套内径。最大直径应该是 38.19 mm。如果衬套直径大于规定值，要更换油泵体。

（4）测量转子轴衬套内径。测量衬套前、后端的直径。前端最大直径是 21.58 mm，后端最大直径是 27.08 mm，如果衬套内径超出规定值，更换转子轴。

（5）轴瓦磨损的检查。首先要检查一下液力变矩器输出驱动油泵的轴颈，如果发现有磨损或伤痕，轻者可用细砂纸打磨，重者需要更换。在检查完轴颈后，可将带有轴瓦的油泵盖套入并用双手晃动，检查间隙是否过大。如果间隙过大，则需更换新轴瓦。更换时，可使用专用工具把轴瓦压出后，再装入新轴瓦。

3．阀体的拆检注意事项（具体步骤以维修手册为准）

（1）在拆线束时应使用专用工具。

（2）拆卸换挡连接机构时，手动阀必须保留在阀体中，不准移出。

（3）阀体的固定螺栓由中间向外对角拧松。

（4）解体时，阀体的识别代号打制在金属牌上，在拆装过程中必须保留，最后应装回原位，便于查阅维修资料和订购材料。

（5）分解电磁阀、换挡阀、供给阀、调节阀、执行阀时必须将零件放入编码盒中，阀板上也应编码。不能搞乱，否则影响装配质量，如控制阀卡死在阀孔中，应更换阀板总成。

（6）分解上下阀体时必须将隔板和上阀体一起提起，再将隔板向上、上阀体向下放在工作台上，小心移开或提起隔板，防止止回球阀移位或脱落，止回球阀和弹簧应放入编码盒中，上阀体也应编码。

（7）阀体应用煤油或自动变速器油清洗，清洗后用压缩空气吹净，再将零件放入清洁的自动变速器油中浸泡后等待装配，新零件应浸泡 30min 以上才能装配。

（8）拆检阀板时，不可让阀芯等重要零件脱落，不要将铁丝、螺钉旋具等硬物伸入阀孔中，以免损伤阀芯和阀孔的精密配合表面。

（9）检查各电磁阀的阻值是否正常。

（10）各种换挡阀、供给阀、调节阀、执行阀在阀板内应灵活无卡滞。

（11）检查表面有无毛刺，如有应用金相纱布（专用）进行抛光，抛光后不得有任何泄漏情况。

（12）更换零件或阀板总成时应选用同一型号、同一识别代码的零件。

（13）安装总成时应清洁安装表面并用压缩空气吹净，并涂上清洁的自动变速器油。用手将固定螺栓拧到底，再用小扭力扳手由外向内对角均匀拧紧。

（14）安装换挡连接机构时应将挡位置于 P 挡，再将手控阀推到底部后将调整螺钉拧紧。

❋ 任务五　电子控制系统检修

【任务目标】

知识目标

1．掌握自动变速器电子控制系统的基本组成和工作原理；

2．熟悉自诊断系统原理；

3．熟悉不同类型电磁阀的结构及工作原理；

4．熟悉不同传感器的结构及工作原理；

5．熟悉不同开关的结构及原理。

技能目标

1．能利用诊断仪进行自诊断系统故障代码的读取与清除；

2．能识别开关、传感器的位置、类型并进行检测和结果判断；

3．能识别电磁阀的位置、类型并进行检测和结果判断；

4. 能正确进行元件的拆卸及更换。

素质目标

1. 使用维修手册等资源进行自学的能力；

2. 具备团队协作及分析问题、解决问题的能力；

3. 能用普遍联系的、全面系统的、发展变化的观点观察事物，联系其他课程知识分析相关问题；

4. 养成规范的操作习惯，具备良好的劳动素养。

【任务实施】

一、任务描述

一辆装备有自动变速器的汽车，车主反映车辆无法换挡。经初步排查发现问题出在自动变速器电子控制系统。请你学习相关知识，合理选用工量具和仪器设备，对故障进行分析及排除。

二、任务准备

第一部分：信息准备

（1）自动变速器电子控制系统传感器主要包括：_____、_____、输入轴转速传感器、_____、_____、空挡起动开关、_____、模式选择开关等。执行器部分主要包括_____和故障指示灯等。ECU 主要功能有：_____、_____、_____、_____和_____等。

（2）电磁阀根据功能的不同可以分为_____、_____和_____。根据工作原理的不同可以分为_____电磁阀和_____电磁阀。

（3）开关式电磁阀的功用是_____或_____液压油路，通常用于控制换挡阀和部分车型锁止离合器。根据工作方式的不同又分为_____和_____两种。安装位置也有差异，有的安装在进油管路，有的安装在_____管路。

（4）驻车制动轮与驻车棘爪_____起到驻车制动的作用，驻车制动轮通常也是_____传感器的传感器轮。

（5）选择换挡点需要变速器_____传感器信号。

（6）冷却液温度传感器一般是一个_____温度系数的热敏电阻。若变速器油油温传感器故障，则自动变速器 TCM 会根据_____传感器信号和_____产生一个_____信号用于控制变速器油，且此时液力变矩器只能接合或分离，不能_____。

（7）变速器正常工作油温为_____，若高于 110 ℃则 TCM_____，若高于 130 ℃则 TCM_____。

（8）节气门位置传感器用于检测_____的大小，并将数据传送给 TCM，TCM 根据此信号判断发动机_____，从而控制自动变速器的_____、调节_____和_____。若失去该信号则自动变速器无法_____。

（9）车速传感器用于检测自动变速器_____转速，TCM 根据车速传感器输入的信号计算出车速，并以此信号控制自动变速器的_____和_____的锁止。若失去该信号则自动变速器无法_____。

（10）模式选择开关是供驾驶员选择所需要的行驶或换挡模式的开关。大部分车型都具有_____模式（N 或 NORM）、_____模式（P 或 PWR）或_____模式（S 或 SPORT），有些车型还有经济模式（E 或 ECO）、_____模式（L 或 LOW）。

第二部分：制订计划

（1）需要准备的工具，请填表 1–13。

表 1–13　需要准备的工具

序号	名称	序号	名称	序号	名称	序号	名称
1		5		9		13	
2		6		10		14	
3		7		11		15	
4		8		12		16	

（2）操作过程中注意事项。

（3）阅读维修手册，结合所学知识，制订诊断流程。

（4）根据计划，完成小组成员任务分工。

第三部分：实施计划

（1）节气门位置传感器的检测。

① 查阅维修手册，画出该传感器电路图，说明检测方法。

② 检测结果（含波形）。

（2）输入、输出转速传感器的检测。

① 查阅维修手册，画出该传感器电路图，说明检测方法。

② 检测结果（含波形）。

（3）自动变速器油油温传感器的检测。

① 查阅维修手册，画出该传感器电路图，说明检测方法。

② 检测结果。

（4）电磁阀的检测。

① 查阅维修手册（根据选择车型），填写表 1–14。

表 1–14　电磁阀

名称	类型	作用	失效影响

② 电磁阀检测结果如表 1-15 所示。

表 1-15　电磁阀检测结果

名称	电阻	通电测试	密封性检查

（5）CAN 总线及控制模块的检测。

① 查阅维修手册，画出电路图，说明检测方法。

② 检测结果。

第四部分：评价反馈

任务评价如表 1-16 所示。

表 1-16　任务评价

序号	评价项目	评价指标	分值	自评（25%）	互评（25%）	师评（50%）	合计
1	知识目标（25%）	掌握自动变速器电子控制系统的基本组成和工作原理	5				
		熟悉自诊断系统原理	5				
		熟悉不同类型电磁阀的结构及工作原理	5				
		熟悉不同传感器的结构及工作原理	5				
		熟悉不同开关的结构及原理	5				

续表

序号	评价项目	评价指标	分值	自评（25%）	互评（25%）	师评（50%）	合计
2	能力目标（50%）	能正确地制订维修计划	5				
		能正确选用工具	5				
		能利用诊断仪进行自诊断系统故障代码的读取与清除	5				
		能识别开关、传感器的位置、类型并进行检测和结果判断	10				
		能识别电磁阀的位置、类型并进行检测和结果判断	10				
		能正确进行元件的拆卸及更换	10				
		能完整、规范地完成任务单	5				
3	素质目标（25%）	6S规范、劳动意识	5				
		协作能力、创新意识	5				
		表达能力、服从意识	5				
		自学能力、知识迁移能力	10				
合计			100				
综合得分及评价							

【相关知识】

一、电子控制系统概述

自动变速器的电子控制系统包括传感器、自动变速器ECU（以下简称ECU）和执行器三部分，其组成框图如图1-47所示。

传感器部分主要包括节气门位置传感器、车速传感器、输入轴转速传感器、冷却液温度传感器、自动变速器油油温传感器、空挡起动开关、制动灯开关、模式选择开关等。

执行器部分主要包括各种电磁阀和故障指示灯等。

ECU主要完成换挡控制、锁止离合器控制、油压控制、故障诊断和失效保护等功能。

二、传感器

1. 节气门位置传感器

1）功用

节气门位置传感器（Throttle Position Sensor，TPS）安装在节气门体上，用于检测节气门开度的大小，并将数据传送给ECU，ECU根据此信号判断发动机负荷，从而控制自动变速器的换挡、调节主油压和控制锁止离合器。节气门位置信号相当于液控自动变速器中的节气门油压。

传感器　　　　　　　　ECU　　　　　　　　执行器

节气门位置传感器

车速传感器　　　　　换挡控制　　　　　1#电磁阀（换挡电磁阀）

冷却液温度传感器

油温传感器　　　　　锁止控制　　　　　2#电磁阀（换挡电磁阀）

空挡起动开关

强制降挡开关　　　　自诊断　　　　　　3#电磁阀（TCC电磁阀）

制动灯开关　　　　　　　　　　　　　4#电磁阀（油压电磁阀）

模式选择开关　　　　失效保护

图 1-47　电子控制系统组成框图

2）结构原理

一般是采用线性输出型节气门位置传感器，也称可变电阻式传感器，其结构如图 1-48 所示。它实际上是一个滑动变阻器，E2 是搭铁端子，IDL 是怠速端子，VTA 是节气门开度信号端子，VC 是 ECU 供电端子，电脑提供恒定 5 V 电压。当节气门开度增加时，节气门开度信号触点逆时针转动，VTA 端子输出电压线性增大，如图 1-49 所示。VTA 端子输出电压与节气门开度成正比。

由于滑动电阻中间部分容易磨损，所以其阻值无法正确反映节气门开度，测量电阻时欧姆表会产生波动，同时输出电压也会过高或过低。当输出电压高时，升挡滞后、不能升入超速挡，同时会导致主油压过高，出现换挡冲击；当输出电压低时，升挡提前，汽车行驶动力不足，同时会导致主油压过低，使离合器、制动器打滑。

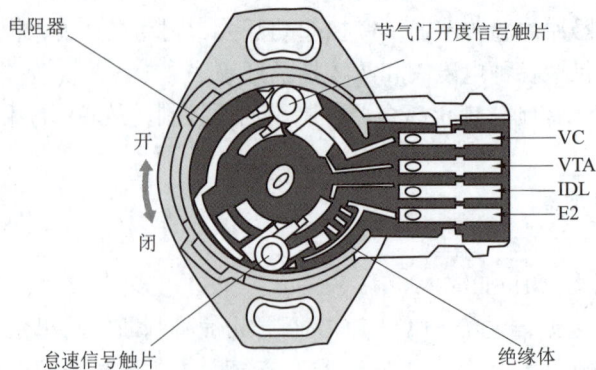

电阻器　　　　　　　　　节气门开度信号触片

开

闭　　　　　　　　　　　　　　VC
　　　　　　　　　　　　　　　VTA
　　　　　　　　　　　　　　　IDL
　　　　　　　　　　　　　　　E2

怠速信号触片　　　　　　　　　绝缘体

图 1-48　节气门位置传感器结构

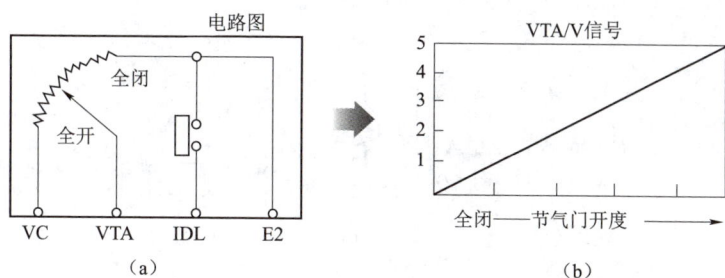

图 1-49 节气门位置传感器原理及特性

（a）原理图；（b）特性图

2. 车速传感器

1）功用

车速传感器（Vehicle Speed Sensor，VSS）用于检测自动变速器输出轴转速，ECU 根据车速传感器输入的信号计算出车速，并以此信号控制自动变速器的换挡和锁止离合器的锁止。

2）类型

常见的车速传感器有电磁式、霍尔式两种形式。

（1）电磁式车速传感器的结构原理。

如图 1-50（a）所示，电磁式车速传感器主要由永久磁铁、电磁感应线圈、转子等组成。转子一般安装在变速器输出轴上，永久磁铁和电磁感应线圈安装在变速器壳体上，如图 1-50（c）所示。当输出轴转动时，转子也转动，转子与传感器之间的空气间隙发生周期性变化，使电磁感应线圈中的磁通量也发生变化，从而产生交流感应电压，如图 1-50（b）所示，并输送给 ECU。交流感应电压随着车速（输出轴转速）变化具有两个响应特性：一是随着车速的增加，交流感应电压增高；二是随着车速的增加，交流感应电压脉冲频率也增加。ECU 根据交流感应电压脉冲频率大小计算车速，并以此控制自动变速器的换挡。

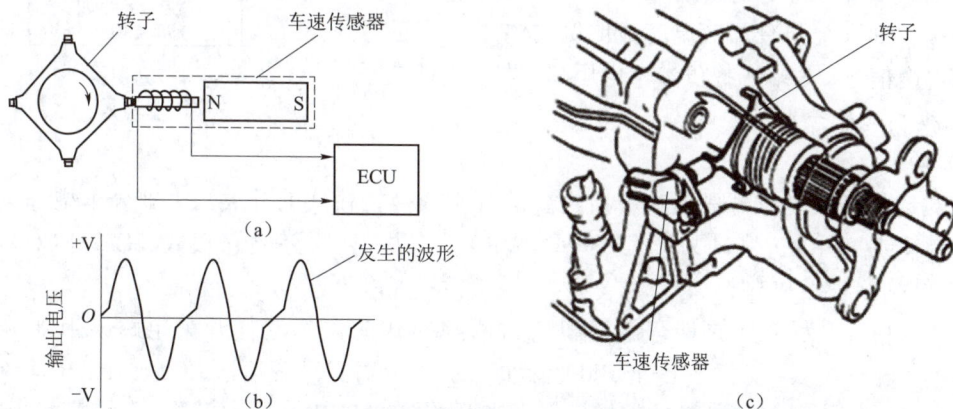

图 1-50 电磁式车速传感器的结构、输出电压和安装位置

（a）结构；（b）输出电压；（c）安装位置

（2）霍尔式转速传感器的结构原理。

常用的霍尔式转速传感器由 ECU 提供一个 5 V 参考电压，随着信号转子的旋转，传感器会产生一个数字信号，如图 1-51 所示。

图 1-51　霍尔式转速传感器的结构原理

3. 输入轴转速传感器

对于轿车自动变速器，一般在机械变速器输入轴附近的壳体上装有检测输入轴转速的输入轴转速传感器。该传感器一般也是采用电磁式或霍尔式，其结构、原理及检测方法与车速传感器相同。

ECU 根据输入轴转速传感器的信号可以更精确地控制换挡。另外，ECU 还可以把该信号与发动机转速信号进行比较，计算出变矩器的转速比，使主油压和锁止离合器的控制得到优化，以改善换挡性能，提高行驶性能。

4. 冷却液温度传感器

1）功用

冷却液温度传感器的信号不仅用于发动机的控制，还用于自动变速器的控制，比如锁止离合器的接合和分离及控制策略等。

2）结构原理

冷却液温度传感器一般是一个负温度系数的热敏电阻，即温度升高、电阻下降。如图 1-52 所示，发动机 ECU 在 A 端子接收到一个与冷却液温度成比例的电压，从而得到冷却液温度信号，B 端子提供参考电压，C 端子为低电平。

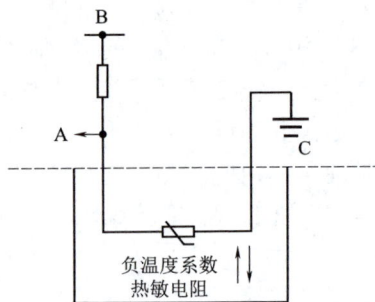

图 1-52　冷却液温度传感器的结构原理

5. 模式选择开关

1）功用

模式选择开关是供驾驶员选择所需要的行驶或换挡模式的开关。大部分车型都具有常规模式（N 或 NORM）和动力模式（P 或 PWR），有些车型还有经济模式（E 或 ECO）。

2）结构原理

图 1-53 所示为常见的具有常规和动力两种模式的模式选择开关电路。当开关接通 NORM（常规模式），仪表盘上 NORM 指示灯点亮，同时自动变速器 ECU 的 PWR 端子的电压为 0 V，ECU 从而知道选择了常规模式。当开关接通 PWR（动力模式），仪表盘上 PWR 指示灯点亮，同时 ECU 的 PWR 端子的电压为 12 V，ECU 从而知道选择了动力模式。

6. 空挡起动开关

1）功用

空挡起动开关有两个功用：一是给 ECU 提供挡位信息；二是保证只有选挡杆置于 P 位或 N 位才能起动发动机。

图 1-53 模式选择开关电路

2）结构原理

如图 1-54 所示，当选挡杆置于不同的挡位时，仪表盘上相应的挡位指示灯会点亮。当 ECU 的端子 N、2 或 L 与端子 E 接通时，ECU 便分别确定变速器位于 N 位、2 位或 L 位；否则，ECU 便确定变速器位于 D 位。只有当选挡杆置于 P 位或 N 位时，端子 B 与 NB 接通，才能给起动机通电，使发动机起动。

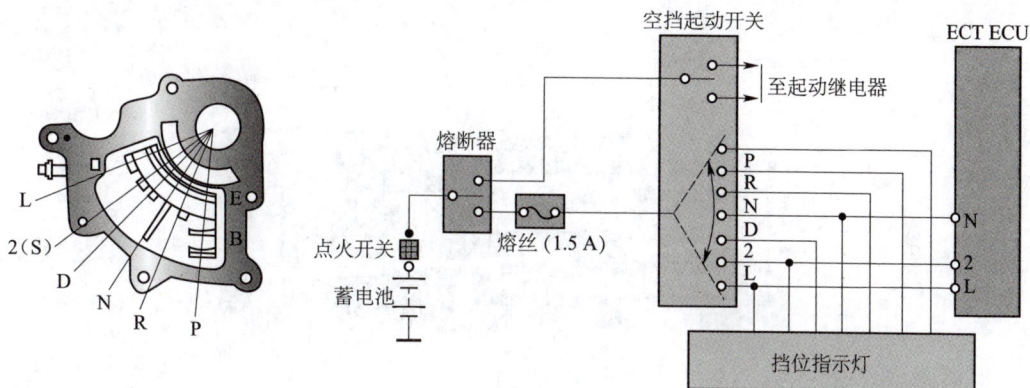

图 1-54 空挡起动开关电路

7. 制动踏板位置传感器

1）功用

ECU 通过制动踏板位置传感器信号控制变矩器锁止离合器分离、选挡杆锁止机构解锁等。

2）原理

其原理类似节气门位置传感器。

三、执行器

电子控制系统的执行器主要指电磁阀和故障指示灯，这里只介绍电磁阀。

1. 分类

电磁阀根据功能的不同可以分为换挡电磁阀、锁止离合器电磁阀和油压电磁阀。根据工作原理的不同可以分为开关式电磁阀和占空比式（脉冲线性式）电磁阀。不同的自动变速器使用的电磁阀数量不同，一般为 3 ~ 8 个不等。

绝大多数换挡电磁阀是采用开关式电磁阀，油压电磁阀是采用占空比式电磁阀，而锁止离合器电磁阀采用开关式和占空比式的都有。

2. 开关式电磁阀

1）功用

开关式电磁阀的功用是开启或关闭液压油路，通常用于控制换挡阀和部分车型锁止离合器的工作。

2）结构原理

开关式电磁阀由电磁线圈、衔铁、回位弹簧等组成，有常开式和常闭式两种。不通电时，电磁阀处于如图 1–55（a）所示位置，此种情况为常闭式。不通电时，电磁阀处于如图 1–55（b）所示位置，此种情况为常开式。

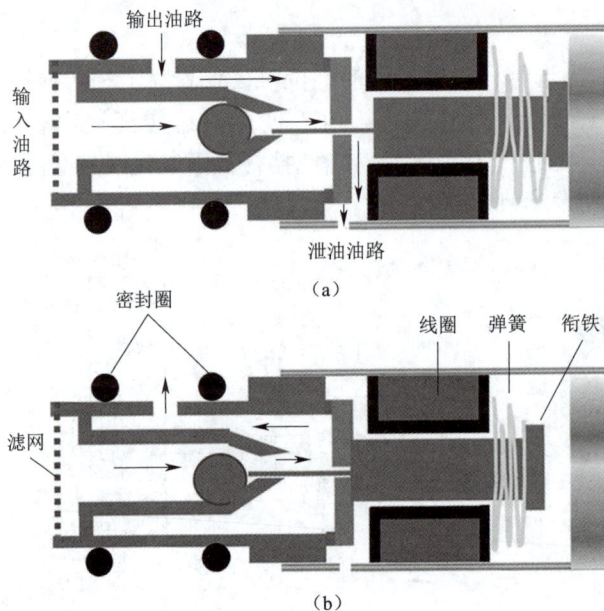

图 1–55　开关式电磁阀

（a）常闭式；（b）常开式

3. 占空比式电磁阀

1）占空比的概念

占空比是指一个脉冲周期中通电时间所占的比例（百分数），如图 1–56 所示。

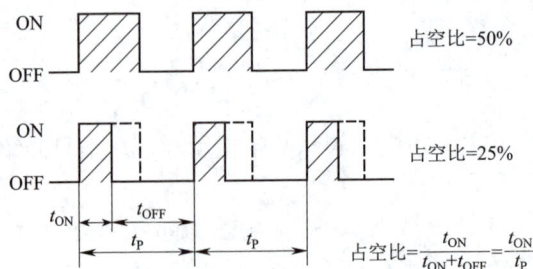

$$占空比 = \frac{t_{ON}}{t_{ON} + t_{OFF}} = \frac{t_{ON}}{t_P}$$

图 1–56　占空比

2）结构原理

占空比式电磁阀与开关式电磁阀类似，也是由电磁线圈、滑阀、回位弹簧、衔铁等组成，如图 1-57 所示。与开关式电磁阀不同的是，控制占空比式电磁阀的电信号不是恒定不变的电压信号，而是一个固定频率的脉冲电信号。在脉冲电信号的作用下，电磁阀不断开启、关闭泄油口。

占空比式电磁阀有两种工作方式：一是占空比越大，经电磁阀泄油越多，油压就越低；另一种是占空比越大，油压越高。

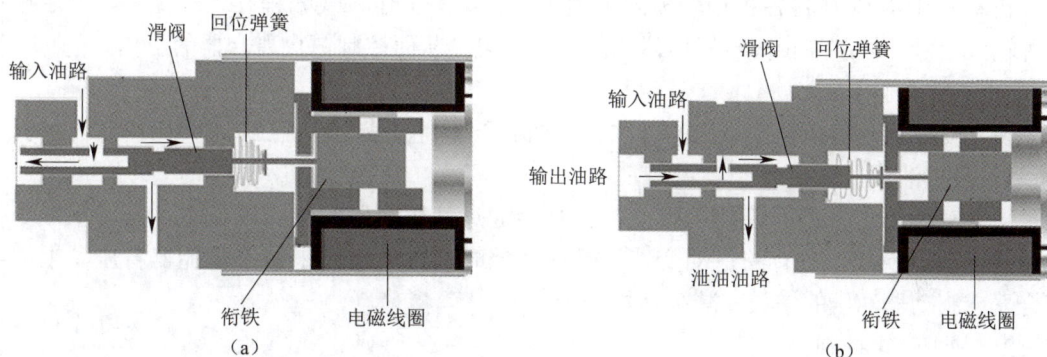

图 1-57　占空比式电磁阀

（a）常高式；（b）常低式

四、电子控制单元

电子控制单元（Electronic Control Unit，ECU），俗称电脑。自动变速器 ECU 具有换挡控制、锁止离合器控制、换挡平顺性控制、故障自诊断、失效保护等功能。

1. 换挡控制

自动变速器换挡时刻的控制是 ECU 最重要的控制内容之一。汽车在某个特定工况下都有一个与之对应的最佳换挡时刻，使汽车发挥出最好的动力性和经济性。汽车行驶过程中，ECU 根据模式选择开关信号、节气门开度信号、车速信号等参数来打开或关闭换挡电磁阀，从而打开或关闭通往离合器、制动器的油路，使变速器升挡或降挡。

图 1-58 所示为常见四挡自动变速器的自动换挡图，具有以下特点：

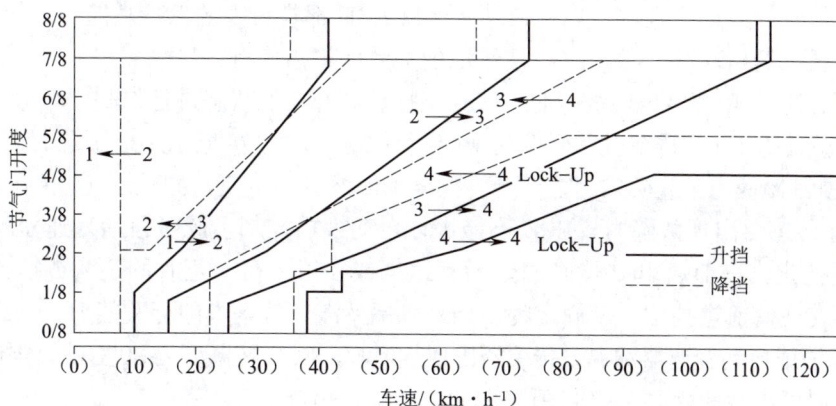

图 1-58　常见四挡自动变速器的自动换挡图

（1）随着节气门开度增加，升挡或降挡车速增加。以2挡升3挡为例，当节气门开度为2/8时，升挡车速为35 km/h，降挡车速为12 km/h；当节气门开度为4/8时，升挡车速为50 km/h，降挡车速为25 km/h。所以在实际的换挡操作过程中，一般可以采用"收油门"的方法来快速升挡。

（2）升挡车速高于降挡车速，以免自动变速器在某一车速附近频繁升挡、降挡而加速自动变速器的磨损。

2. 锁止离合器控制

自动变速器ECU将各种行驶模式下锁止离合器的工作方式编程存入存储器，然后根据各种输入信号，控制锁止离合器电磁阀的通、断电，从而控制锁止离合器的工作。

3. 换挡平顺性控制

自动变速器改善换挡平顺性的方法有换挡油压控制、减少转矩控制和N-D换挡控制。

1）换挡油压控制

自动变速器在升挡和降挡的瞬间，ECU会通过油压电磁阀适当降低主油压，来减少换挡冲击，改善换挡。也有的自动变速器是在换挡时通过电磁阀来减小蓄能器背压，来减缓离合器或制动器油压的增长，减少换挡冲击。

2）减少转矩控制

在自动变速器换挡的瞬间，通过推迟发动机点火时刻或减少喷油量，减少发动机输出转矩，来减少换挡冲击和输出轴的转矩波动。

3）N-D换挡控制

当选挡杆由P位或N位置于D位或R位时，或由D位或R位置于P位或N位时，通过调整喷油量，把发动机转速的变化减少到最小限度，以改善换挡。

4. 故障自诊断

电控自动变速器ECU具有内置的自我诊断系统，它不断监控各传感器、信号开关、电磁阀及其电路情况，当有故障时，ECU使故障指示灯闪烁，以提醒驾驶员或维修人员，并将故障内容以故障代码的形式存储在存储器中，以便维修人员采用人工或仪器的方式读取故障代码。

5. 失效保护

当自动变速器出现故障时，为了尽可能使自动变速器保持最基本的工作能力，以维持汽车行驶，便于汽车进厂维修，电控自动变速器ECU都具有失效保护功能。

（1）当传感器出现故障时，ECU所采取的失效保护措施有：

① 节气门位置传感器出现故障时，ECU根据怠速开关的状态进行控制。当怠速开关断开时（加速踏板被踩下），按节气门开度为1/2进行控制，同时节气门油压为最大值；当怠速开关接通时（加速踏板完全放松），按节气门处于全闭状态进行控制，同时节气门油压为最小值。

② 车速传感器出现故障时，ECU不能进行自动换挡控制，此时自动变速器的挡位由选挡杆的位置决定。在D位和2位时固定为超速挡或3挡，在L位时固定为2挡或1挡；或不论选挡杆在任何前进挡位，都固定为1挡，以保持汽车最基本的行驶能力。

③ 冷却液或自动变速器油温度传感器出现故障时，ECU按温度为80 ℃的设定进行控制。

（2）电磁阀出现故障时，ECU所采取的失效保护措施有：

① 换挡电磁阀出现故障时，ECU一般会将自动变速器锁挡，挡位与选挡杆的位置有关。

② 锁止离合器电磁阀出现故障时，ECU 会停止锁止离合器的控制，使锁止离合器始终处于分离状态。

③ 油压电磁阀出现故障时，ECU 会停止油压的控制，使油路压力保持为最大。

✹ 任务六　自动变速器基础检查及性能试验

【任务目标】

知识目标

1. 掌握自动变速器常规检查内容和方法；

2. 掌握失速试验的目的、步骤，熟悉结果的应用及分析方法；

3. 掌握时滞试验的目的、步骤，熟悉结果的应用及分析方法；

4. 掌握油压试验的目的、步骤，熟悉结果的应用及分析方法；

5. 了解道路试验的目的、步骤，熟悉结果的应用及分析方法。

技能目标

1. 能根据常规检查并进行结果判断；

2. 能正确完成相关试验，并记录相关试验数据；

3. 能正确查找相关测试值标准，并能根据记录的结果做出分析及判断，给出维修方案。

素质目标

1. 逐步养成良好的职业素养及劳动能力；

2. 具备团队协作及分析问题、解决问题的能力；

3. 有良好的安全意识及应急处理能力；

4. 能用普遍联系的、全面系统的观点观察事物，能进行知识的串联和迁移。

【任务实施】

一、任务描述

一辆装备有自动变速器的车辆，车主反映变速器容易出现间歇性的故障，不知道是什么问题。请你应用所学知识，结合自动变速器的检查和试验方法，分析并查找故障点。

二、任务准备

第一部分：信息准备

（1）失速试验是检查_____、_____、_____及自动变速器中有关的换挡执行元件的工作是否正常的一种常用方法。它是通过测量选挡杆在_____位、_____位时的失速转速来检查发动机及变速器的总体性能。如果两个位置失速转速都相同，但均低于规定值则可能是：_____、_____。仅 D 位失速转速高于规定值，则可能是：_____。仅 R 位失速转速高于规定值，则可能是：_____。在 D 位和 R 位失速转速均高于规定值，则可能是：＿＿＿＿＿＿＿＿、＿＿＿＿＿＿＿＿、＿＿＿＿＿＿＿＿。若失速转速低于标准值 600 r/min 以上，则是＿＿＿＿＿＿＿＿＿＿＿＿＿＿＿＿＿＿＿＿＿＿＿＿＿＿。

（2）换挡迟滞试验是在发动机怠速转动时拨动选挡杆，在感觉振动前会有一段时间的迟滞或延迟，目的是检查＿＿＿＿＿＿＿＿、＿＿＿＿＿＿＿＿＿＿＿的工作情况。如果 N 位拨向 D 位延迟时间大于规定值，则可能是：＿＿＿＿＿＿＿＿、＿＿＿＿＿、＿＿＿＿＿＿＿＿＿＿。如果 N 位拨向 R 位延迟时间大于规定值，则可能是：＿＿＿＿＿＿＿、＿＿＿＿＿＿＿＿＿＿、＿＿＿＿＿＿＿＿。

（3）油压试验一般是做＿＿＿＿＿＿测试。在任何范围油压均高于规定值，则可能是：＿＿＿＿＿＿、＿＿＿＿＿＿＿、＿＿＿＿＿＿＿、＿＿＿＿＿＿。只在 D 位油压低，则可能是：＿＿＿＿＿＿、＿＿＿＿＿＿。只在 R 位油压低，则可能是：＿＿＿＿＿＿＿＿＿、＿＿＿＿＿＿＿＿。

（4）自动变速器的道路试验内容主要有：＿＿＿＿＿＿＿＿、＿＿＿＿＿＿＿＿、＿＿＿＿＿＿＿。道路试验是分析、诊断自动变速器故障和检查维修质量的有效手段，通过试验可以检查自动变速器的＿＿＿＿＿＿＿＿、＿＿＿＿＿＿＿＿、＿＿＿＿＿＿＿＿、＿＿＿＿＿＿、＿＿＿＿＿＿和＿＿＿＿＿＿等。

第二部分：制订计划

（1）需要准备的工具，请填表 1-17。

表 1-17　需要准备的工具

序号	名称	序号	名称	序号	名称	序号	名称
1		5		9		13	
2		6		10		14	
3		7		11		15	
4		8		12		16	

（2）操作过程中注意事项。

（3）阅读维修手册，制定自动变速器性能试验表格，如表 1-18 所示。

表 1-18　自动变速器性能试验

试验名称	试验目的	试验方法	试验步骤	试验结果	结果分析

（4）根据计划，完成小组成员任务分工，完成性能试验，记录数据并分析结果。

第三部分：实施计划

1. 道路试验

（1）选挡杆位于 D 挡时，要检查的内容是：

（2）选挡杆位于 R 挡，要检查的内容是：

（3）对试验结果进行分析：

2. 失速试验

（1）失速试验的条件是：

（2）失速试验的方法是：

（3）对试验结果进行分析：

3. 换挡迟滞试验

（1）迟滞试验的方法是：

① 拉紧驻车制动手柄；

② 起动发动机并检查_____。

③ 将选挡杆从_____位拨向_____位，用秒表测量拨动选挡杆到感觉振动的时间，延迟时间应小于_____。

④ 从 N → R 用同样方法测量，延迟时间应小于_____。

（2）对试验结果进行分析：

4. 油压试验

（1）将自动变速器油压表接到自动变速器_____上。

（2）拉紧驻车制动器，起动发动机，使自动变速器油温达到_____。

（3）在发动机怠速工况和_____工况下分别测出_____挡和 R 挡的油压值。

（4）对试验结果进行分析：

第四部分：评价反馈

任务评价如表 1-19 所示。

表 1-19 任务评价

序号	评价项目	评价指标	分值	自评（25%）	互评（25%）	师评（50%）	合计
1	知识目标（25%）	掌握自动变速器常规检查内容和方法	5				
		掌握失速试验的目的、步骤	5				
		掌握时滞试验的目的、步骤	5				
		掌握油压试验的目的、步骤	5				
		了解道路试验的目的、步骤	5				
2	能力目标（50%）	能正确地制订维修计划	5				
		能正确选用工具、查询相关标准	5				
		能正确完成失速试验，并记录相关试验数据，并能根据记录的结果做出分析及判断，给出维修方案	10				
		能正确完成时滞试验，并记录相关试验数据，并能根据记录的结果做出分析及判断，给出维修方案	10				
		能正确完成油压试验，并记录相关试验数据，并能根据记录的结果做出分析及判断，给出维修方案	10				
		能掌握道路试验的步骤，了解结果的分析及应用方法	5				
		能完整、规范地完成任务单	5				
3	素质目标（25%）	6S规范、劳动意识	5				
		知识迁移能力、创新意识	5				
		表达能力、协作能力	5				
		搜集、利用资源的能力	5				
		安全意识、应急处理能力	5				
	合计		100				
	综合得分及评价						

【相关知识】

一、概述

1. 故障诊断与检修注意事项

（1）诊断检修时要遵循由简入繁、由表及里的原则；

（2）要根据厂家推荐的程序进行；

（3）拆卸自动变速器时应先清洗外部；

（4）分解时应将零部件按原顺序放好；

（5）液压件及油路应用同型号的自动变速器油清洗，油路用压缩空气吹通，不能用抹布擦拭；

（6）零部件装配时应涂抹自动变速器油；

（7）新更换的离合器片或制动器片等应在装配前放入自动变速器油中浸泡 15 min 以上。

2. 故障诊断与排除的基本程序

常见的电控自动变速器一般采用的故障诊断与排除程序为：

（1）初步检查；

（2）读取故障代码；

（3）手动换挡试验；

（4）失速试验；

（5）油压试验；

（6）换挡迟滞试验；

（7）道路试验；

（8）电控系统检查；

（9）车上和车下修理。

二、自动变速器的初步检查（维护）

自动变速器的很多常见故障是由发动机怠速不正常、自动变速器油液面高度不正确、油质不良、选挡杆位置不准确等原因造成的。初步检查是自动变速器检修中首先要进行的，具体包括：自动变速器油检查和更换、变速器漏油检查、选挡杆位置检查和调整、空挡起动开关检查和调整、发动机怠速检查。这些项目也是自动变速器维护必须进行的项目。

1. 变速器漏油检查

一般情况下，自动变速器油不会消耗，如果自动变速器油液面高度变低，就要检查自动变速器是否有漏油的地方。漏油会导致油压下降、液面高度下降，使换挡打滑和延迟。检查方法主要是目视检查油封、管接头等部位。

2. 选挡杆位置检查和调整

将选挡杆从 N 挡位换到其他挡位，检查换挡过程是否平稳精确，同时检查挡位指示器是否正确地指示挡位。

3. 空挡起动开关检查和调整

检查发动机是否仅能在选挡杆位于 N 位或 P 位时起动，在其他挡位不能起动。如果不符合要求，则应进行调整。

三、道路试验

道路试验是诊断分析自动变速器故障最有效的手段之一。自动变速器在修复之后，也应进行道路试验，以检查其工作性能，检验修理质量。自动变速器的道路试验内容主要有：检查换挡车速、换挡质量以及检查换挡执行元件有无打滑等。在道路试验之前，应先让汽车以中低速行驶 5 ~ 10 min，让发动机和自动变速器都达到正常工作温度。试验内容如下：

（1）升挡检查；

（2）升挡车速的检查；

（3）换挡质量的检查；

（4）锁止离合器工作状况的检查；

（5）发动机制动作用的检查；

（6）强制降挡功能的检查。

四、失速试验

失速试验是检查发动机、变矩器及自动变速器中有关的换挡执行元件的工作是否正常的一种常用方法。

1. 目的

失速试验是通过测量选挡杆在 D 位、R 位时的失速转速来检查发动机及变速器的总体性能。

2. 注意事项

（1）在正常工作温度下进行该试验（50 ~ 80 ℃，122 ~ 176 ℉）；

（2）该试验连续进行不得超过 5 s；

（3）为保证安全，请在宽阔水平地面上进行，并确保试验用车前后无人；

（4）失速试验应两人配合完成：一人观察车轮情况，另一人进行试验。

3. 方法与步骤（图 1-59）

（1）塞住前后车轮；

（2）拉紧驻车制动手柄或踩下驻车制动踏板；

（3）左脚踩下制动踏板；

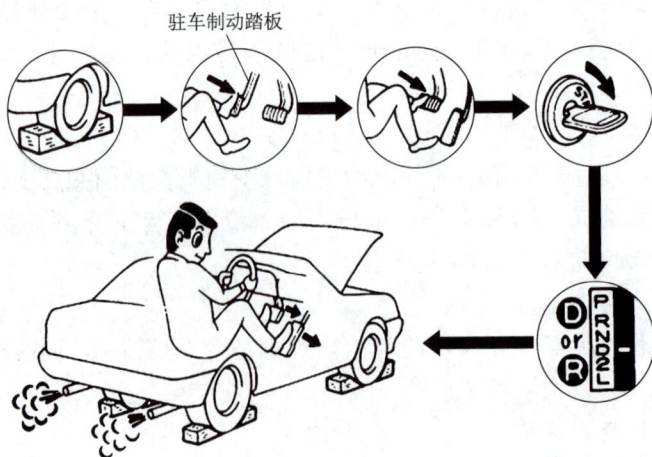

图 1-59　失速试验

（4）起动发动机；

（5）将选挡杆置于 D 位，用右脚把加速踏板踩到底，同时迅速读出发动机转速，此转速即为失速转速；

（6）在 R 位重复试验。

4．试验结果分析

不用的车型，由于结构不同，试验结果体现的故障也不同。失速转速不正常原因如表 1—20 所示。

（1）如果两个位置失速转速都相同，但均低于规定值，则发动机可能功率不足、导轮（变矩器）单向离合器工作不正常。

表 1—20　失速转速不正常原因

操纵手柄位置	失速转速	故障原因
所有位置	过高	主油路油压过低； 前进挡和倒挡的换挡执行元件打滑； 低挡及倒挡制动器打滑
	过低	发动机动力不足； 变矩器导轮的单向超越离合器打滑
仅在D位	过高	前进挡油路油压过低 前进离合器打滑
仅在R位	过高	倒挡油路油压过低； 倒挡及高挡离合器打滑

（2）在 D 位失速转速高于规定值：主油压太低、前进挡离合器工作不良、O/D 单向离合器工作不良。

（3）在 R 位失速转速高于规定值：主油压太低、直接挡离合器打滑、一挡及倒挡离合器打滑、O/D 单向离合器工作不良。

（4）在 D 和 R 位失速转速均高于规定值：主油压太低、油液液面位置不正常、O/D 单向离合器工作不良。

五、换挡迟滞试验

1．目的

发动机怠速转动时拨动选挡杆，在感觉振动前会有一段时间的迟滞或延迟，这用于检查 O/D 挡离合器、前进挡离合器、直接挡离合器、1 挡及倒挡制动器的工作情况。

2．注意事项

（1）在正常工作油温下进行该试验（50 ～ 80 ℃，122 ～ 176 ℉）；

（2）在各试验中保证有 1 min 间隔；

（3）进行三次试验并取平均值。

3．方法与步骤（图 1—60）

（1）拉紧驻车制动手柄；

（2）起动发动机并检查怠速；

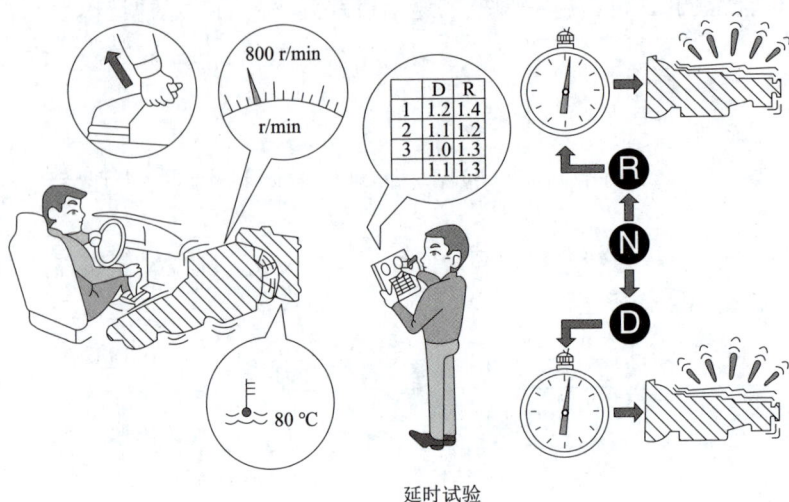

延时试验

图 1-60　换挡迟滞试验

（3）将选挡杆从 N 位拨向 D 位，用秒表测量拨动选挡杆到感觉振动的时间，延迟时间应小于 1.2 s；

（4）从 N 位拨向 R 位用同样方法测量，延迟时间应小于 1.5 s。

4. 试验结果分析

（1）如果 N 位拨向 D 位延迟时间大于规定值，则为主油压太低、前进挡离合器磨损、O/D 单向离合器工作不良。

（2）如果 N 位拨向 R 位延迟时间大于规定值，则为主油压太低、直接挡离合器磨损、1 挡及倒挡制动器磨损、单向离合器工作不良。

六、油压试验

油压试验一般是做主油压测试。

1. 注意事项

（1）运转发动机，让发动机和变速器温度正常；

（2）拔去变速器壳体上的检查接头螺塞，连接 2 MPa 压力表；

（3）在正常工作油温时进行该试验（50 ～ 80 ℃，122 ～ 176 ℉）；

（4）油压试验应两人配合完成：一人进行试验，另一人观察车轮状况。

2. 方法与步骤（图 1-61）

（1）运转发动机，让发动机和变速器温度正常；

（2）拔去变速器壳体上的检查接头螺塞，连接压力表；

（3）拉紧驻车制动手柄，塞住四个车轮；

（4）起动发动机，检查怠速转速；

（5）左脚踩下制动踏板，将选挡杆换入 D 位；

（6）发动机怠速下测量主油压；

（7）将加速踏板踩到底，在发动机达到失速转速时迅速读取油路最高压力；

（8）在 R 位重复试验。

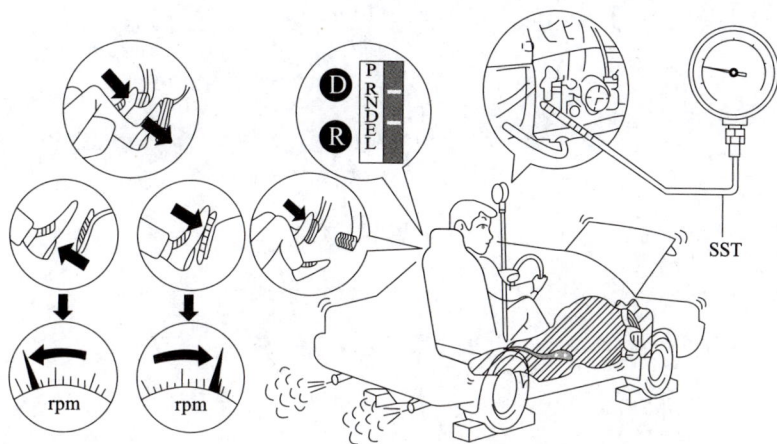

图 1-61　油压试验

3. 试验结果分析

（1）在任何范围油压均高于规定值，则为节气门拉线调整不当、节气门阀失效、调压阀失效、油泵失效、离合器损坏。

（2）只在 D 位油压低，则为 D 位油路泄漏、前进挡离合器故障。

（3）只在 R 位油压低，则为 R 位油路泄漏、直接挡离合器故障、倒挡制动器故障。

项目二
双离合变速器系统检修

项目描述

　　双离合变速器（Dual Clutch Transmission，DCT）是近年来最热门的自动变速器。DCT是所有双离合变速器的通称。DSG（Direct Shift Gearbox）变速器是大众对双离合变速器的叫法，中文表面意思为"直接换挡变速器"。双离合变速器采用两套离合器，通过两套离合器的交替工作来实现无间隙换挡的效果。DCT综合了 AT 和 AMT 的优点，传动效率高、结构简单、生产成本较低，不仅保证了汽车的动力性和经济性，而且极大地改善了汽车驾乘的舒适性。本项目主要以应用比较普遍的 7 挡双离合变速器为例，学习其基本结构及原理，培养学生结合所学知识解决问题的能力，培养学生的劳动精神和工匠意识，使学生能适应社会发展的需求，成为社会主义合格的建设者。

任务　DCT 系统检修

【任务目标】

知识目标

1. 熟悉双离合变速器的特点及与其他类型变速器的关联；
2. 掌握双离合变速器的基本工作原理；
3. 熟悉双离合变速器机械结构及各部分工作过程；
4. 熟悉典型 DCT 液压系统部件结构及原理；
5. 熟悉各电子控制元件的结构及检测方法。

技能目标

1. 能按照维修手册正确地拆装双离合变速器；
2. 能根据故障现象进行问题分析，并制订正确的维修计划；
3. 能正确选择诊断设备对 DCT 系统主要部件进行检测，并能正确记录、分析各种检测结果并做出故障判断；

4. 能正确查阅部件型号，规范进行 DCT 系统相关部件的更换。

素质目标

1. 逐步形成良好的职业素养及语言表达能力；

2. 具备团队协作、集体主义精神；

3. 有问题意识，能坚持问题导向，分析问题、解决问题；

4. 有环保意识并在操作中践行，坚守绿水青山就是金山银山的理念。

【任务实施】

一、任务描述

一辆轿车，搭载 DQ380 型 7 挡双离合变速器，行驶 4 万多公里。仪表显示：变速器处于紧急运行模式，无法挂入倒车挡。请你学习相关知识，合理选用工具，进行变速器的拆装、故障的分析及排除。

二、任务准备

第一部分：信息准备

（1）DCT 按照结构原理分为＿＿＿＿＿＿＿＿和＿＿＿＿＿＿＿＿两种类型。

（2）DCT 和其他变速器相比有什么优点？

DCT 和 MT 相比，优点主要在＿＿＿＿＿＿＿＿＿＿＿＿＿＿＿＿＿＿＿＿＿＿。

DCT 和 AT 相比，优点主要在＿＿＿＿＿＿＿＿＿＿＿＿＿＿＿＿＿＿＿＿＿＿。

DCT 和 CVT 相比，优点主要在＿＿＿＿＿＿＿＿＿＿＿＿＿＿＿＿＿＿＿＿。

DCT 和 AMT 相比，优点主要在＿＿＿＿＿＿＿＿＿＿＿＿＿＿＿＿＿＿＿。

（3）离合器 K1 和＿＿＿＿＿＿＿轴连接，主要负责＿＿＿＿＿＿＿＿挡位的动力传递，离合器 K2 和＿＿＿＿＿＿＿轴连接，主要负责＿＿＿＿＿＿＿＿挡位的动力传递，停车锁止机构控制＿＿＿＿＿＿＿＿实现对驻车锁止。

（4）根据图 2-1 回答以下零部件名称。

① 1 部件为＿＿＿＿＿＿＿＿＿＿＿＿＿＿＿＿。

② 2 部件为＿＿＿＿＿＿＿＿＿＿＿＿＿＿＿＿。

③ 3 部件为＿＿＿＿＿＿＿＿＿＿＿＿＿＿＿＿。

④ 4 部件为＿＿＿＿＿＿＿＿＿＿＿＿＿＿＿＿。

⑤ 5 部件为＿＿＿＿＿＿＿＿＿＿＿＿＿＿＿＿。

⑥ 6 部件为＿＿＿＿＿＿＿＿＿＿＿＿＿＿＿＿。

⑦ 7 部件为＿＿＿＿＿＿＿＿＿＿＿＿＿＿＿＿。

（5）输入轴和 K1 连接，其轴上分布的齿轮有＿＿＿＿＿＿＿＿＿＿＿＿＿＿＿＿，其轴上还有一个 G501 的转速传感器，该传感器采用＿＿＿＿＿＿原理。

（6）输入轴和 K2 连接，其轴上分布的齿轮有＿＿＿＿＿＿＿＿＿＿＿＿＿＿＿＿，其轴上还有一个 G502 的转速传感器，该传感器采用＿＿＿＿＿＿原理。

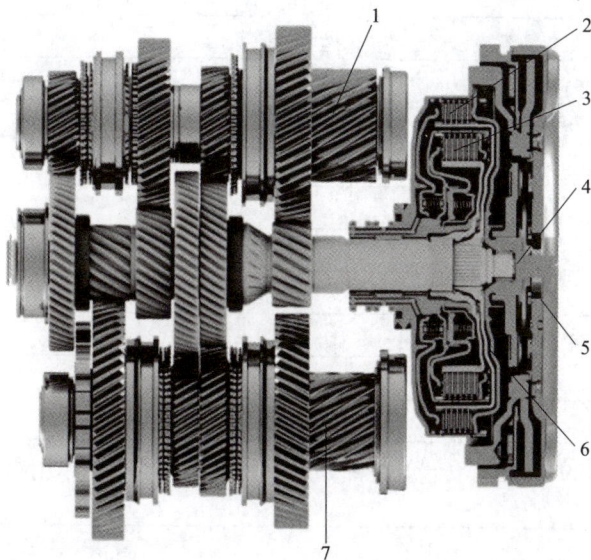

图 2-1　多片式制动器结构及原理示意图

（7）画出 7 挡双离合变速器的结构简图。

（8）当双离合变速器的机油温度超过 138 ℃时，双离合变速器的机械电子控制单元会采取哪些措施？

（9）认知电磁阀名称和作用：

N433 电磁阀名称为_____，作用是_____，

N434 电磁阀名称为_____，作用是_____，

N435 电磁阀名称为_____，作用是_____，

N436 电磁阀名称为_____，作用是_____，

N437 电磁阀名称为_____，作用是_____，

N438 电磁阀名称为_____，作用是_____，

N439 电磁阀名称为_____，作用是_____，

N440 电磁阀名称为_____，作用是_____，

N471 电磁阀名称为_____，作用是_____，

N472 电磁阀名称为_____，作用是_____。

（10）认知传感器名称和作用。

G545、G546 传感器名称为_____，作用是_____

_____。

G501、G502 传感器名称为_____，作用是_____

_____。

G93、G510 传感器名称为_____，作用是_____

_____。

G487、G488、G489、G490 传感器名称为_____，作用是_____

_____。

（11）图 2-2 所示为油泵，作用是_____，通过_____驱动。完成相应空格。

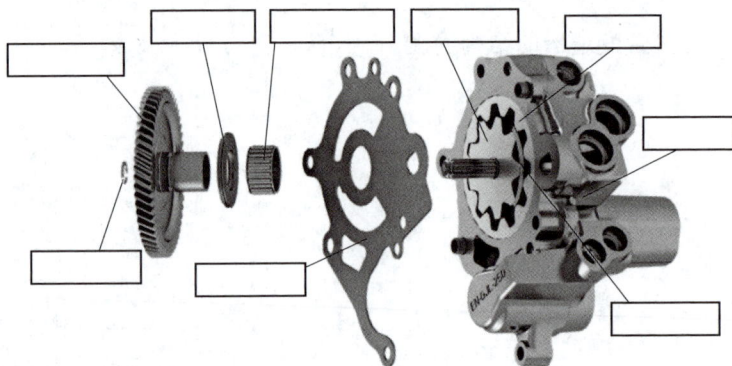

图 2-2　油泵结构示意图

（12）根据相关知识，小组讨论并分析可能的故障原因。

第二部分：制订计划

（1）需要准备的工具，请填表 2-1。

表 2-1　需要准备的工具

序号	名称	序号	名称	序号	名称	序号	名称
1		5		9		13	
2		6		10		14	
3		7		11		15	
4		8		12		16	

（2）操作过程中注意事项。

（3）阅读维修手册，制定 DCT 分解流程和步骤：只需要简要步骤但要全面，步骤与步骤之间用箭头指示或采用流程图的形式。

（4）参照维修手册，结合所学知识，制订故障排除方案。

（5）根据计划，完成小组成员任务分工。

第三部分：实施计划

（1）相关信息填写：DCT 型号_____。

（2）用示波器测量霍尔轮速传感器信号，并画出波形图。

（3）测量各电磁阀电阻，并填表 2-2。

表 2-2　电磁阀电阻

序号	电磁阀名称	电阻	好坏判断

（4）检查并判断离合器 K1 和 K2 是否完好。

（5）场地恢复，6S 管理。

第四部分：评价反馈

任务评价如表 2-3 所示。

表 2-3　任务评价

序号	评价项目	评价指标	分值	自评（25%）	互评（25%）	师评（50%）	合计
1	知识目标（25%）	熟悉双离合变速器的特点及与其他类型变速器的关联	5				
		掌握双离合变速器的基本工作原理	5				
		熟悉双离合变速器的机械结构及各部分工作过程	5				
		熟悉典型DCT液压系统部件结构及原理	5				
		熟悉各电子控制元件的结构及检测方法	5				
2	能力目标（50%）	能正确地制订维修计划	5				
		能正确识别变速器部件	5				
		能按照维修手册正确地拆装双离合变速器	5				
		能正确选择诊断设备对DCT系统主要部件进行检测，并能正确记录、分析各种检测结果并做出故障判断	15				
		能正确查阅部件型号，规范进行DCT系统相关部件的更换	10				
		能正确分析典型变速器传动路线	5				
		能完整、规范地完成任务单	5				

续表

序号	评价项目	评价指标	分值	自评（25%）	互评（25%）	师评（50%）	合计
3	素质目标（25%）	6S规范、劳动意识	5				
		发现问题并解决问题的能力	5				
		表达能力、协作能力	5				
		搜集、利用资源的能力	5				
		环保意识	5				
合计			100				
综合得分及评价							

【相关知识】

一、概述

1. DCT 起源

DCT 有别于一般的自动变速器系统，它是基于手动变速器而不是自动变速器，因此，它也是 AMT（机械式自动变速器）的一员。

2. DCT 优势

DCT 是目前世界上最先进的变速器系统之一。DCT 结合自动变速器及手动变速器两种变速器的优点，没有使用变矩器，转而采用两套离合器，通过两套离合器的交替工作来实现无间隙换挡的效果。DCT 带来低油耗的同时，车辆性能方面并没有任何损失，由于快速的齿轮转换能够马上产生牵引力和更大的灵活性，所以加速时间比手动变速器更加迅捷。

3. DCT 基本结构及原理

DCT 基本结构如图 2-3 所示，相当于装置在一起的两个离合器和两个手动变速器，一个变速器的挡位全部为奇数挡，另一个变速器的挡位全部为偶数挡。

1）基本原理

一个变速器处于工作状态，另一个变速器空转，换挡过程通过两个离合器的切换来实现，可在很短的时间内完成。

2）类型

（1）按齿轮轴布置方式，分为两轴式 DCT 和三轴式 DCT，如图 2-4 所示。

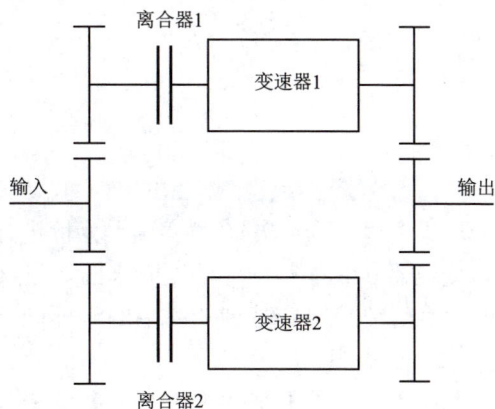

图 2-3　DCT 基本结构

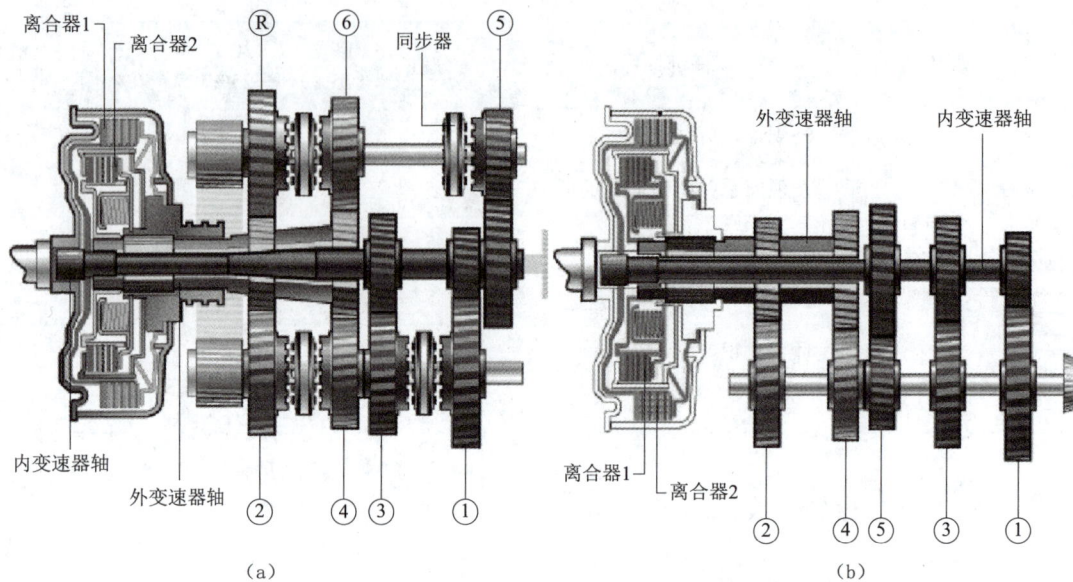

图 2-4　DCT 齿轮轴布置方式

（a）三轴式 DCT 结构示意图；（b）两轴式 DCT 结构示意图

（2）按采用的离合器形式，分为湿式多片式 DCT 和干式单片式 DCT，如图 2-5 所示。

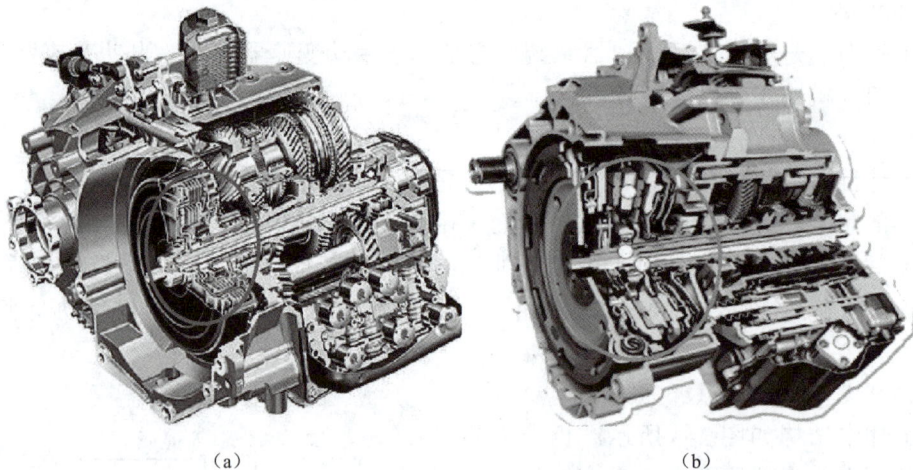

图 2-5　DCT 采用的离合器形式

（a）湿式多片式 DCT；（b）干式单片式 DCT

二、DCT 组成及工作原理

本章以大众 DQ380 型变速器为例进行讲解，这款 7 挡双离合变速器是在大众 6 挡双离合变速器 02E 的基础上研发而来的。这款变速器把手动变速器和自动变速器合二为一，在合理利用空间的基础上实现高扭矩，降低油耗和减少 CO_2 排放。

1. 组成

DCT 离合器总成主要由机械传动机构、电子控制系统以及液压控制系统三部分组成，如图 2-6 所示。

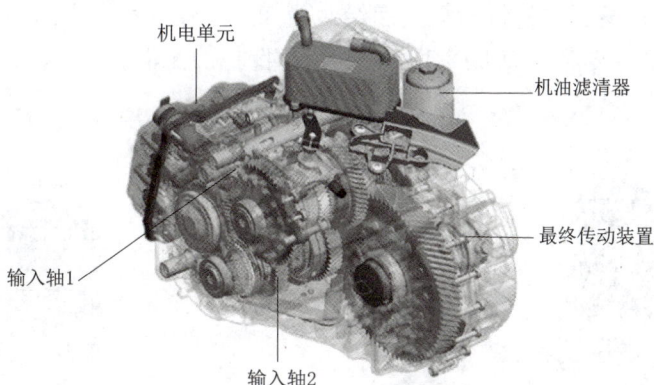

图 2-6　DCT 离合器总成

1）机械传动机构

机械传动机构主要由两个多片离合器、传动轴及齿轮、驻车制动器等组成，如图 2-7 所示。

（1）膜片式离合器。

7 挡双离合变速器的双离合器是一个湿式膜片式离合器。根据变速器油温，通过双离合变速器的油冷却器冷却。扭矩通过从动盘传递到位于两个离合器的每个钢片上。外膜片体与膜片式离合器的主轮毂相焊接，如图 2-8 所示。

离合器均由钢片和摩擦片组成，通过液压系统控制啮合，将扭矩传递到离合器 K1 或者离合器 K2 的内膜片体上。这些钢膜片与离合器的外膜片体严丝合缝地连接在一起，摩擦片与内膜片体也是如此。膜片单元

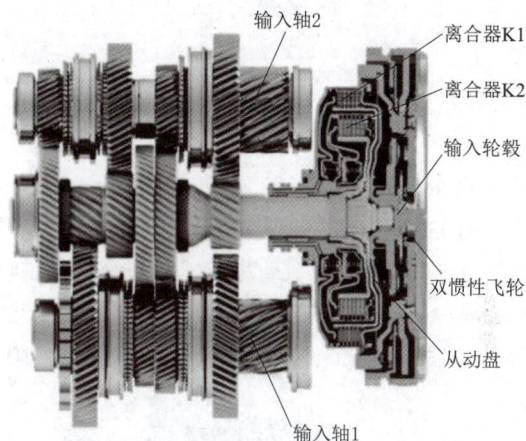

图 2-7　机械传动机构

由液压力压合在一起，它将内膜片体的扭矩通过花键传递到相应的驱动轴上。离合器 K1 的内膜片体和驱动轴 1 相连，离合器 K2 的内膜片体和驱动轴 2 相连。

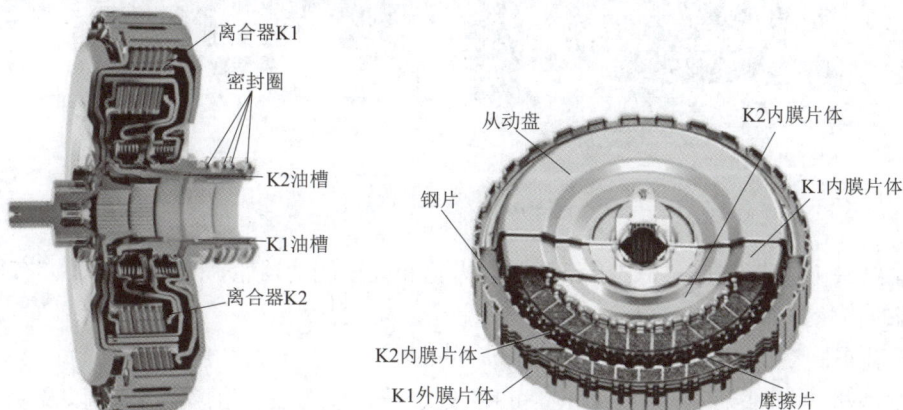

图 2-8　DCT 离合器总成

离合器 K1 是外离合器，将扭矩传递给负责第 1、3、5 和 7 挡的驱动轴 1。离合器 K2 是内离合器，将扭矩传递给负责第 2、4、6 挡和倒挡的驱动轴 2，螺旋弹簧起到回位的作用，如图 2-9 所示。

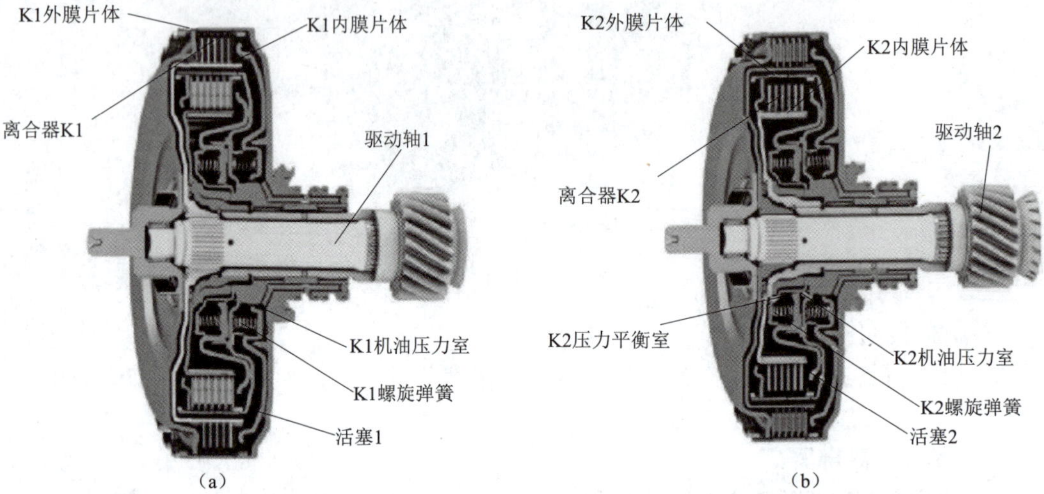

图 2-9　DCT 离合器连接示意图

（a）离合器 K1；（b）离合器 K2

（2）传动轴及齿轮。

DQ380 型双离合变速器是三轴变速器。驱动轴由两根独立的轴组成。驻车制动器啮合齿作为输出轴 1 的制动齿轮。当挂入驻车制动器时，输出轴 1 被锁住。驱动轴 2 是中空的，驱动轴 1 穿过中空的驱动轴 2 运转。驱动轴 1 与离合器之间通过花键相连，它根据挂入的挡位将发动机扭矩传递给输出轴，如图 2-10 所示。

图 2-10　传动轴示意图

在输出轴 1 上有第 1、4、5 挡和倒挡的齿轮和驻车制动器轮，在输出轴 2 上有第 2、3、6 和 7 挡的齿轮，如图 2-11 所示。

（3）驻车制动器。

在发动机停机时无动力啮合，K1 和 K2 处于分离状态。为了安全停车以及防止溜车，通过位于选挡杆和变速器上的驻车制动器之间的拉索将止动爪插入，如图 2-12 所示。

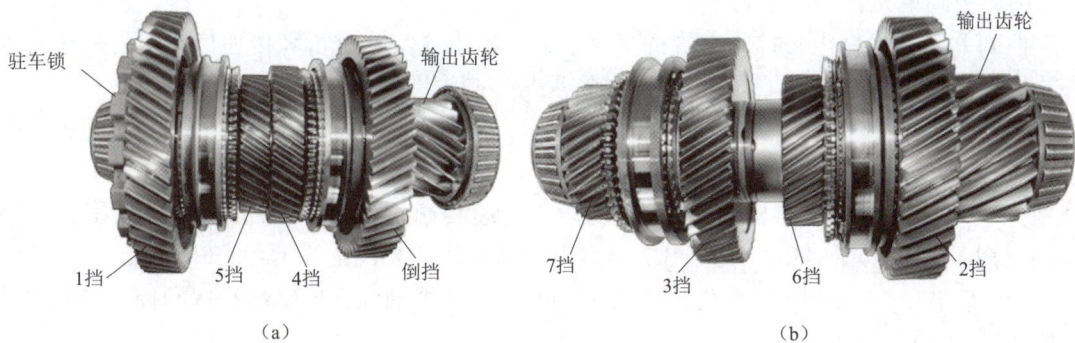

（a）　　　　　　　　　　　　　　　　（b）

图 2-11　输出轴示意图

（a）输出轴 1；（b）输出轴 2

图 2-12　驻车制动器工作示意图

2）电子控制系统

电子控制系统主要由传感器、控制单元和执行器组成，如图 2-13 所示。

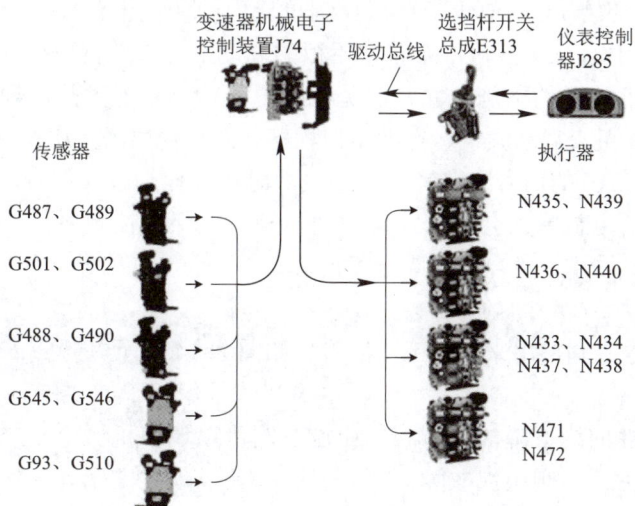

图 2-13　电子控制系统组成示意图

（1）控制单元。

控制单元是机械电子控制装置的指令中心，负责收集、分析和传递信息，为变速器内外的执行器生成输出信号，通过驱动总线实现与外围设备的通信。

（2）传感器。

传感器负责采集双离合变速器的各种信号，并把信号送给控制单元。传感器共 10 个，分别为驱动轴 1 转速传感器 G501 和驱动轴 2 转速传感器 G502，挡位调节器行程传感器 G487（用于 1/5 挡）、G488（用于 3/7 挡）、G489（用于 4/R 挡）、G490（用于 2/6 挡），液压压力传感器 1 G545 和液压压力传感器 2 G546，变速器油油温传感器 G93 和控制单元内温度传感器 G510。

① 转速传感器。

转速传感器用于检测驱动轴的转速，均为霍尔传感器。通过变速器输入转速的信号，控制单元可计算出离合器 K1 和 K2 的输出转速，从而得出离合器的打滑量。借助该打滑量，控制单元可以识别出膜片式离合器的分离和接合状态。此外，该信号也被用于检查所切换到的挡位。

如果信号出现故障，那么相应的分变速器会停止工作。

② 行程传感器。

行程传感器位于变速器控制单元上，为霍尔传感器。它们与位于换挡拨叉上的磁铁共同作用产生信号，控制单元根据这个信号识别出挡位调节器 / 换挡拨叉的位置。根据准确的位置，变速器控制单元会给用于换挡的挡位调节器施加油压。

如果行程传感器不能提供任何信号，那么相应的分变速器就会停止工作。

③ 压力传感器。

这两个压力传感器位于变速器控制单元内，用于监测离合器油压。控制单元根据液压压力，调整膜片式离合器。

如果压力信号出现故障或者没有压力产生，那么相应的分变速器就会停止工作。

④ 温度传感器。

G93、G510 两个传感器安放于变速器控制单元内的印刷电路板上。机油通过油道流过变速器控制单元的铝板，G93 和 G510 获取铝板的温度，并以此得出变速器的油温。通过测量可以尽早使用降低油温的措施，并且避免机械电子控制单元过热，导致电子装置的功能受到影响。该信号还可来启动暖机运行的换挡程序。两个传感器互相检测。

G93 的信号与 G510 的信号在二者有一个失效时相互作为替代信号。当变速器油温高于138 ℃时，机械电子控制单元会降低发动机的扭矩，以保护控制单元。当油温超过 145 ℃时，将不再向离合器供油，离合器保持分离状态。

（3）执行器。

执行器主要为电磁阀，用来控制工作油路，如图 2-14 所示。

① 主压力阀。

主压力阀是特性曲线下降的调节阀。通过此阀可以调节机械电子控制单元的液压系统内的主压力。如果主压力阀出现故障，那么就会一直以最大主压力工作，因此而增加油耗并在换挡时产生噪声。

② 离合器阀。

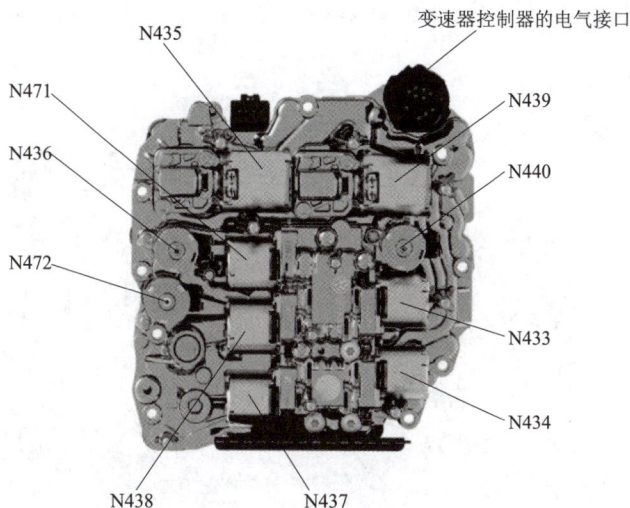

图 2-14 电磁阀分布图

N433—分变速器 1 内的阀 1（挡位调节器阀）；N434—分变速器 1 内的阀 2（挡位调节器阀）；N435—分变速器 1
内的阀 3（离合器阀 K1）；N436—分变速器 1 内的阀 4（安全阀 1）；N437—分变速器 2 内的阀 1（挡位
调节器阀）；N438—分变速器 2 内的阀 2（挡位调节器阀）；N439—分变速器 2 内的阀 3（离合器
阀 K2）；N440—分变速器 2 内的阀 4（安全阀 2）；N471—冷却油阀；N472—主压力阀

离合器阀用于膜片式离合器的控制压力。如果离合器阀出现故障，那么相应的分变速器停止工作，故障同时会显示在仪表盘中。

③ 冷却油阀。

通过液压滑阀控制离合器冷却油油量。如果冷却油的阀门不再受控，则以最大的冷却油油量流经膜片式离合器。在外界温度较低的情况下，会在换挡时产生问题并导致油耗增加。

④ 挡位调节器阀。

所有的挡位调节器采用的是比例阀。根据所需的分变速器压力，通过可变开度控制各自的挡位调节器阀，负责换挡过程。如果电磁阀出现故障，那么挡位调节器位于其中的相应分变速器会停止工作。

⑤ 压力调节阀。

压力调节阀根据发动机扭矩在相应的分变速器内调节必要的液压。当分变速器内存在与安全相关的故障时，它们会将相应的分变速器切换到无压状态。

3）液压控制系统

液压控制系统以自动变速器油为介质，主要的功用是根据需求调整液压控制系统压力，并对双离合器和换挡调节器进行控制，对离合器进行冷却控制，为整个齿轮机构提供可靠的冷却和润滑，如图 2-15 所示。

（1）变速器油。

该变速器有一个共用的油回路用于所有的变速器功能，变速器油用于给双离合器、齿轮、轴、轴承、同步器润滑并冷却双离合器以及操控挡位调节器活塞。必须每 60 000 km 更换一次双离合变速器的机油，机油滤清器没有更换周期（终身有效）。变速器机油必须满足以下要求：

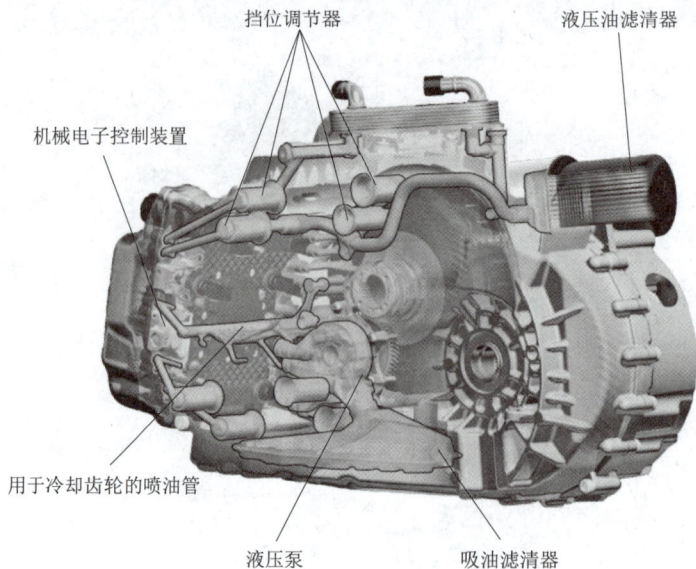

图 2-15　液压控制系统示意图

① 保证离合器的调节和液压控制。

② 在整个温度范围内黏度稳定。

③ 专为高强度的机械负载而设计。

④ 不允许产生泡沫。

在液压油滤清器的进油处有油滤网和磁性条，用来吸附来自双离合变速器机油中的污物和金属屑。

（2）液压泵。

液压泵是新月形泵，用于产生油压。它通过传动齿轮直接由离合器驱动，如图 2-16 所示。

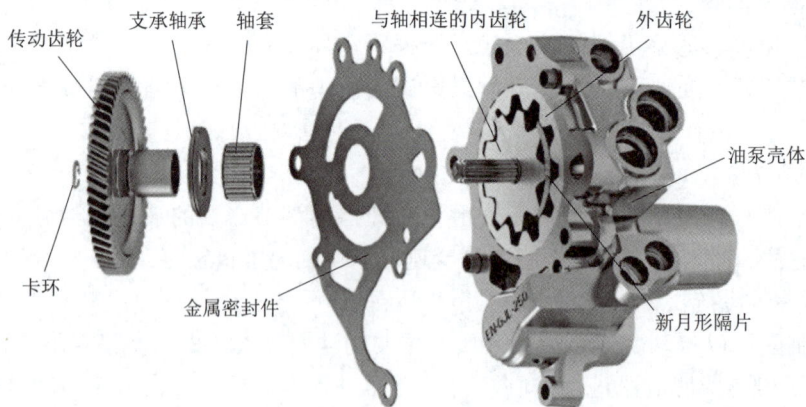

图 2-16　油泵结构示意图

（3）液压换挡过程。

换挡压力通过变速器内的孔进入朝后开口的油缸内。因为第二个油缸没有压力，换挡拨叉移动并且控制滑动套筒，由此挂入挡位。在双离合变速器中，根据发动机转速和扭矩来预选下一个更高或者更低的挡位。在每一个换挡拨叉上有一块永磁铁，它在盖罩下方，可防止来自变速器的铁屑的干扰。通过永磁铁，机械电子控制单元内的行程传感器可以获取各个换挡拨叉的准确位置，如图2-17所示。

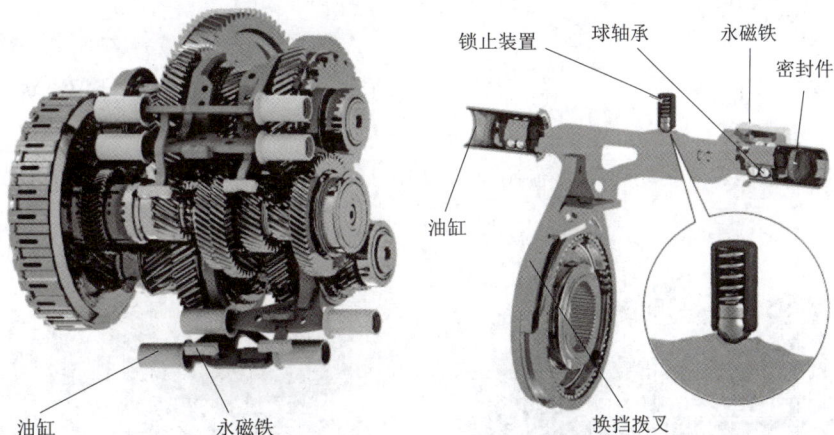

图 2-17　液压换挡机构

2. 工作原理

控制单元监测驾驶信息，再结合车辆工况信息，控制液压系统内的电动油泵及相应的电磁阀进行动作，实现换挡。

如图2-18所示，通过将变速器挡位按奇偶数分开布置，形成两个彼此独立的传动机构。每个传动机构的结构都与一个手动变速器相同，每个传动机构都配有一个湿式多片式离合器，分变速器1通过湿式多片式离合器K1来选择1、3、5挡和7挡，分变速器2通过湿式多片式离合器K2来选择2、4、6挡和R挡，因此，只需通过切换两个离合器的工作状态就可以完成换挡操作。

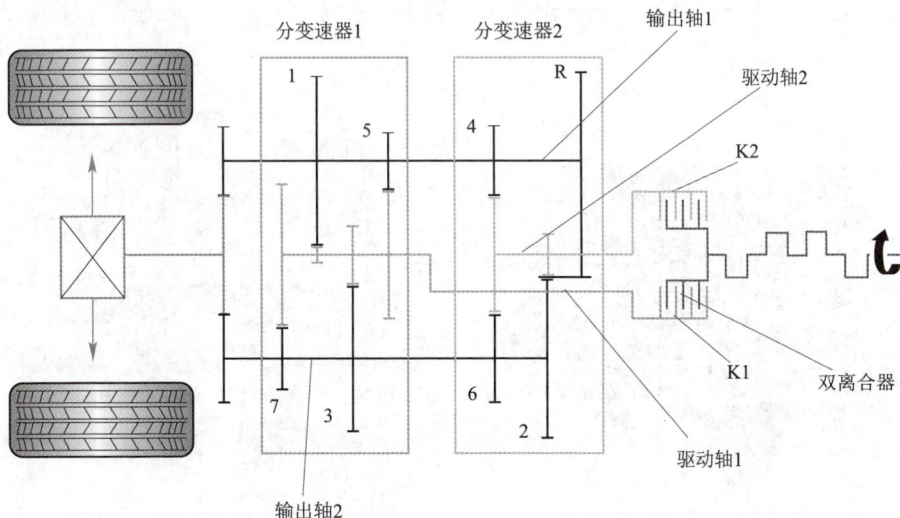

图 2-18　DQ380 传动系统结构简图

双离合变速器有两个离合器K1和K2，分别与奇数和偶数挡位齿轮轴连接。当奇数挡位运行时，相邻的偶数挡位齿轮已经被预选并啮合，处于待命状态。一旦换挡条件得到满足，奇数挡离合器分离，同时偶数挡离合器接合。同样，当偶数挡位运动时，相邻的奇数挡位齿轮已经被预选并啮合，处于待命状态。一旦换挡条件得到满足，偶数挡离合器分离，同时奇数挡离合器接合。

3. 传动路线分析

1挡：离合器 K1 →驱动轴 1 →输出轴 1 →第 1 挡的滑动齿轮→主减速器，如图 2-19（a）所示。

2挡：离合器 K2 →驱动轴 2 →输出轴 2 →第 2 挡的滑动齿轮→主减速器，如图 2-19（b）所示。

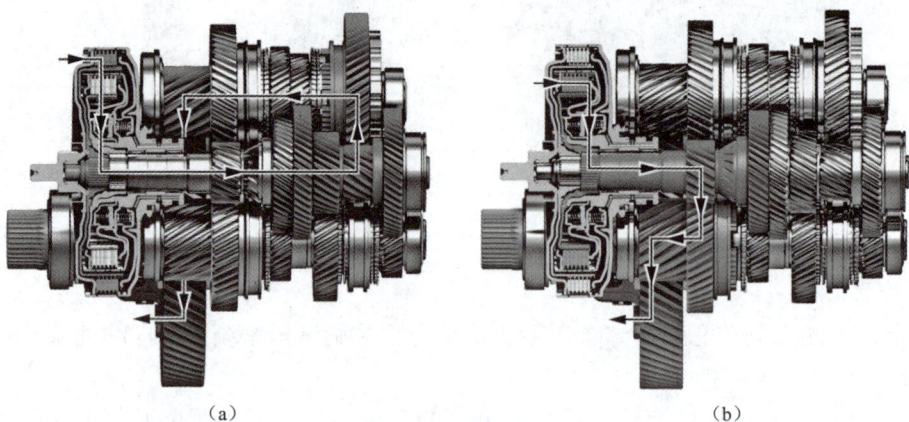

（a）   （b）

图 2-19　1、2 挡传动路线

（a）1 挡传动路线；（b）2 挡传动路线

3挡：离合器 K1 →驱动轴 1 →输出轴 2 →第 3 挡的滑动齿轮→主减速器，如图 2-20（a）所示。

4挡：离合器 K2 →驱动轴 2 →输出轴 1 →第 4 挡的滑动齿轮→主减速器，如图 2-20（b）所示。

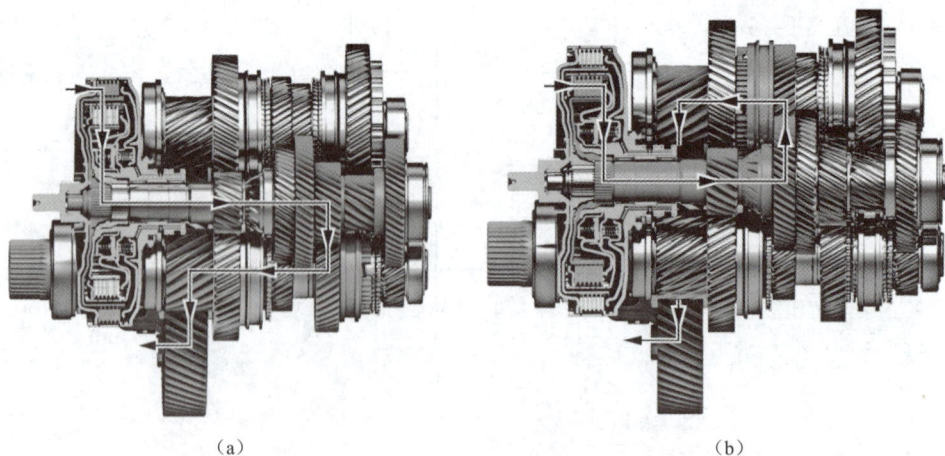

（a）   （b）

图 2-20　3、4 挡传动路线

（a）3 挡传动路线；（b）4 挡传动路线

5挡：离合器K1→驱动轴1→输出轴1→第5挡的滑动齿轮→主减速器，如图2-21（a）所示。

6挡：离合器K2→驱动轴2→输出轴2→第6挡的滑动齿轮→主减速器，如图2-21（b）所示。

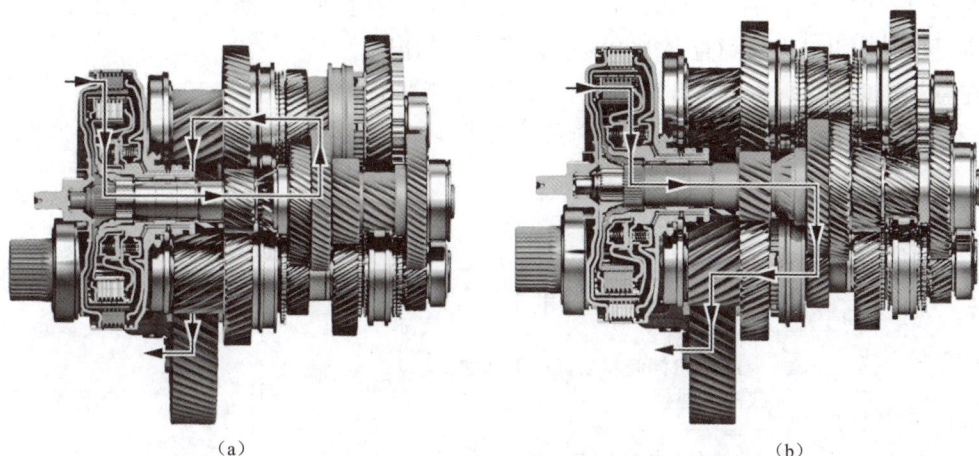

（a）　　　　　　　　　　　　　　（b）

图2-21　5、6挡传动路线

（a）5挡传动路线；（b）6挡传动路线

7挡：离合器K1→驱动轴1→输出轴2→第7挡的滑动齿轮→主减速器，如图2-22（a）所示。

R挡：离合器K2→驱动轴2→输出轴2→第2挡的滑动齿轮→输出轴1→R挡的滑动齿轮→主减速器，如图2-22（b）所示。

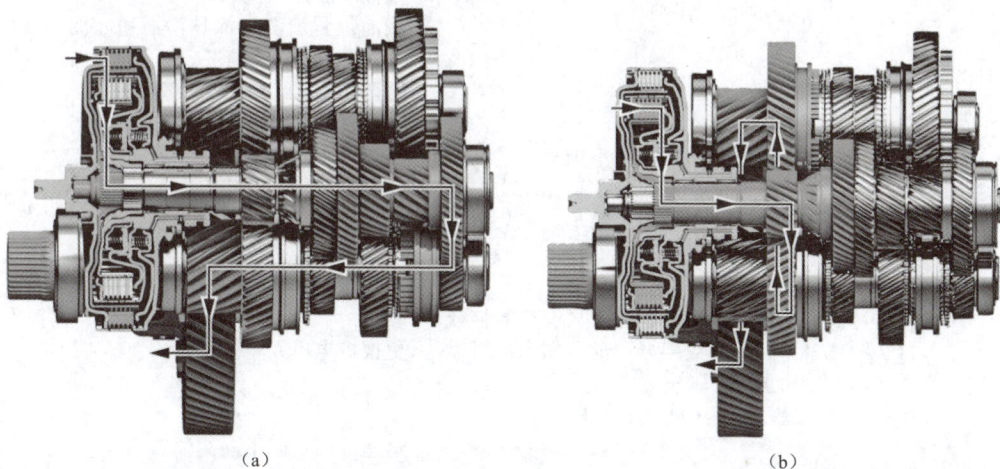

（a）　　　　　　　　　　　　　　（b）

图2-22　7、R挡传动路线

（a）7挡传动路线；（b）R挡传动路线

三、DCT常见故障及诊断

（1）故障查找的一般说明。

在进行维修之前，应使用故障诊断仪尽可能准确地查找故障原因。查找故障过程要规范，合理地规划故障查找的步骤。要注意故障的类型和故障查找的方法，彻底地进行故障排查。

对于没有存储故障的情况，需要自己拿出解决方案，排除由于其他部件或总成造成的故障后，使用诊断仪检测故障才有意义。

对于已存储故障，首先判断已存储故障的性质，合理使用诊断仪。诊断仪具有引导性故障查寻功能，引导性故障查寻能检测出许多故障的根源。

注意： DCT 涉及拆装的项目请严格参照维修手册执行。

（2）以大众 DQ380 为例，常见故障及解决措施如表 2-4 所示。

表 2-4　DQ380 常见故障及解决措施

序号	故障代码	故障现象	解决措施
1	无	低速换挡耸车，基本设定正常	正常
2	无	1挡或R挡起步后，频繁加油、收油出现异响	正常
3	无	4挡发动机转速在1 200 r/min时啸叫	正常
4	无	升挡或降挡过程中耸车，特别是负荷大时（如上坡升挡）或各挡位内抖动	检查冷却液和变速器油是否混合，如果是变速器油和冷却液混合（如变速器油乳化），则更换右侧相关件
5	无	变速器漏油	需采集照片： 原始漏油照片； 疑似漏油点位置照片； 漏油位置清洗后涂抹滑石粉、面粉或粉笔照片； 路试10～50 km后再次渗油照片
6	26/27	车辆偶发挂挡不走车。发动机转速上升，但是车辆无动力，可能还会在坡道上溜车。重启后可以正常行驶	拆下机电单元后观察磁环是否有损伤。如果磁环无异常，需更换机电单元；如果磁环脱落，需更换变速器总成
7	33/34/35/36/37/38	分变速器锁死（只有奇数挡或只有偶数挡）；部分重启后可以正常行驶	更换机电单元
8	40/41/42/43/44/45/46/47/48/49/51/52/53/54/55/56/57/58/59/60	挂挡无法行驶或只有奇数挡或只有偶数挡	这些故障代码指向阀体短路或断路；首先确认车辆是否有过车祸，机电单元是否有事故损伤，车祸造成的损伤应由车主自行处理，需将机电单元和机电壳体同时更换；如果不是事故导致，更换机电单元
9	64/65	挂挡无法行驶或发动机无法起动	检查整车和机电单元的线束是否有虚接和断路

续表

序号	故障代码	故障现象	解决措施
10	66	挂挡无法行驶	故障代码指向的是机电单元失去了和发动机的CAN连接，可能是线束故障或者发动机控制单元的故障；如果和其他故障代码同时被记录，需要重点参考伴随故障代码。 新车在生产线调试动力总成时（电压过低），也可能会激发故障代码66，不影响变速器的正常功能。 检查线束和发动机控制单元；或继续驾驶观察
11	68	挂挡无法行驶	故障代码指向的是机电单元失去了和制动信号的CAN连接，可能是线束故障或者制动系统控制单元的故障；电压过低时可能也会被激发。 检查线束和发动机控制单元；或继续驾驶观察
12	85/86/87/88	挂挡无法行驶或只有奇数挡或只有偶数挡	这些故障代码的含义是相对应的换挡拨叉在没有控制的情况下离开中位；可能原因有行程传感器故障、挡位体卡滞，少数案例可能由换挡拨叉磁铁处吸附异物引起。 根据变速器数据及检查结果更换机电单元（行程传感器故障或阀体卡滞）或变速器总成（如磁铁处吸附异物）
13	89/90/91/92	低挡位出现强烈冲击感，有别于正常的换挡耸车	压力控制阀卡滞和压力传感器异常常见的故障原因，需更换机电单元。 SNG、SNV等使用Hilite阀体的变速器，出现连续冲击时可能不会激发故障代码，但是也需要更换机电单元
14	93/94/95/96/97/98/99/100	挂挡无法行驶或只有奇数挡或只有偶数挡	这些故障代码的含义是相应挡位尝试挂接次数过多。 故障代码单独出现时，较难判断出是机械故障还是机电单元故障引发的，需要根据其他线索分析，有可能是阀体卡滞、TCU故障、同步环和换挡拨叉机械故障引起的，机电单元的故障率相对较高； 故障代码100的出现主要是由于离合器拖曳力矩高导致在低温环境下挂不上倒挡，需要更换离合器。 此类故障代码较难判断故障原因，可请维修站拆下机电单元后用改锥拨动换挡拨叉检查是否存在机械卡滞等问题；如果有条件，建议维修站对调机电单元进行确认
15	109/110/111/112	挂挡无法行驶或只有奇数挡或只有偶数挡	这些故障代码的含义是相应挡位无法从挂挡位置摘除。可能的原因主要有阀体卡滞或行程传感器故障，需更换机电单元

续表

序号	故障代码	故障现象	解决措施
16	113/118	仪表盘出现提示要求停车降温或挂挡无法行驶	这些故障代码的含义是变速器油温过高。 机电单元油温超过139 ℃时，会出现故障代码113，仪表盘出现提示要求停车降温；如果温度继续升高，会出现故障代码118，发动机扭矩受限，车辆会出现无动力的现象。 检查车辆冷却系统是否有异常，例如风扇是否转动、冷却液液位是否正常；如果车辆是在长时间爬坡时出现的此故障，建议可以在行驶此类路况时使用手动1挡模式
17	120	变速器过热	此故障代码的含义为变速器过热，根据其运算逻辑，一般为离合器阀体卡滞导致欠压（故障代码89或90）的伴随故障代码
18	169	车辆无法行驶或P挡无法挂入	该故障代码的含义为变速器输出转速与车轮转速不匹配。可能原因为半轴从变速器脱出。请维修站重新安装半轴后试车。此故障由整车厂或维修站安装半轴引起，非变速器故障
19	177/274/275	挂挡无法行驶	故障代码177可单独出现或与274或275组合出现。故障一般出现在车辆起动时。 若故障代码177单独出现，一般为TCU故障；若故障代码177/274或177/275组合出现，一般出现在由于车祸导致的机电壳体损伤后，维修站单独更换机电单元时（未更换机电单元壳体）。因机电壳体变形导致的机电单元壳体与机电单元电路板间的短路

项目三
无级变速器系统检修

项目描述

　　CVT（Continuously Variable Transmission）无级变速器（Continuously Variable Transmission，CVT）技术采用传动带和工作直径可变的主、从动轮相配合来传递动力，可以实现传动比的连续改变，从而得到传动系统与发动机工况的最佳匹配。常见的无级变速器有液力机械式无级变速器和金属带式无级变速器。目前国内市场上，CVT广泛使用。由于CVT与AT、DCT在结构上有较大的差异，很有必要进行系统的结构原理学习，从而拓宽从业人员的维修知识面。本次任务以奥迪01J CVT为例，进行相关知识的学习。

❈ 任务　CVT系统检修

【任务目标】

知识目标

1. 了解无级变速器的特点及类型；
2. 熟悉01J CVT的基本结构；
3. 掌握01J CVT的控制原理；
4. 掌握01J CVT机械部分部件结构及原理；
5. 熟悉01J CVT电控液压部分组成及控制机理；
6. 熟悉01J CVT常见故障及检测方法。

技能目标

1. 能正确描述典型无级变速器的结构及工作原理；
2. 能根据维修手册正确选用工具进行典型无级变速器的解体和安装；
3. 能熟练进行典型无级变速器的故障代码读取及查找对应问题；
4. 能根据故障现象制订正确的维修计划；

5. 能正确记录、分析各种检测结果并做出故障判断；

6. 能正确进行典型部件的检测。

素质目标

1. 逐步形成良好的职业素养及语言表达能力；

2. 具备团队协作及分析问题、解决问题的能力；

3. 能根据环保要求，正确处理对环境和人体有害的废料和损坏的零部件；

4. 具备自主学习、查找资料、制订计划的能力。

【任务实施】

一、任务描述

一辆装备 01J 型 CVT 的一汽奥迪 A6 轿车，该车在更换变速器控制单元和阀体后不长时间，出现倒车耸车、挂前进挡轻微冲击的现象。请你学习相关知识，合理选用工具，进行变速器的拆装、故障的分析及排除。

二、任务准备

第一部分：信息准备

（1）CVT 按照传动方式分为_____和_____两种类型。

（2）什么是 CVT，CVT 有什么特点？

（3）据图 3-1 填写空格。

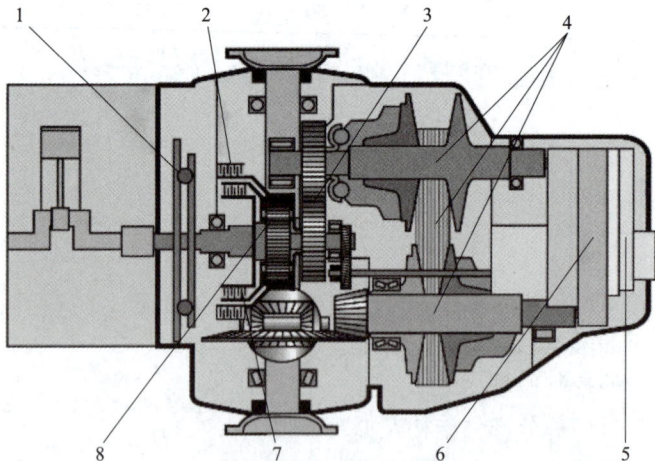

图 3-1　无级变速器的变速原理图

1 名称为_____；作用是_____。

2 名称为_____；作用是_____。

3 名称为_____；作用是_____。

4 名称为_____；作用是_____。

5 名称为_____；作用是_____。

6 名称为_____；作用是_____。

7 名称为_____；作用是_____。

8 名称为_____；作用是_____。

（4）叙述无级变速器的工作原理。

（5）描述 01J CVT 的倒挡传动路线。

（6）分组讨论：

进行 MT、AT、DSG 和 CVT 的功能比较，有哪些优缺点？

（7）根据相关知识，小组讨论并分析可能的故障原因。

第二部分：制订计划

（1）需要准备的工具，请填表 3-1。

表 3-1　需要准备的工具

序号	名称	序号	名称	序号	名称	序号	名称
1		5		9		13	
2		6		10		14	
3		7		11		15	
4		8		12		16	

（2）操作过程中注意事项。

（3）阅读维修手册，制订 CVT 分解流程和步骤：只需要简要步骤，但要全面，步骤与步骤之间用箭头指示或采用流程图的形式。

（4）参照维修手册，结合所学知识，制订故障排除方案。

（5）根据计划，完成小组成员任务分工。

第三部分：实施计划

（1）相关信息填写：CVT 型号_____。

（2）基础检查及机械部分检查情况记录。

（3）测量各传感器状况，并填表 3-2。

表 3-2 传感器状况

传感器代号	传感器信号	失效状况	替代值	仪表故障显示
G182				
G195				
G196				
G195/G196				
G193				
G194				
G93				
F125				
F189				

（4）液压系统检查情况记录。

（5）测量结果和结果分析，故障排除方案。

（6）排除故障，场地恢复，6S 管理。

第四部分：评价反馈

任务评价如表 3-3 所示。

表 3-3　任务评价

序号	评价项目	评价指标	分值	自评（25%）	互评（25%）	师评（50%）	合计
1	知识目标（25%）	了解无级变速器的特点及类型	5				
		熟悉01J CVT的基本结构及工作原理	5				
		掌握01J CVT机械部分部件结构及原理	5				
		熟悉01J CVT电控液压部分组成及控制机理	5				
		熟悉01J CVT常见故障及检测方法	5				
2	能力目标（50%）	能正确地制订维修计划	5				
		能正确选用工具	5				
		能根据维修手册进行典型无级变速器的解体和安装	10				
		能熟练进行典型无级变速器的故障代码读取及查找对应问题	10				
		能正确记录、分析各种检测结果并做出故障判断	5				
		能正确进行典型部件的检测	10				
		能完整、规范地完成任务单	5				
3	素质目标（25%）	良好的职业素养、劳动意识	5				
		协作能力、创新意识	5				
		表达能力、服从意识	5				
		搜集、利用资源的能力	5				
		问题意识、环保意识	5				
	合计		100				
	综合得分及评价						

【相关知识】

一、概述

1. 原理介绍

CVT 是传动比可以在一定范围内连续变化的变速器。它采用传动带和工作直径可变的主、从动轮相配合来传递动力，可以实现传动比的连续改变，从而得到传动系与发动机工况的最佳匹配，最大限度地利用发动机的特性，提高汽车的动力性和燃油经济性，在汽车上的应用非常普遍。

图 3-2 所示为 CVT 的变速原理图。变速部分由主动链轮、金属带和从动链轮组成。每个链轮都是由两个带有斜面的半个带轮组成，其中一个半轮是固定的，另一个半轮可以通过液压控制系统控制其轴向移动，两个链轮之间的中心距是固定的，由于两个链轮的直径可以连续无级变化，所以形成的传动比也是连续无级变化的。

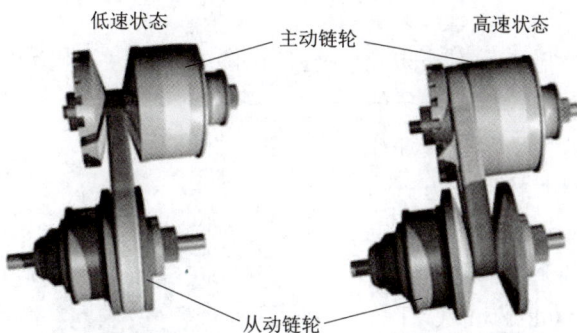

图 3-2　CVT 的变速原理图

2. 优点

（1）结构简单，体积小，大批量生产后的成本低于当前液力自动变速器的成本；

（2）工作速比范围宽，容易与发动机形成理想的匹配，从而改善燃烧过程，降低油耗和排放；

（3）具有较高的传动效率，功率损失少，经济性高。

3. 分类

根据传动装置的不同，可以分为钢带式 CVT 和链条式 CVT。CVT 有两种动力传递方式，一种是钢带，一种是链条。总体上看，钢带式传递的扭矩小于链条式，链条相对耐用，使用寿命也更长。

1）钢带式

钢带式 CVT 目前应用较多，全球市场份额接近 80%。钢带式 CVT 由两根内嵌的钢带作为基础支撑，钢带上面穿着数百个钢片，通过钢片之间的推力来完成扭矩的传递。在动力传递时，主动锥轮紧紧压迫钢带的整个侧面，形成静摩擦力，利用钢片之间材料的硬度形成推力，从而带动从动轮转动，如图 3-3 所示，丰田、本田就是采用钢带传动。

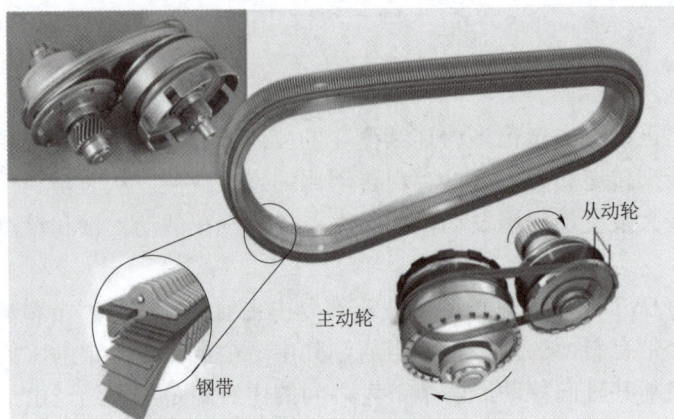

图 3-3　钢带式无级变速器结构图

2）链条式

链条式 CVT 的链条不直接和锥轮接触，链条由两束环形钢片和拉片组成，每束钢带由多片钢片叠加而成。主动锥轮压紧链条的摇臂销，形成静摩擦力，带动链条传递扭矩，这种结构类似于通过"拉"的方式进行动力传递，如图 3-4 所示。

二、CVT 的结构组成和工作原理

本部分内容以奥迪 Multitronic CVT 为例进行介绍，该无级变速器的内部编号为01J。

1. 奥迪 01J CVT 的基本组成

奥迪 01J CVT 主要由飞轮减振装置、前进挡离合器/倒挡制动器及行星齿轮机

图 3-4　链条式无级变速器结构图

构、速比变换器、液压控制系统和电子控制系统组成，如图 3-5 所示。

发动机输出转矩通过飞轮减振装置或双质量飞轮传递给变速器，前进挡离合器和倒挡制动器都是湿式摩擦元件，两者均为起动装置。倒挡的旋转方向是通过行星齿轮机构改变的。发动机的转矩通过辅助减速齿轮传到速比变换器，并由此传到主减速器、差速器。液压控制系统和电子控制系统集成为一体，位于变速器内部。

2. 前进挡离合器和倒挡制动器

奥迪 01J CVT 的起动装置是前进挡离合器和倒挡制动器，并与行星齿轮机构一起实现前进挡和倒挡。前进挡离合器和倒挡制动器均是采用湿式多片式结构，这与前述的自动变速器中的离合器和制动器的结构是相同的，只是主要作用是用作起动装置，而不是用来改变传动比。前进挡离合器和倒挡制动器工作过程如图 3-6 所示。

1）离合器的安全切断控制

当压力传感器 G193 检测到实际离合器压力明显高于电控单元所设计出的离合器额定压力时，变速器就会进入安全紧急故障状态。在这种情况下，无论手动阀处于哪个位置以及

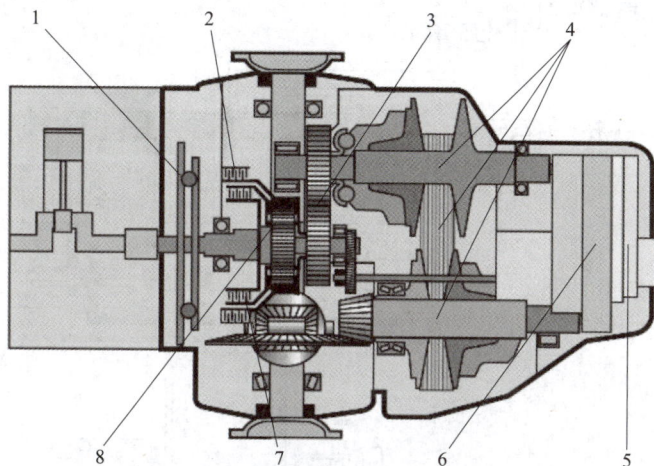

图 3-5　奥迪 01J CVT 的基本组成

1—飞轮减振装置；2—倒挡制动器；3—辅助减速齿轮；4—速比变换器；5—电子控制系统；
6—液压控制系统；7—前进挡离合器；8—行星齿轮机构

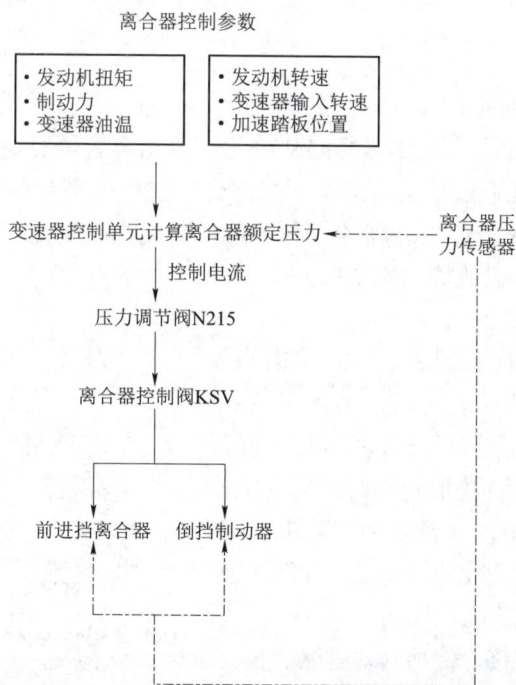

图 3-6　前进挡离合器和倒挡制动器工作过程

其他系统状态如何，离合器压力都会泄掉。这种安全切断是由安全阀（SIV）来实现的，以确保离合器快速分离，SIV 是由压力调节电磁阀 N88 激活的。当离合器控制压力上升到 4 kPa 时，到离合器控制阀（KSV）的供油被切断，油底壳与手动阀的连接通道被打开，如图 3-7 所示。

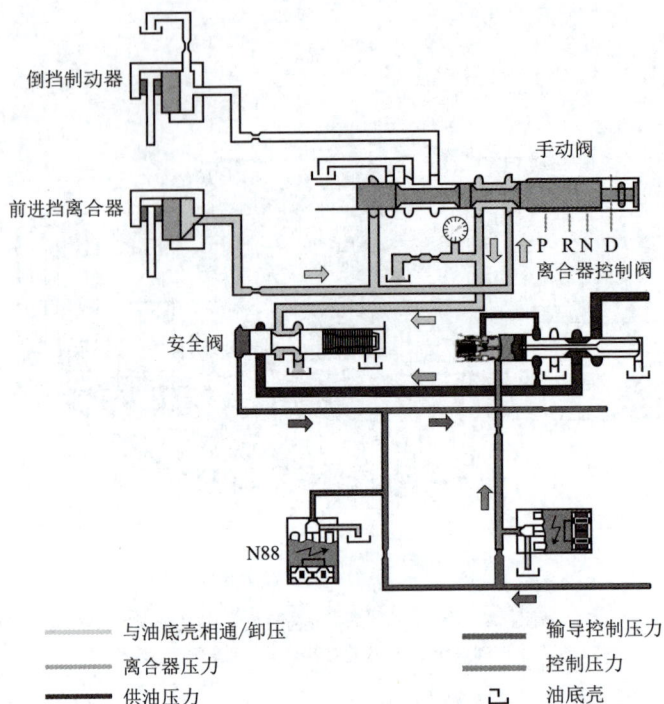

图 3-7　前进挡离合器和倒挡制动器工作过程图

2）离合器的过载保护控制

根据变速器实际工作状态，变速器控制单元计算出离合器打滑温度、发动机转矩以及变速器油温，当控制单元通过油温传感器测得离合器温度因离合器过载而超出标定限制时，减小发动机转矩，目的是降低离合器的工作温度，防止离合器过热。离合器温度由控制单元监控（通过油温传感器来监测实际温度）。

3. 行星齿轮机构

行星齿轮机构的结构如图 3-8 所示，由齿圈、两个行星轮、行星架、太阳轮组成。当太阳轮顺时针转动时，驱动行星轮 1 逆时针转动，再驱动行星轮 2 顺时针转动，最后驱动齿圈也顺时针转动。

作为输入元件的太阳轮与输入轴和前进挡离合器钢片相连接，作为输出元件的行星架与辅助减速齿轮的主动齿轮和前进挡离合器的摩擦片相连接，齿圈和倒挡制动器摩擦片相连接，倒挡制动器钢片和变速器壳体相连接。行星齿轮机构简图如图 3-9 所示。

1）P/N 挡的动力传动路线

选挡杆处于 P 位或 N 位时，前进挡离合器和倒挡制动器都不工作。发动机的转矩通过输入轴相连接的太阳轮传到行星齿轮机构并驱动行星轮 1，行星轮 1 再驱动行星轮 2，行星轮 2 与齿圈相啮合。

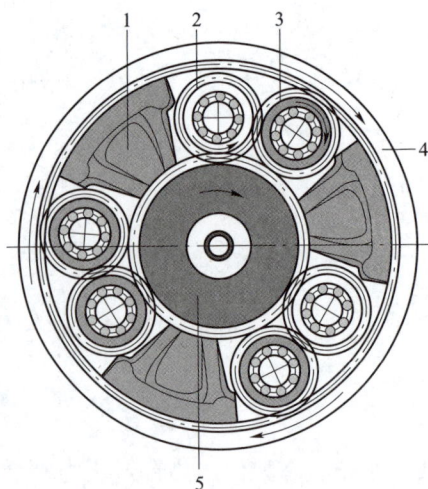

图 3-8　行星齿轮机构的结构

1—行星架；2—行星轮 1；3—行星轮 2；
4—齿圈；5—太阳轮

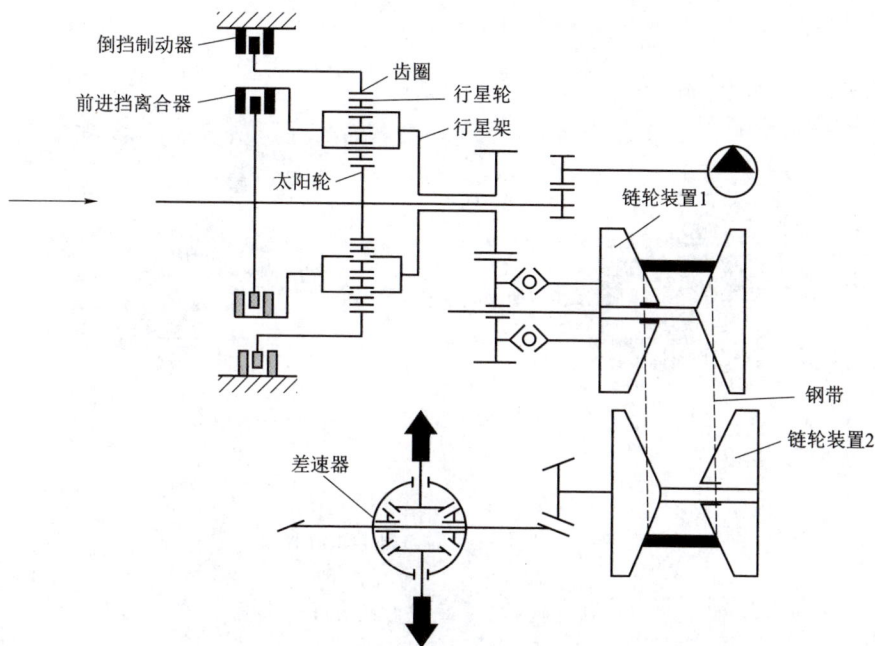

图 3-9　行星齿轮机构简图

车辆尚未行驶时，作为辅助减速齿轮输入部分的行星架的阻力很大，处于静止状态，齿圈以发动机转速 1/2 的速度怠速运转，旋转方向与发动机相同。

2）前进挡的动力传动路线

选挡杆处于 D 位时，前进挡离合器工作。由于前进挡离合器钢片与太阳轮连接，摩擦片与行星架相连接，此时，太阳轮（变速器输入轴）与行星架（输出部分）连接，行星齿轮机构被锁死成为一体，并与发动机运转方向相同，传动比为 1∶1。

3）倒挡的动力传动路线

选挡杆处于 R 位时，倒挡制动器工作。由于倒挡制动器摩擦片与齿圈相连接，钢片与变速器壳体相连接，此时，齿圈被固定，太阳轮（输入轴）主动，转矩传递到行星架，由于是双行星齿轮（其中一个为惰轮），所以行星架就会以与发动机旋转方向相反的方向运转，车辆向后行驶。由行星架输出的动力辅助减速齿轮传递到速比变换器，如图 3-10 所示。

4. 速比变换器

速比变换器是 CVT 最重要的装置，其功用是实现无级变速传动。

速比变换器由两组滑动锥面链轮和专用链条组成，如图 3-11 所示。主动链轮由发动机通过辅助减速齿轮驱动，发动机转矩由传动链传递到从动链轮装置，并由此传给主减速器。每组链轮装置中的其中一个链轮可沿轴向移动，来调整传动链的跨度尺寸，从而连续地改变传动比。两组链轮装置必须同步进行，才能保证传动链始终处于张紧状态，并且具有足够的传动链和链轮之间的接触压力。

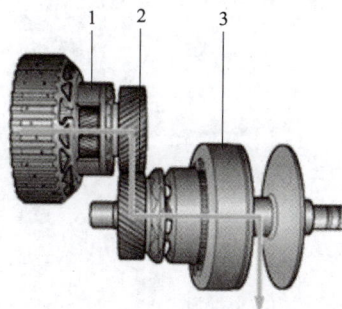

图 3-10　辅助减速齿轮

1—行星齿轮机构；2—辅助减速齿轮；
3—链轮装置 1

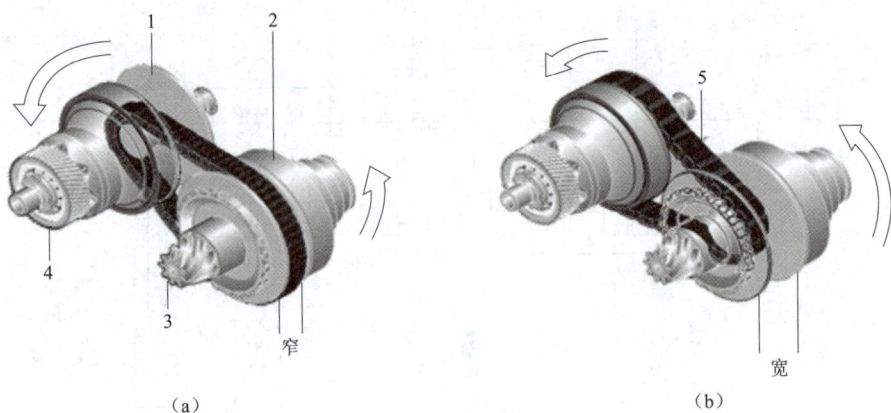

图 3-11　速比变换器的基本组成和原理

（a）低速（传动比大）；（b）高速（传动比小）

1—主动链轮装置；2—从动链轮装置；3—动力输出；4—动力输入；5—传动链条

　　速比变换器的组成如图 3-12 所示。该速比变换器的工作模式是基于双活塞工作原理。其特点是利用少量的压力油就可以很快地进行换挡，这可以保证在相对低压时，锥面链轮与传动链之间有足够的接触压力。在链轮装置 1 和链轮装置 2 上各有一个保证传动链轮和传动链之间正常接触压力的压力缸和用于调整变速比的分离缸。为了有效地传递发动机转矩，锥面链轮和传动链之间需要很高的接触压力，接触压力通过调节压力缸内的油压产生。压力缸表面积很大，能够在低压时提供所需的接触压力。液压系统泄压时，主动链轮膜片弹簧和从动链轮的螺旋弹簧产生一个额定的传动链条基础张紧力（接触压力）。在卸压状态下，速比变换器起动传动比由从动链轮的螺旋弹簧弹力调整。

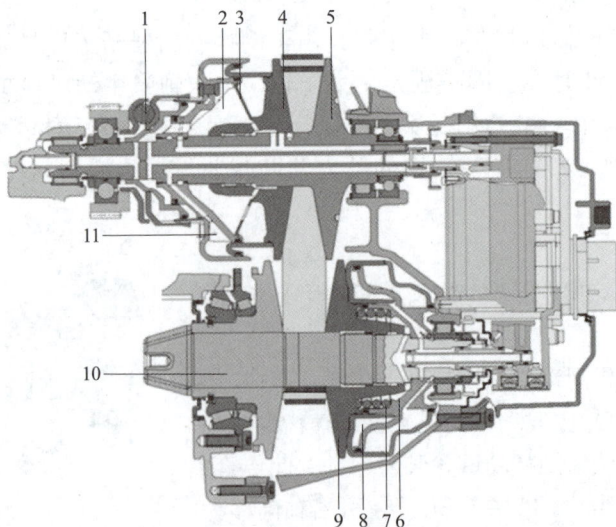

图 3-12　速比变换器的组成

1—转矩传感器；2，8—压力缸；3—膜片弹簧；4—锥面链轮 1；5—链轮装置 1；

6，11—分离缸；7—螺旋弹簧；9—锥面链轮；10—链轮装置 2

5. 液压控制系统

CVT 的液压控制系统也像自动变速器的液压控制系统一样，担负着系统油压的控制、油路的转换控制、用油元件的供油以及冷却控制等。

1）供油装置

奥迪 01J CVT 的供油装置采用的是带月牙形密封的内啮合齿轮泵，直接装在液压控制单元上，形成一个整体，减少了压力损失。

为了保证充分冷却离合器，奥迪 01J CVT 还带有吸气喷射泵。吸气喷射泵集成在离合器冷却系统中，以供给冷却离合器所需的润滑油量。吸气喷射泵（图 3-13）根据文丘里管原理工作，当离合器需要冷却时，冷却油由油泵出来通过吸气喷射泵进行导流并形成动力喷射流，润滑油流经泵的真空部分产生一定真空，将油从油底壳中吸出，并与动力喷射流一起形成一股大量的油流，在不增加油泵容量的情况下，冷却油量几乎加倍。单向阀阻止吸气喷射泵空运转并且有助于对冷却油供应做出迅速的反应。

2）液压控制单元

液压控制单元由手动换挡阀、九个液压阀和三个电磁控制阀组成。液压控制单元和电子控制单元直接插接在一起。液压控制单元应完成下述功能：

（1）前进挡离合器 / 倒挡制动器；

（2）调节离合器压力；

（3）冷却离合器；

（4）为接触压力控制提供压力油；

（5）传动控制；

（6）为飞溅润滑油罩盖供油。

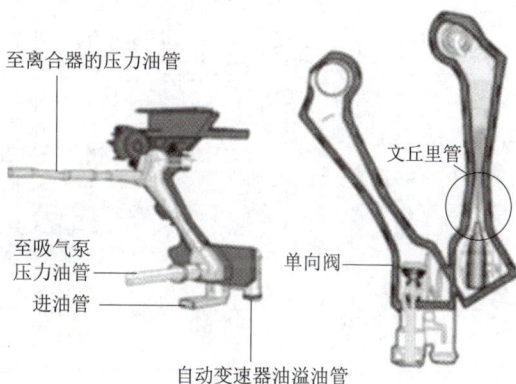

图 3-13 吸气喷射泵

液压控制系统的油路如图 3-14 所示。为防止系统工作压力过高，限压阀将油泵产生的最高压力限制在 0.82 MPa，并通过输导控制阀向三个压力调节电磁阀提供一个恒定的 0.5 MPa 的输导控制压力。压力阀防止起动时油泵吸入空气，当油泵输出功率高时，压力阀打开，允许自动变速器油从回油管流到油泵吸入侧，提高油泵效率。施压阀控制系统压力，在各种工况下都始终能够提供足够的油压。电磁阀 N88、N215 和 N216 在设计上称为压力调节阀，它们将控制电流转变为相应的液压控制压力。

6. 电子控制系统

奥迪 01J CVT 的电子控制系统由电子控制单元、输入装置（传感器、开关）和输出装置（电磁阀）三部分组成。其特点是电子控制单元集成在速比变换器内，控制单元直接用螺栓紧固在液压控制单元上。三个压力调节阀与控制单元间直接通过坚固的插头连接，没有连接线。控制单元用一个 25 针脚的小型插头与汽车相连。

电子控制系统更具特点的是集成在控制单元内的传感器技术：电气部件的底座为一个坚

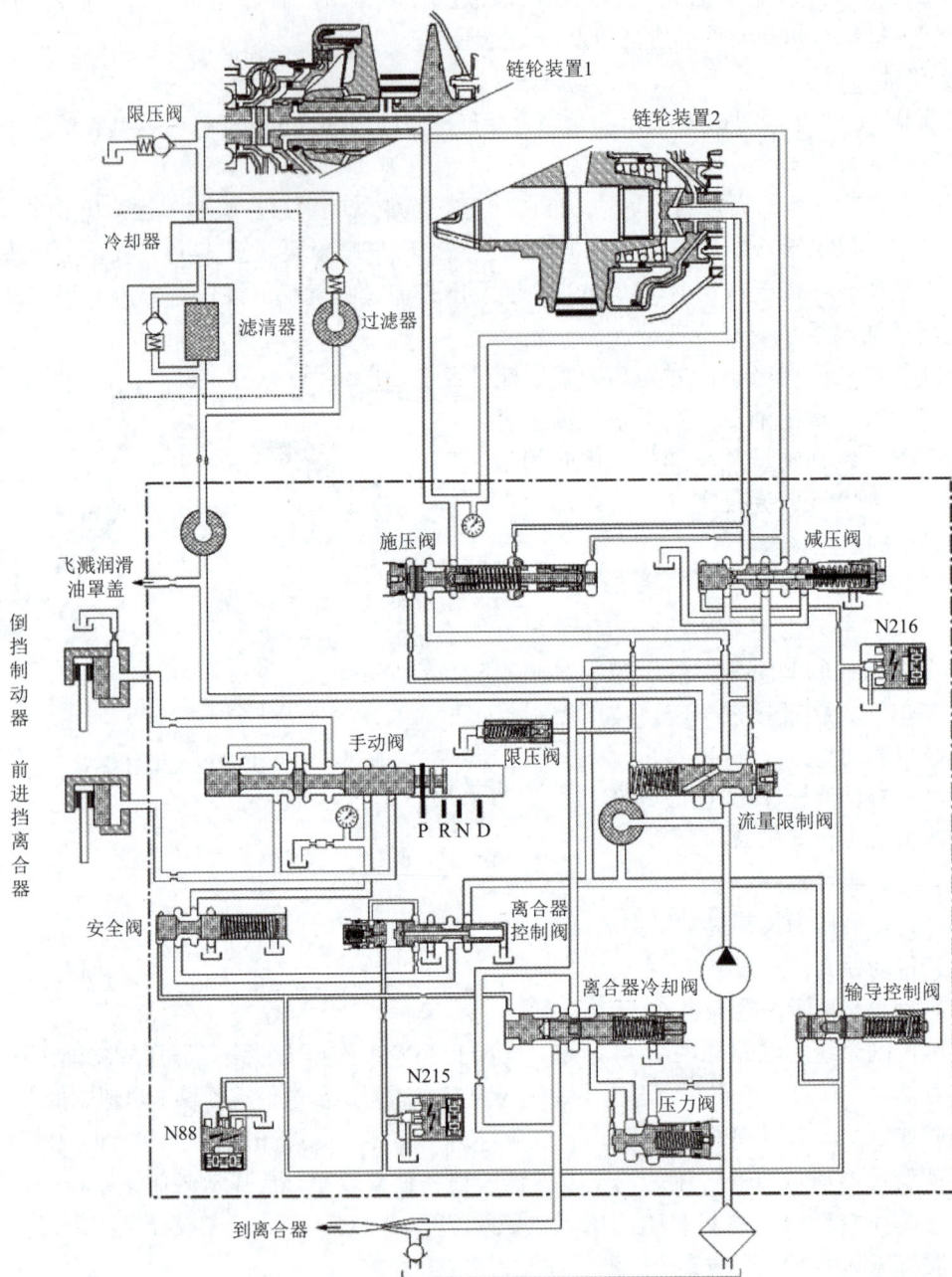

图 3-14　液压控制系统的油路

硬的铝板，壳体材料为塑料，并用铆钉紧固到底座上。壳体容纳全部的传感器，因此不再需要线束和插头，这种结构大大提高了工作效率和可靠性。该机构还将发动机转速传感器和多功能开关设计成霍尔传感器，霍尔传感器没有机械磨损，信号不受电磁干扰，这使其可靠性进一步提高。传感器为控制单元的集成部件，若某个传感器损坏，必须更换电子控制单元。图 3-15 所示为电子控制系统的组成。

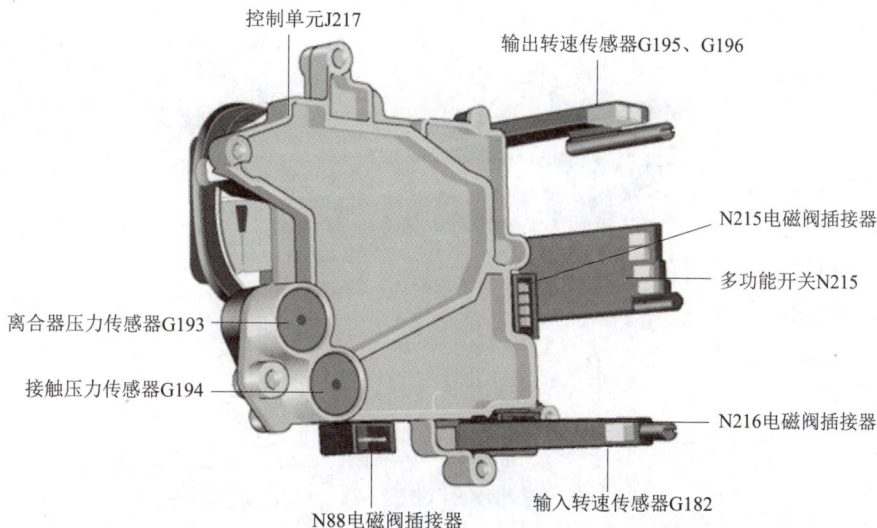

图 3-15　电子控制系统的组成

三、奥迪 01J CVT 换挡工作原理

1. 换挡控制

1）电子控制部分

奥迪 01J CVT 的电子控制单元有一动态控制程序，用于计算额定的变速器输入转速。为了在每种驾驶状态下获得最佳传动比，驾驶员输入信息和车辆实际工作状态要被计算在内。根据边界条件动态控制程序计算出变速器额定输入转速。变速器输入转速传感器 G182 监测主动链轮 1 处的实际转速。电子控制单元会根据实际值与设定值进行比较，并计算出压力调节阀 N216 的控制电流，这样 N216 就会产生液压换挡阀的控制压力，该压力与控制电流几乎是成正比的。控制单元通过检查来自变速器输入转速传感器 G182 和变速器输出转速传感器 G195 及发动机转速信号来实现对换挡的监控。

2）液力换挡控制（增速与降速）

如图 3-16 所示，液压控制单元中的输导控制阀向换挡压力调节阀 N216 提供一个约 0.5 MPa 的常压。N216 根据电子控制单元计算的控制电流产生控制压力，该压力的大小会影响减压阀的位置。

根据控制压力，减压阀将调节出来的压力传递到主动链轮和从动链轮的分离缸。当调节压力在 0.18 ～ 0.2 MPa 时，减压阀处于关闭状态。当控制压力低于 0.18 MPa 时，调节压力通过减压阀传递到主动链轮 1 的分离缸，同时从动链轮的分离缸与油底壳接通，速比变换器朝增速的方向进行变速。

当调节压力高于 0.22 MPa 时，调节压力通过减压阀传递到从动链轮 2 的分离缸，同时主动链轮 1 的分离缸与油底壳相通，速比变换器朝减速的方向变速，如图 3-17 所示。

2. 接触压力控制

压力缸中合适的油压最终产生锥面链轮与链条之间的接触压力，若接触压力过高，则会降低传动效率；相反，若接触压力过低，传动链会打滑，这将损坏传动链和链轮。转矩传感器的目的就是根据要求建立起尽可能精确、安全的接触压力。

链轮装置1

油底壳

链轮装置2

施压阀

减压阀

N216

油底壳

来自油泵压力

输导控制阀

图 3-16　速比变换器增速的控制

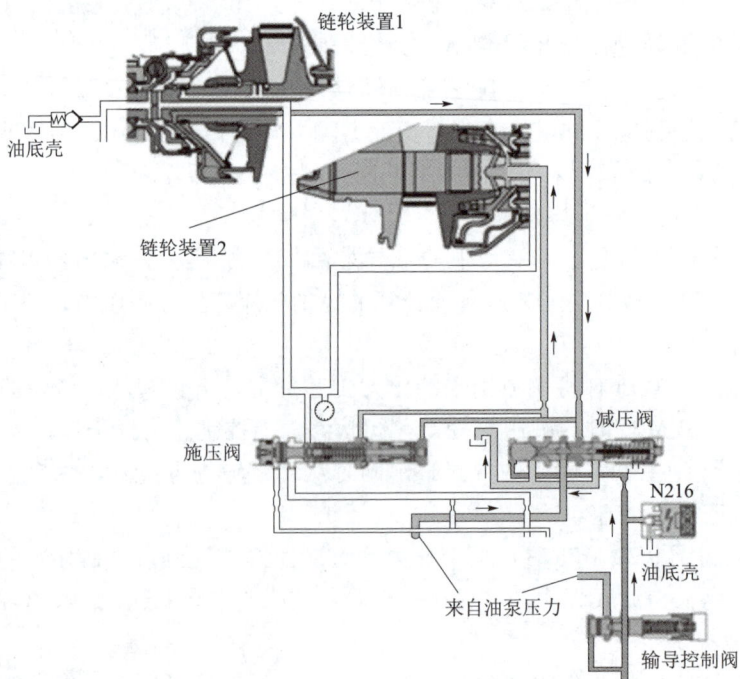

链轮装置1

油底壳

链轮装置2

施压阀

减压阀

N216

油底壳

来自油泵压力

输导控制阀

图 3-17　速比变换器减速的控制

转矩传感器集成于主动链轮 1 内，静态和动态高精确度地监控传递到压力缸的实际转矩，并建立压力缸的正确油压。转矩传感器主要部件为两个滑轨架，每个滑轨架有七个滑轨，滑轨中装有七个滚子，如图 3-18 所示。

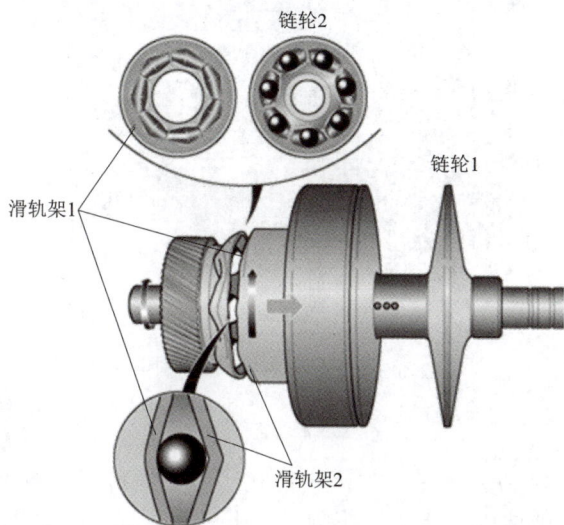

图 3-18 转矩传感器的组成

滑轨架 1 装在主动链轮 1 的输出齿轮中（辅助减速输出齿轮），滑轨架 2 通过内花键与主动链轮 1 连接，并可以轴向移动且由转矩传感器活塞支撑。转矩传感器活塞调整接触压力，并形成两个压力腔：转矩传感器腔 1 和转矩传感器腔 2。转矩传感器产生的轴向力作为控制力，与发动机转矩成正比，压力缸中建立起来的压力与控制力成正比。转矩传感器支架彼此间可径向旋转，将转矩转化为轴向力（因滚子和滑轨的几何关系），此轴向力施加于滑轨架 2，并移动转矩传感器控制凸缘关闭或打开转矩传感器腔输出端，如图 3-19 所示。

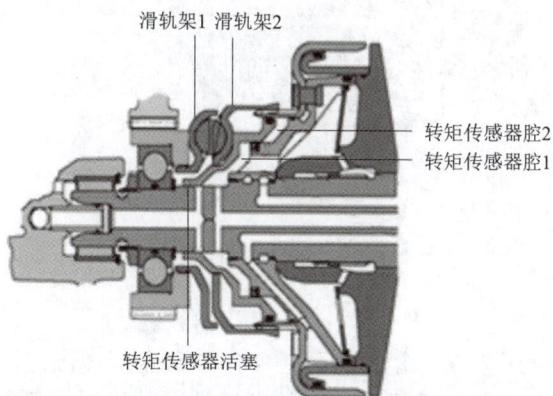

图 3-19 转矩传感器的工作原理

1）输入转矩低时

转矩传感器腔 1 直接与压力缸相通。发动机转矩产生的轴向力与压力缸内的压力达到平衡。在汽车稳定运行的情况下，出油孔只部分关闭，打开排油孔（转矩传感器）后压力下降，出油孔进油压力降低，直至恢复压力平衡，如图 3-20 所示。

控制凸缘　　转矩传感器腔1

压力缸

排油孔

图 3-20　低转矩时的控制

2）输入转矩高时

转矩达到峰值时，控制凸缘完全关闭出油孔。若转矩传感器进一步移动，将会起到油泵作用，此时被排出的油使压力缸内的压力迅速上升，这样就会毫无延迟地调整接触压力。锥面链轮产生的接触压力不仅取决于输入转矩，还取决于传动链跨度半径，此两者确定了速比变换器的实际传动比，如图 3-21 所示。

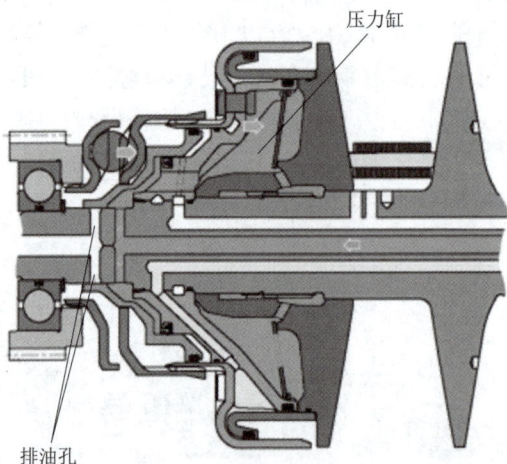

压力缸

排油孔

图 3-21　高转矩时的控制

3）低速行驶时

与变速比有关的接触压力在转矩传感器腔 2 内被调整。提高或降低转矩传感器腔 2 内的压力，压力缸内的压力也发生变化。转矩传感器腔 2 内的压力受链轮 1 轴上的两个横向孔控制。该孔通过变速器链轮的轴向位移关闭或打开。当变速器位于起动转矩挡（低速挡）时，横向孔打开（转矩传感器腔 2 泄压）。

4）高速行驶时

当变速器换到高转速挡时，横向孔立即关闭，左侧横向孔打开，此时油通过相关的可变锥面链轮孔，该孔与压力缸相通，此时油压从压力缸传入转矩传感器腔 2，该压力克服转矩传感器的轴向力并将转矩传感器活塞向左移动，控制凸缘进一步打开出油孔减小压力缸内的油压。双级压力适配的主要优点为中间挡位范围可利用低接触压力提高效率。

四、CVT 轿车的操作使用说明

1. 选挡杆操作

停车时，踏下制动踏板方能将选挡杆移出 P 挡或 N 挡；当处于下列情况时选挡杆不锁止：车速行驶超过 5 km/h、选挡杆在 N 挡的停留时间小于 1 s。

2. 锁止按钮

按住锁止按钮选挡杆方可移入其他挡位。

3. 点火钥匙安全锁止机构

选挡杆处于 P 挡时方能拔出钥匙，点火钥匙拔出，选挡杆锁定在 P 挡。

4. CVT 轿车操纵注意事项

（1）轿车行驶中禁止将选挡杆挂入 R 挡或 P 挡。

（2）发动机处于运转状态，若选挡杆处于 D 挡，必须踩住制动踏板。因为即使在怠速工况下，动力传递也未完全切断，轿车可能向前"爬行"。

（3）在平坦、光滑路面上行驶时，若换低挡装置处于工作状态，轿车驱动轮可能失控（打滑）。

（4）当组合仪表的挡位显示闪烁时，提醒驾驶员变速器有故障，可能会导致车辆停驶或停止后无法再起动车辆。

（5）牵引时的注意事项：

牵引汽车时必须将选挡杆放在 N 挡，牵引距离不应超过 50 km，牵引速度不应超过 50 km/h，否则会损坏变速器。当蓄电池电量不足或者起动机不起作用时，用牵引起动的方法起动发动机是不可能的。

五、奥迪 01J CVT 的检修

1. 检查操纵锁止机构

1）检查点火钥匙拔出锁止机构

（1）点火开关打开，踏下制动踏板并保持该状态，按下选挡杆手柄上的按键后，选挡杆应能脱离挡位 P；在除 P 以外的其他挡位时，应不能拔出点火钥匙。将选挡杆置于挡位 P，点火钥匙应能顺利地拔出。

（2）拔出点火钥匙，在已按下按键且踏下制动踏板时，选挡杆应不能脱离挡位 P。

2）检查换挡操纵机构

（1）选挡杆在挡位 P 或 N 且点火开关已打开。

不踏下制动踏板，选挡杆被锁止，按下按键不能脱离挡位，选挡杆锁止电磁铁锁止选挡杆；踏下制动踏板，选挡杆锁止电磁铁松开选挡杆，按下按键后可挂入任一挡位；从挡位 P 将选挡杆移入 R、N、D，检查一下组合仪表上的挡位显示与实际挂入的挡位是否一致。

（2）选挡杆在挡位 D 且点火开关及灯已打开。

将选挡杆从挡位 D 挂入 Tiptronic 通道，换挡操纵机构壳体上发亮的符号"D"应熄灭，符号"+"及"−"应亮起；Tiptronic 组合仪表显示检查，起动发动机，使之怠速运转，拉紧手制动器，踏下制动踏板，在将选挡杆推入 Tiptronic 通道时，组合仪表上的挡位显示将从"PRND"变为"654321"。

2. 奥迪 A6 01J CVT 的故障自诊断

1）轻微性故障

轻微性故障显示如图 3-22 所示。

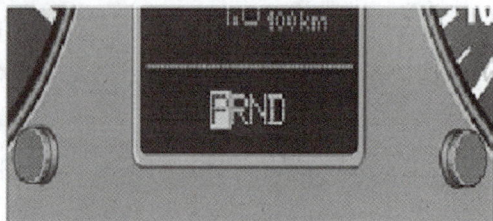

图 3-22　轻微性故障显示

2）一般性故障

一般性故障显示如图 3-23 所示。

图 3-23　一般性故障显示

（1）挡位显示全亮。

（2）替代程序使车辆可继续行驶，对于驾驶安全性和变速器安全影响仍不严重。

（3）故障被存储。

（4）需尽快到服务站维修，否则可能对变速器造成更大损伤。

3）严重性故障

严重性故障显示如图 3-24 所示。

图 3-24　严重性故障显示

（1）挡位显示全亮。

（2）对于驾驶安全性和变速器安全方面有严重影响。

（3）故障被存储。

（4）需马上到服务站维修。

注意：该情况可能导致车辆马上停止或停车后无法再起动车辆。

各传感器故障状况如表 3-4 所示。

表 3-4　各传感器故障状况表

传感器代号	传感器信号	失效状况	替代值
G182	变速器输入转速	微量打滑和离合器匹配控制功能失效	发动机转速信号
		起步、加速过程可利用固定参数完成	
G195	变速器输出转速	坡路停车功能失效	G196
G196	变速器输出转速	坡路停车功能失效	G195
G195/G196		坡路停车功能失效	车速信号
G193	离合器压力	安全阀激活，安全切断	
G194	扭矩传感器压力	爬行控制匹配功能失效	
G93	变速器油温	离合器匹配控制功能失效	变速器控制单元计算得出替代者
		当油温高于145 ℃时，发动机输出功率下降	
F125	挡位信号	霍尔传感器"D"损坏，点火功能失效	引入替代程序

3. 奥迪 A6 01J CVT 的维护

1）维护说明

（1）日常维护时需目测检查 CVT 有无渗漏。

（2）轿车每行驶 60 000 km 需要检查 CVT 及主减速器润滑油油位，必要时添加润滑油。

（3）轿车每行驶 60 000 km 或 4 年需更换 CVT 的自动变速器油。

2）自动变速器油的检查、更换

（1）检测的前提条件：

① 变速器不允许处于紧急运转状态。

② 车辆必须处于水平位置。

③ 连接 VAS5051，然后选择车辆自诊断和车辆系统"02- 变速器电气设备"。

④ 发动机必须处于怠速运转。

⑤ 必须关掉空调和暖风。

⑥ 开始检查前，自动变速器油的温度不允许超过 30 ℃，必要时先冷却变速器。

（2）自动变速器油加注条件：

在 VAS5051 上读取自动变速器油温度，在变速器油温度为 30 ～ 35 ℃时进行操作。

① 发动机处于怠速运转。

② 车辆必须处于水平位置。

③ 踩下制动器，在所有挡位（P、R、N、D）上停留一遍，并且在每一个位置上发动机怠速运转约 2 s。

④ 最后将选挡杆置于 P 位置，当自动变速器油从加注孔（油面高度检查孔）溢出即可。

（3）更换自动变速器油：

① 打开变速器底部放油螺栓，将旧的自动变速器油排净后拧紧放油螺栓。

② 将自动变速器油加注螺栓打开，利用专用自动变速器油加注器将新的自动变速器油注入变速器内部。

③ 油面高度的检查方法如上。

4. CVT 常见故障及原因

1）加速时的颤抖和异响

（1）油压异常。

油压异常导致加速时颤抖和异响的主要原因包括：油压不足或者过高导致链条损坏或者打滑；变矩器的锁止油路不正常，导致锁止离合器的接合与释放出现故障；前进挡离合器的油压不正常，导致其接合和释放出现故障。

维修时应检查主油路的油压、锁止释放油压、前进挡离合器油压和主链轮/从链轮油压。

（2）油量不足。

对于 CVT，当油温达到 65 ℃后，变速器油才开始流向散热器，这时油底壳中的液面会显著降低。过低的液面会造成加速时链条打滑和异响，最终损坏变速器。

（3）轴承失效。

这是导致异响的常见原因，即便油压和油量正常，由于轴承失效，加速时也会出现异响。如果异响随着发动机转速提高而增大，则说明是主链轮的轴承失效了，如果异响不随发动机转速变化，则是次级链轮或末级驱动轴承失效了。有时异响也会伴随次级链轮油压过低的情况，那是因为失效的轴承使轴偏离了中心而损坏了链轮的输入油封。

2）怠速时发动机转速波动或入挡时发动机熄火

这时需要检查前进挡离合器的油压、散热器的流量，以及锁止的接合与释放油压。

3）变矩器无锁止

这与变矩器的锁止油路有关，需要检查锁止油压以及锁止释放油压。

4）怠速时有液压异响

检查变矩器锁止离合器释放油压。

【知识拓展】

eCVT 变速器

eCVT 又被称作 PSD，即 Power Split Device。顾名思义，这是一种动力分配设备，一般被应用于轻混（Hybrid）车型上，而不是插电式混动（Plug-in Hybrid）车型上。后者一般匹配自动变速器。

轻混车型有个特点，即实现节能最大化，同时车型在动力上并没有特别惹人注目的参数。一般 eCVT 比较适用于家用车、紧凑型 SUV 上。下面来讲解 eCVT 的具体原理：

首先要了解混动车型的动力总成，一般是由一个燃油机、两个电动机，外加一个电池组构成的。需要注意的是，混动车型的燃油机，其最大输出功率和扭矩一般不会太高，大多是自然吸气车型，且采用的是阿特金森循环。

eCVT 通过一个行星齿轮结构把燃油机和电动机的动力融合到了一起。在绝大多数的情况下，汽车都是依靠环轮，即电动机的动力来驱动车辆的。由于电动机是固定齿比，所以

eCVT 中没有所谓的齿比概念，也不需要多组行星齿轮或离合器来实现不同挡位。

只有在高速巡航行驶时，eCVT 才会把燃油机的动力直接输出给轮端，这时相当于传统自动变速器在最高挡位行驶。这样设置的原因，是因为在高速行驶时，电动机转速很高，热效率下降，此时电池组若持续大功率输出电流，整个电动系统的热管理会是一个问题。同时，在高速巡航工况下，阿特金森发动机也能进入最佳工作区间。

阿特金森循环是一种发动机冲程模式，它通过一种连杆机构来最大程度延长活塞的行程，其膨胀比大于压缩比。这样，发动机气缸就能充分利用废气气压来做工，进一步节省油耗。但也正是因为这种设计，阿型发动机的低扭表现与高转速性能不如普通发动机。

所以，采用 eCVT 动力总成的车辆，要么是靠电动机驱动，要么是靠发动机驱动，并没有所谓的混合输出。真正的输出功率，也并非是两者的叠加。这样，在驾驶混动车型时，虽然发动机在轰鸣，但其主要工作是在给电池充电。那为何省油呢？这是因为，由于没有多级齿比，主要是通过电动机输出动力，所以 eCVT 动力总成的能量损耗没有传统自动变速器在能量传递中的损耗大。

低速时车辆直接以纯电模式行驶，加之发动机采用阿特金森循环，使得油耗进一步降低，这就是混动车型节油的原理。

这里要特别指出一点，混动车型的阿特金森循环发动机，其实并非采用历史上詹姆斯·阿特金森设计的那种复杂结构。得益于发动机电控系统的进步，如今雷克萨斯等混动车型上的发动机，通过延迟关闭进气门，使得冲程结束后气缸内混合气体又溢出一部分，由此变相实现了膨胀比大于压缩比。

对于混动车型来说，节油是终极目的，但 eCVT 其实只是一个比较保守的解决方案。并非所有的轻混车型都使用 eCVT，因为如上所述，eCVT 虽然节油，但动力性能有所欠缺。有些注重性能的混动车型，尤其是后驱车，使用的依然是自动变速器。

对于这种混动模式，只存在发动机与电动机同时驱动车辆，或电动机单独驱动车辆的情况，不存在 eCVT 中出现的由发动机单独驱动车辆的情况。因为发动机与电动机实际上通过一根输出轴与变速器连接。

这种混动模式的意义在于电动机在发动机的基础上补足了一部分动力，让车辆在原有大马力发动机的基础上，更进一步提升最大输出功率，所以该模式中的电动机功率一般不会很大。在某些工况下，也可以调整为纯电模式，起到一定的节油作用。但很明显，其节油效果不如 eCVT 模式。

而这个 1.6 kW·h 的电池组，其作用体现在两个方面：一是为电动机供电；二是存储制动回收的能量。电池的电量是由第二台电机发电产生的。这台电机的能量来源有两个，一个是燃油机，一个是 KERS（动能回收系统）。

项目四

电控悬架系统检修

项目描述：电子控制悬架系统（简称电控悬架系统）的执行机构按照电子控制器的控制信号，准确地动作，及时地调节悬架的刚度和阻尼系数及车身高度，电控悬架故障将会对汽车行驶舒适性产生很大影响。电控悬架系统能够通过控制和调节悬架的刚度和阻尼力，使汽车的悬架特性与道路状况和行驶状态相适应，从而使汽车的乘坐舒适性和操纵稳定性都得到满足。

本次任务就是对电控悬架系统的相关知识的学习。

✿ 任务一　电控悬架系统检修

【任务目标】

知识目标

1. 了解汽车电控悬架系统的分类及功能；
2. 熟悉电控悬架系统的功用、要求；
3. 掌握典型电控悬架系统的构造、工作原理；
4. 掌握典型悬架各部件的检测方法；
5. 掌握电控悬架系统常见故障的现象、原因。

技能目标

1. 能按规范的步骤，完成电控悬架系统主要零部件的拆卸和安装；
2. 能通过阅读资料和现场观察，辨别所检修电控悬架系统的结构类型；
3. 能认识所检修电控悬架系统零部件，口述电控悬架系统的工作原理和各零部件的作用；
4. 能检查电控悬架系统的控制功能；
5. 能够对典型电控悬架系统的常见故障进行诊断与排除；
6. 能依据维修手册对电控悬架系统进行数据分析。

素质目标

1. 通过汽车电控悬架数据测量，养成团队合作的习惯；

2. 通过制定汽车电控悬架系统的故障诊断流程，养成发现问题、分析问题、解决问题的能力；

3. 在实践过程中，落实安全和环保要求，贯彻劳动精神。

【任务实施】

一、任务描述

一辆奥迪 A8，近段时间发现汽车电控悬架系统车身高度控制不起作用。请你学习相关知识，合理选用工具，进行故障的分析及排除。

二、任务准备

第一部分：信息准备

（1）空气悬架：是一种可调节式的车辆悬架，使用空气悬架很容易实现车身自水平调节。底盘高度_____，由弹性元件（弹簧）构成，缓和并抑制不平路面对车体所造成的冲击。

（2）电控悬架系统的控制单元通过_____和_____信号来监视车身的侧倾情况。

（3）减振器：阻尼力_____，快速吸收不平路面所带来的冲击动能。

（4）当汽车在_____、_____或_____时，电控悬架系统的控制单元将中断任何高度变化。

（5）奥迪 A8 自适应空气悬架的传感器有_____、_____、_____和_____。

（6）车身高度传感器四个传感器在结构上相同，支架和连接杆位于车轴的侧面和特定的位置上，传感器测得_____之间的距离并由此测得车辆的高度状态。

（7）优势：

① 舒适性，不论载荷多大，车身固有频率基本保持_____。

② 通过性，通过改变弹簧内的空气压力，可以实现不同的_____，提高车身高度可提高车辆的通过性。

③ 行驶稳定性，不论载荷多大，减振器的衰减度保持恒定，且车身高度也_____。

（8）空气悬架的调节：根据实际驾驶路面状况和舒适性需要调节悬架高度和减振特性，有_____、舒适模式、自动模式和动态模式可选，鱼与熊掌亦可兼得，满足通过性、运动性和舒适性。

（9）如图 4-1 所示空气悬架设置界面。

① "lift"（提升）模式（+25 mm）：与 "automatic"（自动）模式相比，底盘提升了____mm。

② "comfort"（舒适）模式（基本高度）：底盘高度与自动模式一致，在车速较低时_____要弱。

③ "automatic"（自动）模式（基本高度）：以____为主；在车速超过 120 km/h 的 30 s 后，底盘会下沉____mm（高速公路底盘下沉）。

④ "dynamic"（动态）模式：与 "automatic" 模式相比，底盘下沉____mm，并且自动调整到运动模式的减振曲线；在车速超过 120 km/h 的 30 s 后，底盘会再下沉____mm。

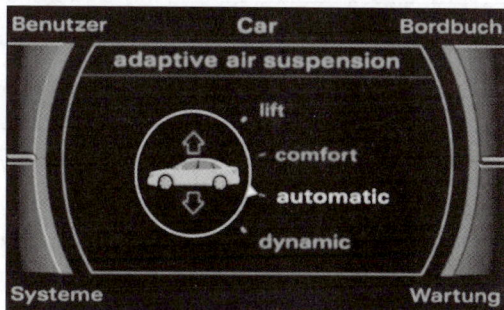

图 4-1　空气悬架设置界面

（10）空气悬架的举升模式：若车辆需要举升或使用千斤顶，必须激活_____，如图 4-2 所示。

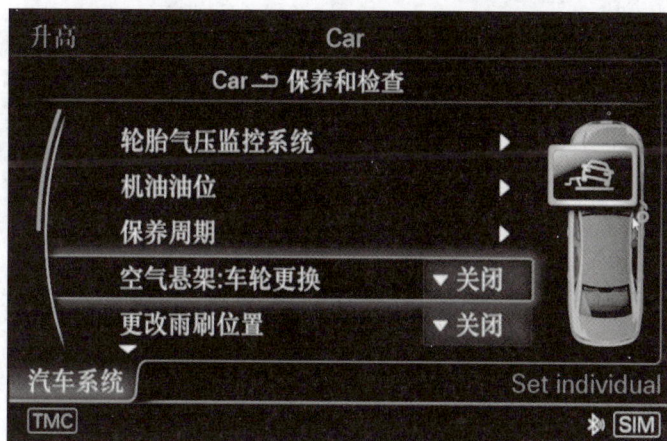

图 4-2　设置举升模式

（11）根据图 4-3 填空。

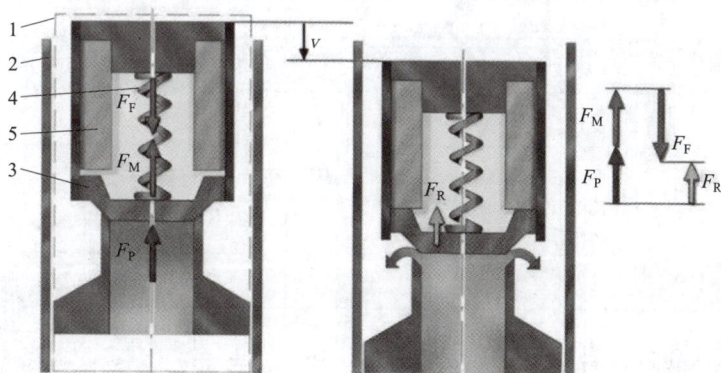

图 4-3　减振器原理图

① 部件的作用：

1 减振器活塞：_____。

2 缸套：_____。

3 主控制阀：_____。

4 弹簧：_____。

5 电磁线圈：_____。

② 电流越大，电磁力越大，_____开度越大，液压油流过阻力和减振阻尼力越_____；电磁线圈未通电时，减振阻尼力最_____；减振阻尼力最小时，电磁线圈要通上约 1 800 mA 电流；应急状态时电磁线圈不通电的，减振阻尼力被设定在最__状态，以保证动态行驶_____性。

（12）奥迪 A8 轿车的自适应空气悬架系统的工作原理是什么？

（13）奥迪 A8 轿车的自适应空气悬架系统车身高度调节的基本原则是什么？

第二部分：制订计划

（1）需要准备的工具，请填表 4-1。

表 4-1　需要准备的工具

序号	名称	序号	名称	序号	名称	序号	名称
1		5		9		13	
2		6		10		14	
3		7		11		15	
4		8		12		16	

（2）操作过程中注意事项。

（3）参照维修手册，结合所学知识，制订故障排除方案。

（4）根据计划，完成小组成员任务分工。

第三部分：实施计划

（1）相关信息填写：车辆型号_____。

（2）完成表4-2。

表4-2　底盘指示灯

图示	含义	处理措施

（3）对照电路图，在实车上找到相应的零部件并说明线束颜色，且填表4-3。

表4-3　汽车零部件

基本情况			
15号接线柱电压	30号接线柱电压	车速	起动机
_____V	_____V	_____km/h	K1.50EIN/AUS
车门状态	后备厢盖状态	右侧水平传感器供电	左侧水平传感器供电
车门关上/打开/上锁	行李关上/打开/上锁	_____V	_____V

已选择高状态		已选择低状态	压缩机继电器
已操纵/未操纵		已操纵/未操纵	接通/关闭
偏离正常高度			
偏离正常高度（左前）	偏离正常高度（右前）	偏离正常高度（左后）	偏离正常高度（右后）
_____mm	_____mm	_____mm	_____mm
压缩机温度	压力信号	排气阀状态	蓄压器阀状态
_____℃	_____bar①	打开/关闭	打开/关闭
电磁阀切换状态			
左前电磁阀	右前电磁阀	左后电磁阀	右后电磁阀
打开/关闭	打开/关闭	打开/关闭	打开/关闭
车辆水平状况与基准位置的偏差			
左前偏差	右前偏差	左后偏差	右后偏差
_____mm	_____mm	_____mm	_____mm
减振阀电流			
左前	右前	左后	右后
_____mA	_____mA	_____mA	_____mA
车身加速度传感器信号			
左前	右前	后	—
_____V	_____V	_____V	—
来自水平传感器的减振器速度信号			
左前	右前	左后	右后
_____dm/s	_____dm/s	_____dm/s	_____dm/s

（4）试用示波器检测减振器调节阀、减振支柱阀信号。

（5）记录解码器故障代码信息，并做相应故障分析。

---

① 巴，1 bar=100 kPa。

（6）高度控制电磁阀检测：

①前后高度电磁阀的电阻分别是_____Ω、_____Ω；（是/否）_____存在问题。（标准值为 9 ~ 15 Ω）

②排气电磁阀的检测电阻是_____Ω，（是/否）_____存在问题。（标准值是 9 ~ 15 Ω）

（7）高度传感器的检测：

给传感器施加约 4.5 V 的电压，使控制杆缓慢地上下移动，同时检查传感器的信号端子与搭铁之间的信号电压，检测值为_____，（是/否）_____存在问题。标准值为：高位置时，信号电压为 2.3 ~ 4.1 V；正常位置时，信号电压约为 2.3 V；低位置时，信号电压为 0.5 ~ 2.3 V。

（8）悬架控制执行器的检测：

①脱开执行器连接器，测量悬架控制执行器各线圈的电阻，应为 14.7 ~ 15.7 Ω。实际检测结果为_____Ω，结果判断_____。

②上述检查若不正常，则判断悬架控制执行器_____。

（9）场地恢复，6S 管理。

第四部分：评价反馈

任务评价如表 4-4 所示。

表 4-4 任务评价

序号	评价项目	评价指标	分值	自评（25%）	互评（25%）	师评（50%）	合计
1	知识目标（25%）	了解汽车电控悬架系统的分类及功能	5				
		熟悉电控悬架系统的功用、要求	5				
		掌握典型电控悬架系统的构造、工作原理	5				
		掌握典型悬架各部件的检测方法	5				
		掌握电控悬架系统常见故障的现象、原因	5				
2	能力目标（50%）	能正确地制订维修计划	5				
		能正确选用工具	5				

续表

序号	评价项目	评价指标	分值	自评（25%）	互评（25%）	师评（50%）	合计
2	能力目标（50%）	能按规范的步骤，完成电控悬架系统主要零部件的拆卸和安装	5				
		能通过阅读资料和现场观察，辨别所检修电控悬架系统的结构类型	5				
		能认识所检修电控悬架系统零部件，口述电控悬架系统的工作原理和各零部件的作用	5				
		能检查电控悬架系统的控制功能	5				
		能正确进行主要零部件的检测及分析	10				
		能够对典型电控悬架系统的常见故障进行诊断、数据分析	5				
		能完整、规范地完成任务单	5				
3	素质目标（25%）	良好的职业素养、劳动意识	5				
		提出问题、分析问题的能力，创新意识	5				
		表达能力、协作能力	5				
		搜集、利用资源的能力	5				
		环保意识、安全意识	5				
合计			100				
综合得分及评价							

【相关知识】

一、概述

随着人们对汽车乘坐舒适性的不断追求，已有不少轿车和SUV装上了性能优越的电子控制式主动悬架，以满足越野与公路行驶的双重需要。电控悬架系统的优点是能使悬架随着不同的路况和行驶状态做出相应的调整，既可以使汽车的乘坐舒适性达到令人满意的水平，又能使汽车的稳定性要求得到满足。

1. 电控悬架的类型

1）空气式可调悬架

空气式可调悬架是指利用空气压缩机形成压缩空气，并通过压缩空气来调节汽车底盘离地间隙的一种悬架。

一般装备空气式可调悬架的车型在前轮和后轮的附近都设有离地距离传感器，按离地距离传感器的输出信号，行车电脑判断出车身高度的变化，再控制空气压缩机和排气阀门，使弹簧自动压缩或伸长，从而起到减振的效果。空气式可调悬架中的空气弹簧的软硬能根据需要自动调节。当在高速行驶时，空气悬架可以自动变硬来提高车身的稳定性，而长时间在低速不平的路面行驶时，行车电脑则会使悬架变软来提高车辆的舒适性。代表应用有 AIRmatic 空气悬挂系统、奥迪 A8 自适应空气悬架系统、保时捷主动悬挂管理系统（PASM）。

2）液压式可调悬架

液压式可调悬架是指根据车速和路况，通过增减液压油的方式调整汽车底盘的离地间隙来实现车身高度升降变化的一种悬架。

内置式电子液压集成模块是液压式可调悬架的核心，可根据车速、减振器伸缩频率和伸缩程度的数据信息，在汽车重心附近安装有纵向、横向加速度和横摆陀螺仪传感器，用来采集车身振动、车轮跳动、车身高度和倾斜状态等信号，这些信号被传送给行车电脑，行车电脑再根据输入信号和预先设定的程序操纵前后四个执行油缸工作。代表应用有 EDC-C 的新型电子悬挂系统、雪铁龙 Hydractive 主动悬挂系统。

3）电磁式可调悬架

电磁式可调悬架是利用电磁反应来实现汽车底盘的高度升降变化的一种悬架。它可以针对路面情况，在 1 ms 时间内做出反应，抑制振动，保持车身稳定，特别是在车速很高又突遇障碍时更能显出它的优势。电磁式可调悬架的反应速度比传统的悬架快 5 倍，即使是在最颠簸的路面，也能保证车辆平稳行驶。

电磁悬架系统是由行车电脑、车轮位移传感器、电磁液压杆和直筒减振器组成的。在每个车轮和车身连接处都有一个车轮位移传感器，传感器与行车电脑相连，行车电脑又与电磁液压杆和直筒减振器相连。代表应用有凯迪拉克 XTS 上的 MRC 主动电磁感应悬架。

2. 电控悬架系统的控制功能

电控悬架系统主要有车身高度、车身姿态和车速与路面感应三方面控制功能。

1）车身高度控制

不管车辆负载在规定范围内如何变化，都可以保持汽车高度一定，车身保持水平，可大大减少汽车在转向时产生的侧倾。

（1）自动高度控制；

（2）高速感应控制；

（3）点火开关 OFF 控制。

2）车身姿态控制

电控悬架系统能够通过调节弹簧刚度、减振器阻尼力以对车身在转向时侧倾、制动时点头、加速时后坐等姿态进行控制。

3）车速与路面感应控制

电控悬架系统能够根据车速和道路的状况对弹簧刚度和减振力进行控制，以抑制汽车在不平道路上行驶时的颠簸或上下跳动，从而改善汽车在不平道路上行驶时的乘坐舒适性。

（1）当车速高时，提高弹簧刚度和减振器阻尼力，以提高汽车高速行驶时的操纵稳定性。

（2）当前轮遇到凸起时，减小后轮悬架弹簧刚度和减振器阻尼力，以减小车身的振动和冲击。

（3）当路面差时，提高弹簧刚度和减振器阻尼力，以抑制车身的振动。

3. 电控悬架系统的基本组成及原理

电控悬架系统由传感器、电控单元（悬架 ECU）和执行元件组成。电控悬架系统是以电控单元为控制核心，根据对车身高度、转向盘转角、车速和制动等信号的运算分析后，输出控制信号，控制各种电磁阀和步进电动机，对汽车悬架参数，如弹簧刚度、减振器阻尼系数、倾斜刚度和车身高度进行控制，从而提高汽车的乘坐舒适性和操纵稳定性的悬架系统，如图 4-4 所示。

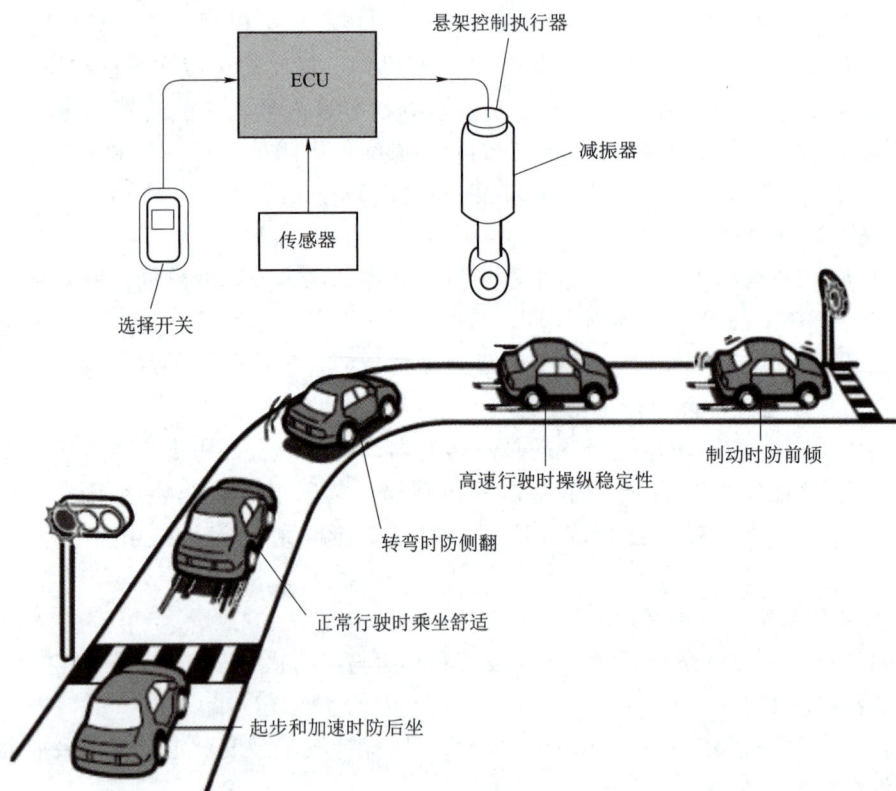

图 4-4　电控悬架系统的功能

二、典型电控悬架系统

本项目以使用比较广泛的电控空气悬架为例，选取奥迪 A8 自适应空气悬架系统进行学习。

A8 的自适应空气悬架系统（图 4-5）由空气供给总成、前桥空气悬架支柱、车身加速度传感器、自适性空气悬架控制单元、前部显示和操纵单元、组合仪表、带压力传感器的电磁阀体、后桥空气悬架支柱、蓄压器和车身高度传感器等组成。

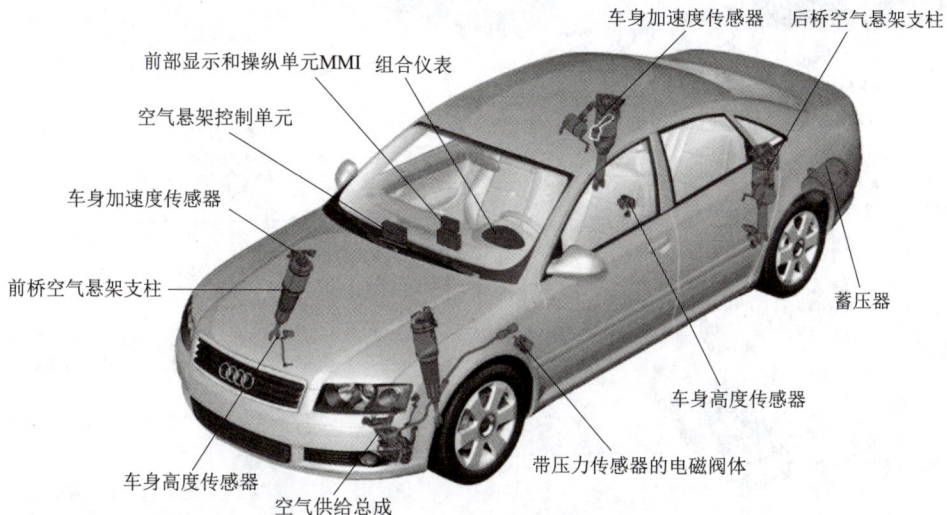

图 4-5　奥迪 A8 空气悬架系统的组成

1. 操纵单元

操纵单元集成在 MMI 上，如图 4-6 所示。

CAR 按键：在 MMI 显示屏上以优先等级 1 直接调出；

SETUP 按键：显示状态信息和调整情况；

控制旋钮：激活调整后的新模式；

指示灯：在使用标准底盘时显示低状态，

　　　　　显示非常低或非常高的状态；

警报灯：显示非常低或非常高的状态。

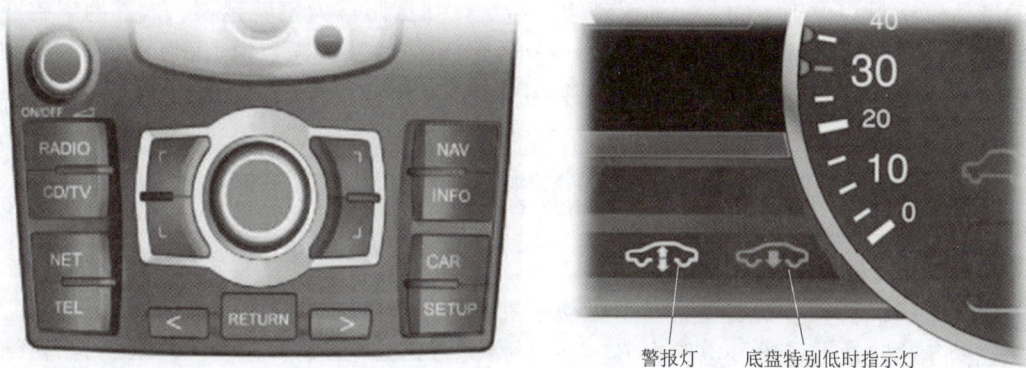

图 4-6　操纵单元 MMI

2. 控制单元 J197

控制单元位于手套箱前方，负责处理其他总线用户的相关信息和单独的输入信号，用于控制压缩机、电磁阀和减振器的信号，如图 4-7 所示。

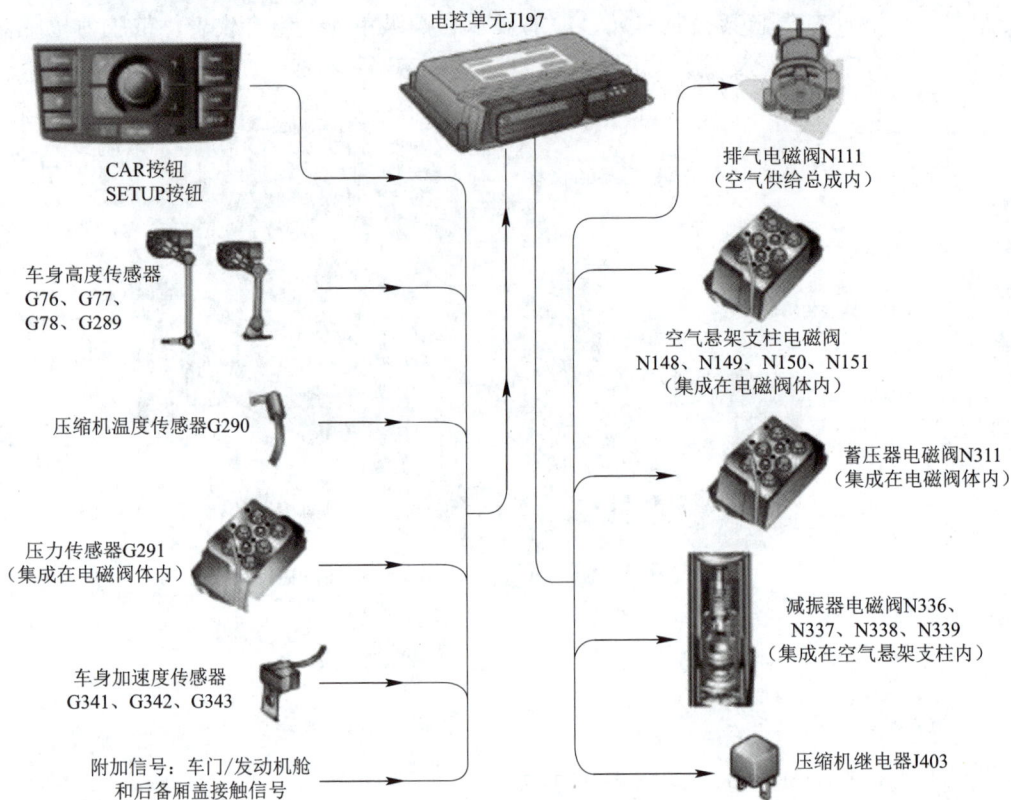

图 4-7　奥迪 A8 空气悬架控制系统

3. 剩余压力保持阀

每个空气悬架支柱上都有一个剩余压力保持阀，直接安装在空气接口上，用于保证空气悬架内总能保持有至少约 3.5 bar 的压力，最大限度地避免在仓储和装配时发生损坏。

4. 减振器

减振器采用的是双管式充气，具有电动连续可调功能。阻尼力（减振力）主要由经过阀的液体流动阻力来确定的。机油流动阻力越大，那么阻尼力也就越大。内部的电磁线圈未通电时，减振阻尼力最大。减振阻尼力最小时，电磁线圈要通上约 1 800 mA 的电流。应急状态时，电磁线圈是不通电的，这时减振阻尼力被设定在最大状态，以便保证动态行驶的稳定性。减振器结构及原理如图 4-8 所示。

活塞 1 中的主减振阀 3 是通过弹簧 4 来预张紧的，在该阀的上面有一个电磁线圈 5，连接电缆通过中空的活塞杆通往外部。

工作过程（以压缩行程为例）：

活塞 1 在缸套 2 内以速度 V 向下运动，主减振阀 3 下面油腔内的机油压力就升高了。电磁线圈 5 这时通上了电，电磁力 F_M 会克服弹簧力 F_F 并使该力增大。当电磁力与机油压力的和（$F_M + F_P$）超过了弹簧力 F_F 时，就会产生一个 F_R 力，这个力会打开主减振阀 3。

5. 空气供给总成

空气供给总成（图 4-9）安装在发动机机舱的左前方，其上安装有温度传感器，用于监控压缩机缸盖的温度，其电阻值随着温度的升高而减小。压缩机最长可以工作多长时间就由当时的温度来决定，当压缩机缸盖温度过高时将自动关闭空气供给总成。

图 4-8　减振器结构及原理

1—活塞；2—缸套；3—主减振阀；4—弹簧；5—电磁线圈

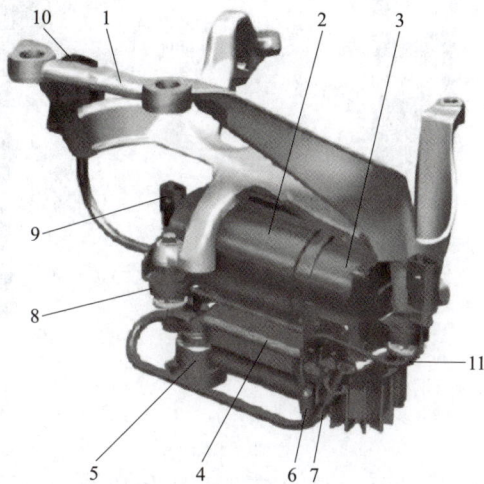

图 4-9　空气供给总成

1—支架；2—电动机；3—压缩机；4—电力驱动电压接头；5—空气干燥箱；6—温度传感器；7—温度传感器接头；
8—进行和排气管；9—气动排气阀；10—到电磁阀组的压缩空气接头；11—与排气电磁阀连接的接头

6. 电磁阀体

电磁阀体是包含压力传感器以及用于控制空气弹簧和蓄压器的阀，如图 4-10 所示。

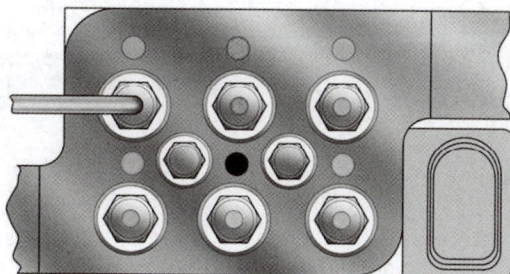

图 4-10　电磁阀体

7. 空气悬架

空气悬架采用外部引导式,可伸缩膜盒包在一个铝制的缸体内,这样可以改善相应特性。为防止在这个缸体和可伸缩膜盒之间出现脏物,使用一个涨圈封锁住了活塞和缸体之间的区域,为了能以最佳的承载宽度来达到后备厢的最大容积,后桥的空气悬架直径就被限制到最小的尺寸。而为了满足舒适要求,空气的体积又不能太小,为了解决这个矛盾,使用了一个与减振器连在一起的蓄压器,用于额外供应空气,如图4-11所示。

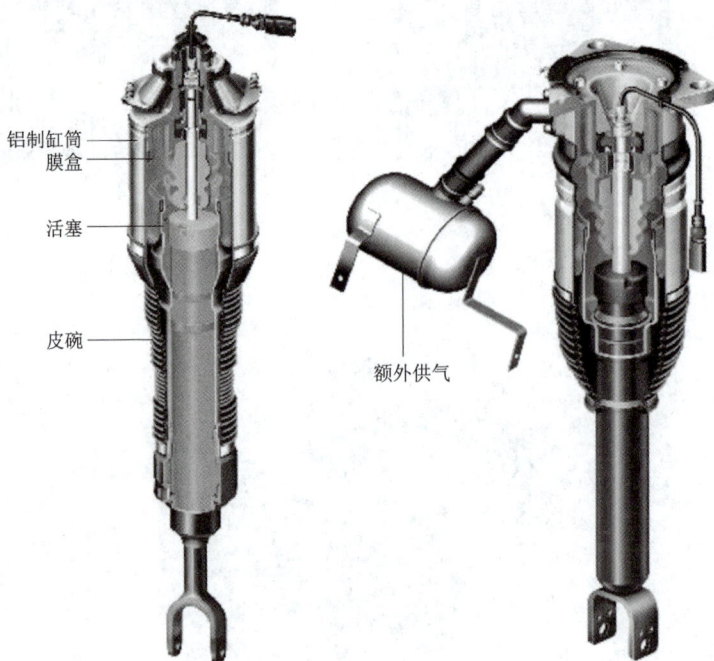

铝制缸筒
膜盒
活塞
皮碗
额外供气

图4-11 空气悬架

8. 蓄压器

蓄压器是铝制的,容积为5.8 L,最大工作压力为16 bar;蓄压器和空气悬架间必须存在至少3 bar的压力差。蓄压器如图4-12所示。

9. 传感器

1)压缩机温度传感器G290

结构:在一个小的玻璃体内有一个负温度系数电阻,其位置如图4-13所示。

功能:G290用于获知压缩机缸盖上的温度。

该传感器的电阻随着温度升高而减小,控制单元会分析这个电阻变化。压缩机最长运行时间就由当时的实际温度来确定。

图4-12 蓄压器

2)压力传感器G291

结构:G291浇铸在电磁阀体内,无法更换。

功能:压力传感器测量前桥、后桥减振支柱和蓄压器内的压力。

G291工作原理同电容测量:压力会引起陶瓷薄膜的偏转,使装在薄膜上的电极与固定在传感器壳体上的电极之间的间距发生改变。两个电极构成一个电容器，两电极之间的距离越小，电容器的电容就越大。传感器内部集成的电子装置将测量的电容值转换成线性输出信号，如图4-14所示。

3）加速度传感器

加速度传感器（图4-15）用来测量车身的加速度，了解车身运动（悬挂质量）和车桥部件（非悬挂质量）的时间变化曲线，使悬架在任何行驶状态下都能调节到最佳减振状态。两个传感器安装在前桥的减振支柱的穹顶内，一个传感器安装在右后车轮罩内。车桥部件（非悬挂质量）的加速度通过分析车辆水平状况传感器的信号来确定。

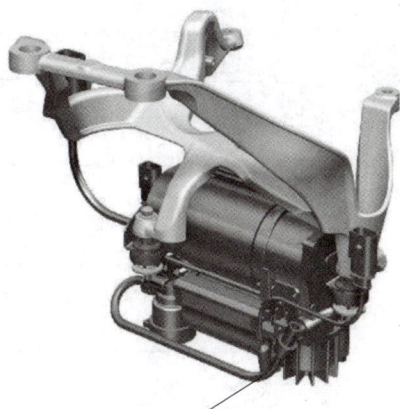

压缩机温度传感器

图 4-13　压缩机温度传感器位置图

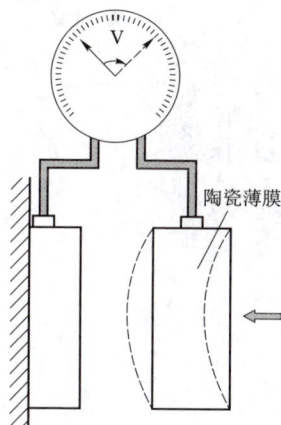

图 4-14　压力传感器原理图

陶瓷薄膜

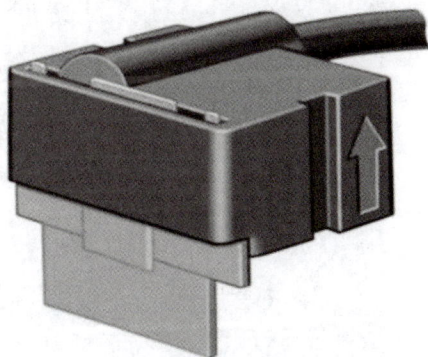

图 4-15　加速度传感器外观图

结构：传感器元件是由数层硅和玻璃组成的，中间的硅层是弹性舌片（振动块）。传感器的灵敏度主要取决于弹簧刚度和舌片的质量。

工作过程：带有金属涂层的振动块作为可动电极来工作，它与上、下对应电极构成电容器，电容值的大小取决于电极面积和电极间距离。静止状态时，振动块处于电极的正中间，分成的两个电容器 C_1 和 C_2 的电容值大小是相等的。加速状态时，振动块由于惯性会偏离中央位置，电极间的距离发生变化，电容值随距离减小而变大。供电电压由空气悬架控制单元来提供，车身加速度当前的电压值可通过测量数据块读出，如图4-16所示。

4）车身高度传感器 G76、G77、G78、G289

其位置及原理如图4-17所示。功能：接收叉形臂和车身之间的距离（车身水平信息），用于确定非悬挂质量的加速度。

10. 调节策略

车身水平高度的变化是以轴来进行的，调节的是车左侧、右侧之间的水平高度差。当车速低于35 km/h时，优先将蓄压器作为能源使用，但前提条件是：蓄压器和空气悬架之间至少存在3 bar的压力差。

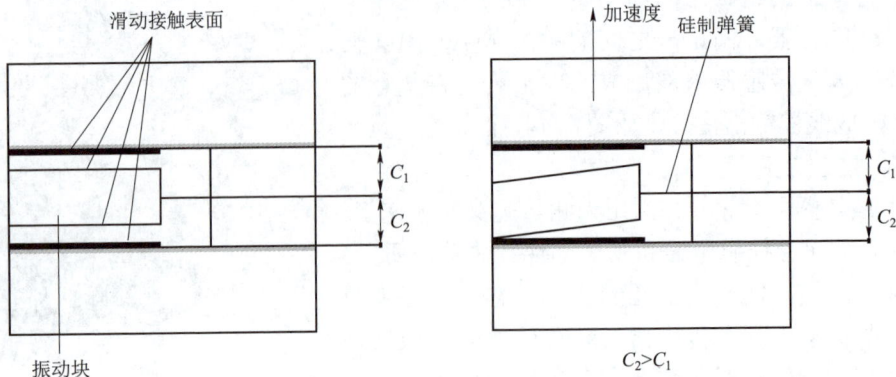

图 4-16　加速度传感器原理

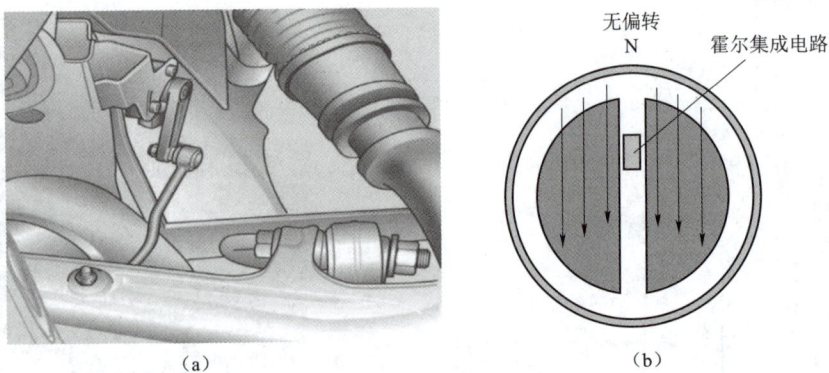

（a）　　　　　　　　　　　　（b）

图 4-17　车身高度传感器位置及原理

（a）位置；（b）原理

车身水平高度的变化过程：

提升：先是后桥升高，然后前桥再升高。

下降：先是前桥下降，然后后桥下降。

该顺序是为了保证即使在大灯照程调节功能失效时，也可避免在调节过程中给对面来车造成眩目。

汽车电控悬架系统有车辆高度状态和减振调节两种调整模式。车辆高度状态由驾驶员意愿和车速来预先确定。减振调节由驾驶员意愿、路面特点、车速、载重、当前行驶状态确定。奥迪 A8 车有两种底盘：一种是标准底盘，另一种是运动底盘。

1）标准底盘

标准底盘中可以手动或自动选择下列程序：

"automatic"（自动）模式：基本高度底盘。在车速超过 120 km/h 的 30 s 后，底盘会下沉 25 mm（高速公路底盘下沉）。底盘下沉可以改善空气动力学性能并降低燃油消耗。

"comfort"（舒适）模式：底盘高度与"automatic"模式是一样的，但在车速低时减振要弱一些，因此与"automatic"模式相比，舒适性更好一些。

"dynamic"（动态）模式：与"automatic"模式相比，底盘下沉 20 mm，并且自动调整到运动模式的减振曲线，在车速超过 120 km/h 的 30 s 后，底盘会再下沉 5 mm。

"lift"（提升）模式：与"automatic"模式相比，底盘提升了25 mm，与"automatic"模式一样以舒适为主，如图4-18所示。

−20 mm

"dynamic"模式：−20 mm

（a）

+25 mm

"lift"模式：+25 mm

（b）

图4-18 标准底盘模式图

（a）"dynamic"模式；（b）"lift"模式

2）运动底盘

"automatic"模式：车身标准水平高度相当于标准底盘"dynamic"模式，带有相应减振特性曲线的偏向运动型调整（比"dynamic"模式更舒适的调整）。从120 km/h开始30 s后再下降5 mm（"高速公路车身降位"）。

"dynamic"模式：车身高度和运动型底盘"automatic"模式一样，带有相应减振特性曲线的偏向运动型的调整。从120 km/h开始30 s后再下降5 mm（"高速公路车身降位"）。

"comfort"模式：车身水平高度和运动型底盘"automatic"模式一样，在低速范围内具有比"automatic"模式更低的减振阻尼，如图4-19所示。

标准水平高度
标准底盘

标准水平高度
运动型底盘（−20 mm）

"dynamic""automatic"和"comfort"模式：运动型底盘的标准水平高度

图4-19 动态底盘模式图

"lift"模式：相对于运动型底盘"automatic"模式车身水平高度提升了25 mm，偏向运动型的调整。

调节概述：车身水平高度的变化是以轴来进行的，调节的是车左侧、右侧之间的水平高度差（如单面加载引起的）。当车速低于 35 km/h 时，优先将蓄压器作为能源使用，但前提条件是：蓄压器和空气弹簧间至少存在 3 bar 的压力差。车身水平高度的变化过程，提升：先是后桥升高，然后前桥再升高；下降：先是前桥下降，然后是后桥下降。这个动作顺序是为了保证：即使在大灯照程调节功能失效时，也可避免在调节过程中给对面来车造成眩目。

3）特殊工况调节

弯道行驶时，悬架的调节过程就被终止，转弯结束后又接着进行调节。车辆是否在转弯可根据转向角传感器和横向加速度传感器的信号来判断，减振阻尼力与当时的行驶状况相适应，因此可以有效地避免出现不必要的车身运动（如摇晃），如图 4-20 所示。

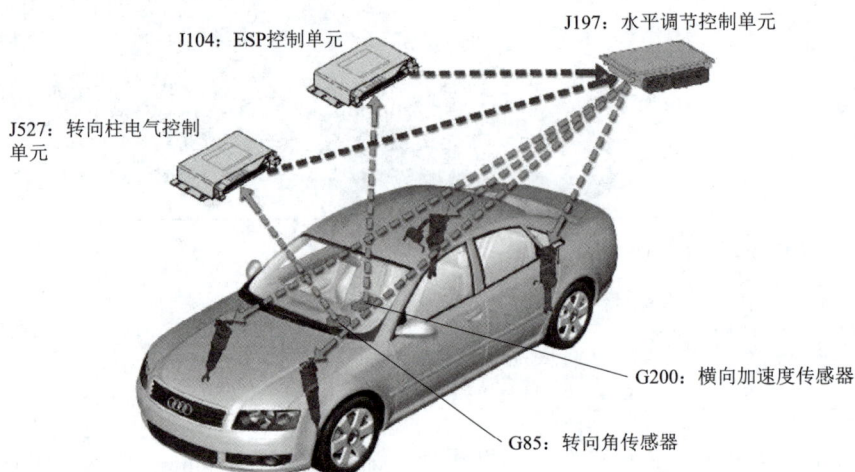

图 4-20　特殊工况调节原理图

制动过程：减振阻尼调节过程主要在 ABS/ESP 制动过程中发挥作用，根据制动压力的大小来进行调节。这样可将汽车栽头和车身的晃动减至最小，转弯时悬架调节如图 4-21 所示。

起步过程：在起步过程中，车身的惯性会导致汽车栽头现象。由于减振阻尼力与当时的行驶状态相适应，这就可以将汽车栽头的现象减至最轻。

图 4-21　转弯时悬架调节图

行驶前和行驶后模式：在车辆行驶前或点火开关接通前，与规定高度的偏差都会得到校正，操纵了车门，后备厢盖或者 15 号线接通，该系统就会被从休眠模式唤醒，进入行驶前模式，高度差（如关闭点火开关后人下车或卸货而造成的）会在行驶后模式下得到校正，如图 4-22 所示。

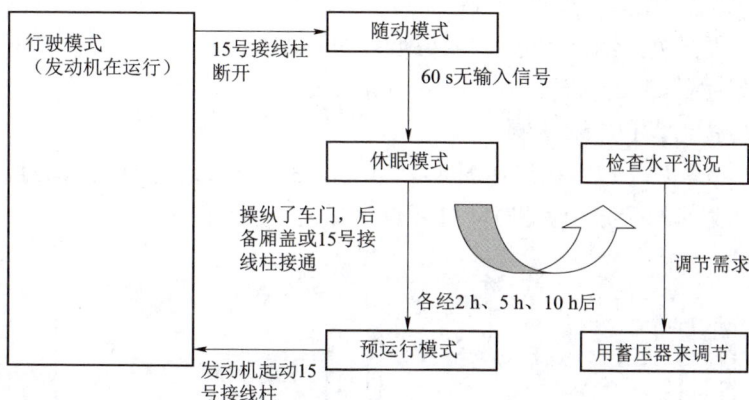

图 4-22　行驶前和行驶后模式

休眠模式：进入行驶后模式 60 s 后若仍无输入信号，系统就进入节能的休眠模式。系统在 2 h、5 h 和 10 h 后会短时脱离休眠模式。

举升机模式：此模式是通过车辆高度传感器信号和静止车辆停止运行时间长度识别出来的。在举升模式中，不会有任何调节过程，故障存储器内无故障存储。

千斤顶模式（维修模式）：这种模式不会被自动识别出来，如果要使用千斤顶，必须关闭自适应空气悬架，这时可在 MMI 中进行设定。可以通过 MMI 或超过 15 km/h 行车来关闭此模式。

应急运行状态：如果识别出系统部件故障或信号故障，就不能保证系统功能的可靠性了，根据故障的严重程度，会起动一个应急运行程序。应急状态是为了保证行驶稳定性，这样可以避免悬架过软。当悬架的调节功能完全失效时，该系统就会被中断供电，于是悬架就硬起来了。

三、工作原理及检测

电控空气悬架系统利用传感器（包括开关）对汽车行驶时路面的状况和车身的状态进行检测，将检测信号输入 ECU 进行处理。ECU 通过驱动电路控制空气悬架系统的执行器动作，完成悬架特性参数的调整。即在车辆行驶过程中，根据实际需要，使悬架系统的基本控制参数（如刚度、阻尼）可随时调节，从而达到最佳的平顺性与稳定的行车状态。

1. 压力传感器 G291 的检测

压力传感器 G291 电路接线如图 4-23 所示，3 根导线均与电控单元 J197 相连，分别为电源线、信号线、接地线。检测时的操作步骤如下：

（1）打开点火开关，用万用表 20 V 电压挡测量电源线与接地线之间电压。电压值应在标准值范围内，否则电控单元 J197 发生故障或传感器与 J197 之间导线发生故障。

（2）运转发动机，用万用表 20 V 电压挡测量信号线与接地线之间电压。电压值应在标准值范围内，否则为传感器损坏。

2. 压缩机温度传感器 G290 的检测

压缩机温度传感器 G290 电路接线如图 4-24 所示，2 根导线均与电控单元 J197 相连，分别为信号线、接地线。

检测时的操作步骤如下：

（1）断开传感器插接器，测量传感器电阻值。电阻值应在标准值范围内，否则传感器损坏。

（2）打开点火开关，测量信号线与接地线之间电压。电压值应在标准值范围内，否则电控单元 J197 发生故障或传感器与 J197 之间导线发生故障。

3. 车身高度传感器 G77 的检测

车身高度传感器 G77 电路接线如图 4-25 所示，3 根导线均与电控单元 J197 相连，分别为接地线、信号线、电源线。检测时，打开点火开关，其操作步骤如下：

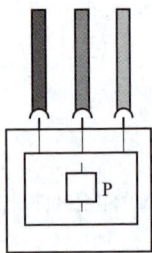

图 4-23　压力传感器 G291
电路接线

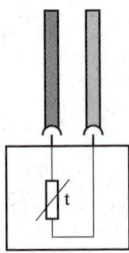

图 4-24　压缩机温度
传感器 G290 电路接线

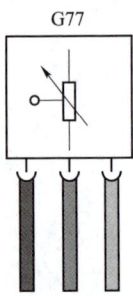

图 4-25　车身高度
传感器 G77 电路接线

（1）用万用表 20 V 电压挡测量电源线与接地线之间电压。电压值应在标准值范围内，否则电控单元 J197 发生故障或传感器与 J197 之间导线发生故障。

（2）弹跳车身，用万用表 20 V 电压挡测量信号线与接地线之间电压。电压应产生变化，否则为传感器损坏。

4. 车身加速度传感器 G343 的检测

车身加速度传感器 G343 电路接线如图 4-26 所示，3 根导线均与电控单元 J197 相连，分别为接地线、信号线、电源线。检测时，打开点火开关，其操作步骤如下：

（1）用万用表 20 V 电压挡测量电源线与接地线之间电压。电压值应在标准值范围内，否则电控单元 J197 发生故障或传感器与 J197 之间导线发生故障。

（2）在快速移动传感器的过程中，用万用表 20 V 电压挡测量信号线与接地线之间电压应产生变化，否则为传感器损坏。

5. 压缩机继电器 J403 的检测

压缩机继电器 J403 电路接线如图 4-27 所示，4 根导线中第一根和第四根与电控单元 J197 相连，分别为接地线、ECU、供电线；第二根和第三根分别为压缩机供电线、蓄电池电源线。检测时的操作步骤如下：

（1）断开继电器插接器，打开点火开关，用万用表 20 V 直流电压挡测量第一根与第四根导线之间电压。电压值应在标准值范围内，否则电控单元 J197 发生故障或传感器与 J197 之间导线发生故障；测量第三根导线电压是否为蓄电池电压，否则该线至蓄电池之间电路发生故障。

（2）连接继电器插接器，打开点火开关，用万用表 20 V 直流电压挡测量第二根线，即压缩机供电线电压应为蓄电池电压，否则继电器损坏。

6. 压缩机电动机 V66 的检测

压缩机电动机 V66 有两根导线，分别为压缩机电动机的接地线和供电线。检测时，断开电动机插接器，其操作步骤如下：

（1）测量电动机绕组的阻值，阻值应在标准值范围内，否则电动机损坏。

（2）打开点火开关，用万用表直流 20 V 电压挡测量供电线电压。电压值应在标准值范围内，否则检查压缩机继电器。

（3）关闭点火开关，用万用表电阻挡测量电动机接地线搭铁是否良好，否则该电路发生故障。

7. 减振器调节阀 N336 的检测

减振器调节阀 N336 电路接线如图 4-28 所示，2 根导线均与电控单元 J197 相连，分别为信号线、接地线。检测时，断开调节阀插接器，其操作步骤如下：

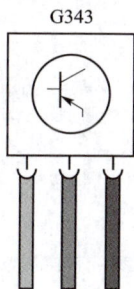

图 4-26　车身加速度传感器 G343 电路接线

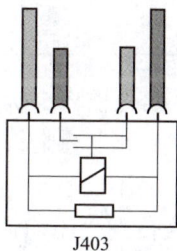

图 4-27　压缩机继电器 J403 电路接线

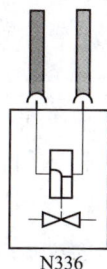

图 4-28　减振器调节阀 N336 电路接线

（1）测量调节阀绕圈阻值，阻值应在标准值范围内，否则调节阀损坏。

（2）打开点火开关，模拟调节阀工作条件，用万用表 20 V 交流电压挡测量信号线与接地线之间的电压。电压值应在标准值范围内，否则电控单元 J197 发生故障或调节阀与 J197 之间导线发生故障。

8. 减振支柱阀 N148 的检测

减振支柱阀 N148 电路接线如图 4-29 所示，2 根导线均与电控单元 J197 相连，分别为电源线、信号线。检测时，断开支柱阀插接器，其操作步骤如下：

（1）测量支柱阀绕圈阻值，阻值应在标准值范围内，否则支柱阀损坏。

（2）打开点火开关，用万用表 20 V 电压挡测量电源线电压。电压值应在标准值范围内，否则电控单元 J197 发生故障或调节阀与 J197 之间导线发生故障。

（3）打开点火开关，模拟支柱阀工作条件，用万用表 20 V 交流电压挡测量信号线与接地之间的电压变化。电压值应在标准值范围内，否则电控单元 J197 发生故障或调节阀与 J197 之间导线发生故障。

9. 排气阀 N111 的检测

排气阀 N111 电路接线如图 4-30 所示，2 根导线均与电控单元 J197 相连，分别为信号线、接地线。检测时，断开排气阀插接器，其操作步骤如下：

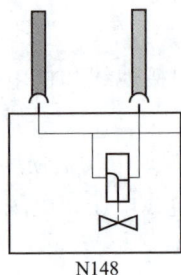

图 4-29 减振支柱阀 N148 电路接线

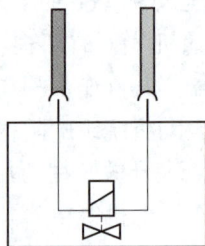

图 4-30 排气阀 N111 电路接线

（1）测量排气阀绕圈阻值，阻值应在标准值范围内，否则排气阀损坏。

（2）打开点火开关，模拟排气阀工作条件，用万用表 20 V 电压挡测量信号线与接地线之间电压。电压值应在标准值范围内，否则电控单元 J197 发生故障或排气阀与 J197 之间导线发生故障。

10. 汽车高度的检查步骤

（1）将 LRC 开关转到"NORM"位置；

（2）使汽车上下跳振几次，以使悬架处于稳定状态；

（3）朝前和朝后推动汽车，以使轮胎处于稳定状态；

（4）将选挡杆放在 N 挡位，挡住车辆不让其滚动，然后松开驻车制动器；

（5）起动发动机，将高度控制开关转到"HIGH"位置，在汽车高度升高的状态下等待 1 min 后，将高度控制开关转到"NORM"位置以使汽车下降。在这种状态下等待 50 s 后，再重复一次上述操作。

（6）测量汽车高度，并与标准值进行比较。

11. 汽车高度的调整步骤

（1）拧松高度控制传感器连接杆上的两个锁紧螺母，如图 4-31 所示；

（2）转动高度控制传感器连接杆的螺栓以调节长度（高度控制传感器连接杆每转一圈能使汽车高度改变大约 4 mm）；

（3）检查高度控制传感器连接杆的尺寸是否小于极限值（前部 5 mm，后部 11 mm）；

（4）暂时拧紧两个锁紧螺母；

（5）再检查一次汽车高度；

（6）拧紧锁紧螺母。

12. 排气阀的检查

（1）拔下空气压缩机继电器，如图 4-32 所示；

（2）跨接继电器座 30、57 端子，强行起动空气压缩机，点火开关"ON"；

（3）压缩机工作一段时间后，检查气动排气阀是否应该排气；

（4）点火开关转到"OFF"位置，清除故障代码。

13. 漏气检查

选择提升模式，使汽车高度上升，关闭发动机后在空气软管和软管接头处涂肥皂水检查是否漏气，如图 4-33 所示。

图 4-31　汽车高度传感器连接杆

图 4-32　空气压缩机继电器

图 4-33　漏气检查

14. 自诊断系统

当电控悬架系统出现故障时，悬架 ECU 将使"NORM"指示灯每秒闪烁一次报警，这时可通过专用仪器进行检查，如图 4-34 所示。

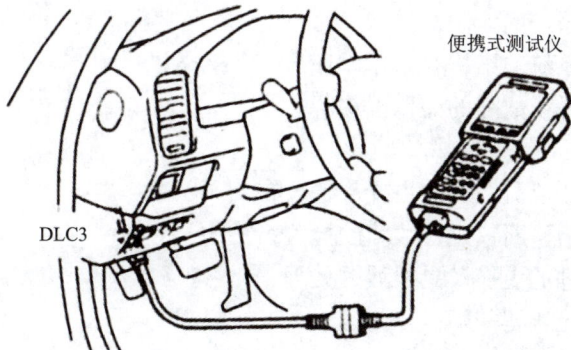

图 4-34　专用仪器检查

注意： 当高度控制开关在"OFF"位置时，会输出故障代码"71"，但这不是故障；当发动机没有起动时，会输出故障代码"73"，这也不是故障；当没有故障代码输出时，应该

检查 T_c 端子电路。

也可用跨接法进行检测，如图 4-35 所示。

（1）将点火开关转到"ON"的位置。

（2）用跨接线跨接诊断插头上的" T_c "和" E_1 "两端。

（3）观察仪表板上高度控制"NORM"指示灯或高度指示灯（HEIGHT HI）的闪烁来读取故障代码。

（4）根据厂家维修手册的资料了解故障代码的含义。手册中故障代码表列出了故障代码及所代表的含义和有问题的元件或电路，有些故障表也列出了维修手册中有相应维修步骤的书页号。对于失效电子系统的元件，常用的维修方法是更换。

（5）当系统故障排除后，应该将故障代码清除。

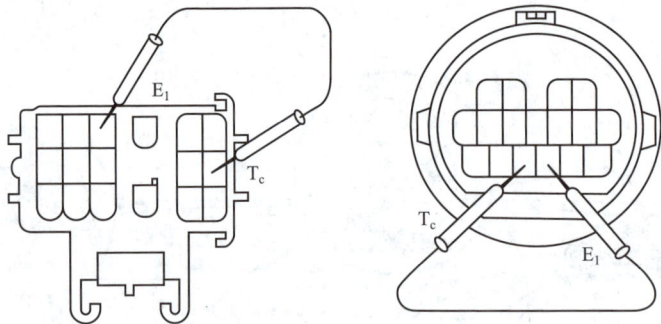

图 4-35　跨接法读取故障代码

✳ 任务二　胎压监测系统结构认识及匹配

【任务目标】

知识目标

1. 了解胎压监测系统的作用及类型；

2. 熟悉胎压监测系统的结构和工作原理；

3. 熟悉胎压监测系统故障的处置方法。

技能目标

1. 能正确定位胎压监测系统的主要部件位置；

2. 能正确利用故障诊断仪进行故障的检测；

3. 能正确进行部件的更换及更换后的处理；

4. 能正确处理常见典型故障；

5. 能正确匹配、检修胎压监测系统。

素质目标

1. 逐步形成良好的职业素养及沟通协作能力；

2. 具备团队协作及分析问题、解决问题的能力；

3. 具备安全文明生产与节能环保的意识，并能实践中有意识地贯彻落实。

【任务实施】

一、接受任务

一辆 2018 年产奥迪 A6L，行驶里程 8.6 万 km。该车在行驶中出现过仪表板上 TPMS（轮胎压力监控系统）故障灯报警的现象。每次故障出现时，都自行检查各轮胎的气压并存储胎压，然后报警灯会熄灭，但车辆行驶一段时间后又会报警。对于最初几次报警车主并没有在意，随着故障变得越加频繁，不得不进站维修。请你学习相关知识，合理选用工具，对胎压监测系统故障进行分析及排除。

二、任务准备

第一部分：信息准备

（1）胎压监测系统主要可分为_____和_____两种。

（2）如图 4-36 所示，左前轮胎压是_____、右前轮胎压是_____、左后轮胎压是_____、右后轮胎压是_____，其中_____胎压偏低了，可能的原因是_____。

图 4-36　胎压显示示意图

（3）胎压监测作用：

① 预防事故发生。

胎压监测系统属于_____安全设备，在轮胎出现_____时及时报警，提醒驾驶员采取相应措施，从而避免严重事故的发生。

② 延长轮胎使用寿命。

有了胎压监测系统，可以随时让轮胎都保持在规定的_____、_____范围内工作，从而减少车胎的损毁，延长轮胎使用寿命。在轮胎气压不足时行驶，当车轮气压比正常值下降 10% 时，轮胎寿命就减少_____。

③ 更为经济。

当轮胎内的气压过低时，会增大轮胎与地面接触面积，从而增大_____；当轮胎气压低于标准气压值 30% 时，油耗将上升_____。

（4）工作原理：

① 汽车自带胎压监测系统属于间接式的胎压监测，原理：当汽车车胎的气压_____时，车辆的质量会使车轮的半径_____，导致其转速比其他车轮_____，然后通过比较车轮之间的转速差别，达到监测_____的目的。

② 安装的胎压监测器属于直接式的胎压监测装置，是利用安装在车轮上的_____来直接测量轮胎的气压，利用_____发射器将压力信息从轮胎发送到中央接收器模板上的系统，通过行车电脑屏可以实时查看四条轮胎的_____数据，当某个轮胎压力异常时会发出警报声，显示屏上会显示是_____发生了问题。

（5）根据相关知识，查阅资料，小组讨论并分析故障可能的原因。

第二部分：制订计划

（1）需要准备的工具，请填表4-5。

表4-5 需要准备的工具

序号	名称	序号	名称	序号	名称	序号	名称
1		5		9		13	
2		6		10		14	
3		7		11		15	
4		8		12		16	

（2）操作过程中注意事项。

（3）参照维修手册，结合所学知识，制订故障排除方案。

（4）根据计划，完成小组成员任务分工。

第三部分：实施计划

（1）相关信息填写：车辆型号＿＿＿＿＿＿＿＿＿。

（2）根据维修手册写出轮胎气压传感器的更换步骤。

（3）实施维修，并填表4–6。

表4–6 维修记录

项目	作业记录	备注
一、安全、防护检查		
二、症状		
三、故障现象确认	确认故障症状并记录症状现象（根据不同故障范围，进行功能检测，并填写检测结果）	
四、故障代码检查		

项目	作业记录	备注
五、正确读取数据和清除故障代码（当定格数据和动态数据中不存在反映故障代码特征的相关数据时，应填写"无"）	1. 定格数据记录（只记录故障发生时的数据帧内容）包括： （1）基本数据： （2）定格数据中除基本数据外的反映故障代码特征的相关数据： 2. 与故障代码特征相关的动态数据记录 3. 清除故障代码 4. 确认故障代码是否再次出现，并填写结果	
六、确定故障范围	根据上述检查进行判断并填写可能的故障范围。	
七、基本检查		

项目	作业记录	备注
八、部件测试	对被怀疑的部件进行测试，须注明元件名称／插接件代码、针脚编号和测量结果：	
九、电路测量	对被怀疑的线路进行测量，须： （1）注明插件代码和编号，控制单元针脚代号以及测量结果： （2）记录相关波形：	
十、故障部位确认和排除	根据上述的所有检测结果，确定故障内容并注明： （1）确定的故障是： （2）故障点的排除处理说明：	

项目	作业记录	备注
十一、维修结果校验	1. 维修后故障代码读取，并填写读取结果	
	2. 与原故障代码相关的动态数据检查结果	
	3. 相关波形	
	4. 维修后的功能确认并填写结果	

（4）场地恢复，6S 管理。

第四部分：评价反馈

任务评价如表 4-7 所示。

表 4-7　任务评价

序号	评价项目	评价指标	分值	自评（25%）	互评（25%）	师评（50%）	合计
1	知识目标（25%）	了解胎压监测系统的作用	5				
		了解常见胎压监测系统的类型及特点	5				
		熟悉典型胎压监测系统的结构	5				
		掌握典型胎压监测系统的工作原理	5				
		熟悉胎压监测系统故障的处置方法	5				
2	能力目标（50%）	能正确地制订维修计划	5				
		能正确选用工具	5				
		能正确定位胎压监测系统的主要部件位置	5				
		能正确利用故障诊断仪进行故障的检测	10				
		能正确进行部件的检测、更换及更换后的处理	10				

续表

序号	评价项目	评价指标	分值	自评（25%）	互评（25%）	师评（50%）	合计
2	能力目标（50%）	能正确地匹配、检修胎压监测系统	10				
		能完整、规范地完成任务单	5				
3	素质目标（25%）	良好的劳动素养	5				
		良好的职业规范	5				
		表达能力、团队意识	5				
		创新意识	5				
		搜集、利用资源的能力	5				
合计			100				
综合得分及评价							

【相关知识】

一、胎压监测系统概述

1. 胎压监测系统的发展

在汽车高速行驶过程中的轮胎故障是所有驾驶员最为担心和最难预防的，也是突发性交通事故发生的重要原因。高速公路上发生的事故中有很大一部分是由爆胎所引起的，对于预防爆胎的最好方法就是提前预知轮胎压力不足并及时防范。轮胎压力监测系统即是基于以上原因应运而生的。其主要功能是对汽车轮胎气压进行自动监测，当轮胎状态处于不安全时进行报警，提醒驾驶员及时采取措施，避免车辆行驶在不安全状态下，从而实现主动保护功能。胎压监测系统（图4-37）简称"TPMS"，即"Tire Pressure Monitoring System"的缩写，它是汽车电气系统中非常重要的一部分，通过记录轮胎转速或安装在轮胎中的电子传感器，对轮胎的各种状况进行实时自动监测，为行驶提供有效的安全保障。汽车现有的安全装置，如ABS、安全气囊等，均是被动型安全系统，即在事故发生时才起到保护人身和汽车安全的作用；而TPMS属于主动型安全系统，即在轮胎出现危险征兆时及时报警，提醒驾驶员采取措施，将事故扼制在萌芽状态，确保汽车在行驶过程中轮胎始终处于安全状态。

TPMS已有近30年的发展历史。在这期间，直接式TPMS逐渐取代间接式TPMS成为主流，全球主要汽车市场绝大多数都已通过安装TPMS的强制性法规，TPMS已在全球市场得到广泛应用。1997年，通用汽车率先开始使用间接式TPMS，这可以视为TPMS产业的开端；2000年，推出了直接式TPMS，TPMS市场迎来技术变革；随后，众多汽车厂商纷纷开始配置TPMS，但因成本、轮胎安全意识薄弱等原因，TPMS主要应用于中高端车型。2005

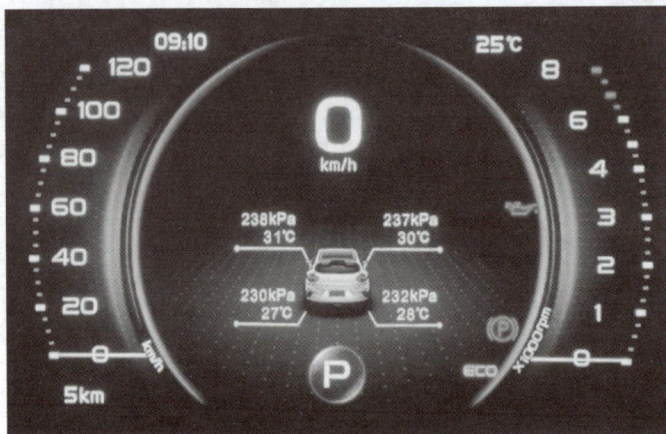

图 4-37　胎压监测显示

年，美国率先制定 TPMS 强制性法规，要求 2007 年 9 月 1 日以后出售的轻型车必须全部安装 TPMS，TPMS 市场迎来重要拐点；紧接着，欧盟、韩国、日本等纷纷通过 TPMS 强制性法规，中国也已在 2019 年 1 月 1 日开始实施的《乘用车轮胎气压监测系统的性能要求和试验方法》中，要求 M1 类车上要强制安装胎压监测装置。从 2020 年的 1 月 1 日开始，我国的所有乘用车辆都实现强制性安装该装置。

2. 系统类别

胎压监测系统主要可分为两种：一种是间接式胎压监测系统，是通过轮胎的转速差来判断轮胎是否异常；另一种是直接式胎压监测系统，通过在轮胎里面加装四个胎压监测传感器，在汽车静止或者行驶过程中对轮胎气压和温度进行实时自动监测，并对轮胎高压、低压、高温进行及时报警，避免因轮胎故障引发交通事故，以确保行车安全。

1）间接式胎压监测系统

间接式胎压监测系统又称为 WSB TPMS，WSB TPMS 需要通过汽车的防抱死系统（ABS）的轮速传感器来比较轮胎之间的转速差别，以达到监测胎压的目的。ABS 通过轮速传感器来确定车轮是否抱死，从而决定是否起动 ABS。当轮胎压力降低时，车辆的质量会使轮胎直径变小，车速就会产生变化。车速变化就会触发 WSB TPMS 的报警系统，从而提醒驾驶员注意轮胎胎压不足。因此间接式的 TPMS 属于被动型 TPMS。

2）直接式胎压监测系统

直接式胎压监测系统又称为 PSB TPMS，PSB TPMS 是利用安装在轮胎上的压力传感器来测量轮胎的气压和温度，利用无线发射器将压力信息从轮胎内部发送到中央接收器模块上的系统，然后对轮胎气压数据进行显示。当轮胎出现高压、低压、高温时，系统就会报警提示驾驶员。并且驾驶员可以根据车型、用车习惯、地理位置自行设定胎压报警值范围和温度报警值。因此直接式的 TPMS 属于主动型 TPMS。

3）胎压监测系统对比

直接系统可以提供更高级的功能，随时测定每个轮胎内部的实际瞬压，很容易确定故障轮胎。间接系统造价相对较低，已经装备了 4 轮 ABS（每个轮胎装备 1 个轮速传感器）的汽车只需对软件进行升级即可。但是，间接系统没有直接系统准确率高，它不能确定故障轮胎，而且系统校准极其复杂，在某些情况下该系统会无法正常工作，例如同一车轴的 2

个轮胎气压都低时。

还有一种复合式 TPMS，它兼有上述两个系统的优点，它在两个互相成对角的轮胎内装备直接传感器，并装备一个 4 轮间接系统。与全部使用直接系统相比，这种复合式系统可以降低成本，克服间接系统不能检测出多个轮胎同时出现气压过低的缺点。但是，它仍然不能像直接系统那样提供所有 4 个轮胎内实际压力的实时数据。

3. 胎压监测系统作用

胎压监测系统不仅能在轮胎出现高压、低压、高温时报警，提醒驾驶员注意行车安全，而且也能帮助节油，成为汽车低碳环保一族。

胎压监测系统相关统计数据显示：汽车缺气行驶将多消耗 3.3% 的燃油。轮胎有缓慢自然漏气的现象，长期低气压行驶将造成燃油的过多消耗。

通过胎压监测系统可以时刻了解轮胎状况，预防爆胎，节油环保。

二、胎压监测系统组成及原理

胎压监测系统主要由安装在汽车轮胎内的压力和温度传感器、信号处理单元（MCU）、RF 发射器组成的 TPMS 发射模块、天线以及安装在汽车驾驶仪表台上的数字信号处理单元（ECU）、RF 接收器、液晶显示器（LCD）等组成，如图 4-38 所示。

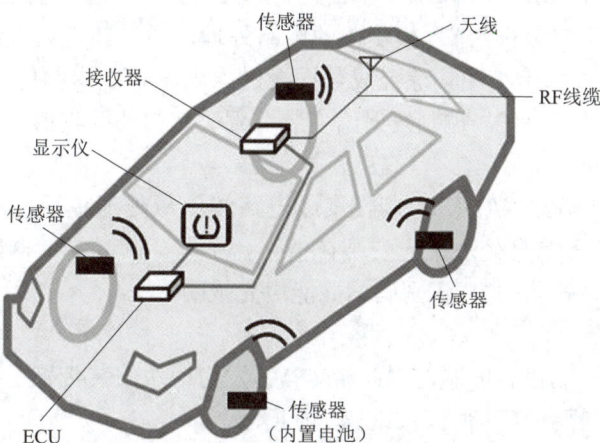

图 4-38　胎压监测系统组成

当 4 个轮胎中的任何一个轮胎的气压严重下降时，胎压监测系统会对驾驶员发出警报，并使驾驶员能够在驾驶时通过液晶显示器观察各个轮胎气压。系统通过驾驶员侧后窗玻璃中的调幅 / 调频天线格栅、天线模块、仪表板集成模块（DIM）、仪表板组合仪表（IPC）、4 个轮胎车轮总成中的射频发射压力传感器和串行数据电路来执行系统功能。当车速低于 32 km/h 时传感器进入"静止"模式，在此模式下传感器通过调幅 / 调频天线格栅每 60 min 向天线模块发射一次信号，以尽可能降低传感器电池电量的消耗。当车速增加到 32 km/h 时，离心力使传感器的内部滚动开关闭合，从而使传感器进入"行驶"模式。在此模式下传感器每 60 s 向天线模块发射一次信号。

如果胎压监测系统检测到轮胎气压明显下降，则驾驶员信息中心相应的显示灯会闪烁；同时，仪表板组合仪表上的轮胎气压过低警告灯会亮。将轮胎气压调整到标准值可以使组合仪表上的警告灯熄灭。天线模块能够检测到胎压监测系统内的任何故障。

若检测到故障就会导致驾驶员信息中心显示"SERVICE TIRE MONITOR"（维修轮胎监测系统）警告信息。

1. TPMS 传感器

TPMS 传感器是一个集半导体压力传感器、半导体温度传感器、数字信号处理单元和电源管理器于一体的片式系统模块。为了强化胎压监测功能，有不少 TPMS 传感器模块内还增加了加速度传感器、电压检测芯片、内部时钟、看门狗。这些功能芯片使得 TPMS 传感器不仅能实时监测汽车开动中的轮胎压力和胎内温度的变化，而且还能实现汽车移动中即时开机、自动唤醒、节省电能等功能。电源管理器确保系统实现低功耗，使 1 块锂电池可以使用 3～5 年。

凯迪拉克 CTS 的 TPMS 传感器采用硅压阻式压力传感器。为了便于 TPMS 接收器的识别，压力传感器都具有 4～8 位独特的 ID 码。其结构如图 4-39 所示。

在"静止"模式下，每个传感器每 20 s 进行一次气压测量采样。如果轮胎气压与上次测量值相比增加或减小超过 11 kPa，则将立即进行重新测量，以确认气压变化值。如果气压确实发生了变化，传感器会发送一个"重新测量"信号给天线模块。当天线模块在传感器读入模式下收到重新测量信号时，它会将传感器识别码指定给车上的该位置。

2. 压力/温度信号处理与发射

压力/温度信号经 TPMS 传感器模块内的电路处理，通过其串行外设接口传输给安装在发射模块内的信号处理单元，经其综合成数据流进入同一封装内的射频（RF）发射集成电路，按设定的超高频率（UHF）调制发射给安装在驾驶室内的接收器。

3. TPMS 接收器和显示器

TPMS 接收器由 UHFASK/FSKRF 接收集成电路和信号处理单元、键盘、液晶显示器组成。RF 接收集成电路和信号处理单元安装在一个盒子里。液晶显示器能实时显示每个轮胎的压力、温度和每一个轮胎的 ID 识别码，并能声光报警。

4. TPMS 发射模块

由于现在的汽车轮胎没有内胎，因此给 TPMS 发射模块安装带来了极大的方便。一般轿车的发射模块安装在轮胎气门嘴上，如图 4-40 所示。

图 4-39　TPMS 传感器

图 4-40　TPMS 发射模块安装位置

三、胎压监测系统的匹配与检修

1. 胎压监测系统的匹配

胎压监测系统的匹配即初始轮胎的匹配，具体操作如下：

（1）打开汽车电源；

（2）对一个轮胎进行放气操作，直到显示器报警；

（3）关闭汽车电源，再打开，匹配完成，显示器显示该轮胎实际胎压值；

（4）对其余轮胎依次进行以上操作；

（5）如果必要则补气到所需胎压。

2. 胎压监测系统检修

配置有胎压监测系统的车辆，驾驶员能通过仪表信息显示屏及时观察到当前的胎压状况。以别克君威轿车为例，车辆静止时，传感器内部加速计未起动，从而使传感器进入静止状态。在这种状态下，传感器每30 s采样轮胎气压一次，如果轮胎气压不变，则不进行发射。随着车速增加至20 km/h以上，离心力起动传感器内部加速计，从而导致传感器进入滚动模式。如果车身控制模块的电源被切断或车辆蓄电池被断开，每个轮胎气压传感器识别码都被保留，但所有的轮胎气压信息都将丢失。在这些情况下，驾驶员信息中心将都显示为横线（图4-41），且故障诊断仪将为每个轮胎指示一个默认的轮胎气压值1 020 kPa。当以高于20 km/h的速度驾驶车辆至少2 min后，将起动传感器，使驾驶员信息中心显示当前轮胎气压。同时，车身控制模块可以在胎压监测系统中检测到故障，并设置一个故障诊断码，组合仪表上的胎压监测指示灯图标将闪烁1 min，在点火开关置于ON位置且组合仪表灯检测完成之后，指示灯图标将保持常亮。如检测到任何故障，驾驶员信息中心将会显示一个维修胎压监测系统型号的信息。

图4-41 胎压监测系统仪表显示

1）获取胎压信息

传感器安装在轮胎内部，发送带有识别信息、压力和温度的射频信号。遥控功能执行器模块（RFA）能接收传感器的信号，但它没有进一步处理信号的能力，只是简单地把传感器的数据发送给位于汽车车身控制模块中的TPMS应用软件，由汽车车身控制模块中的应用软件按照相应的运算法则来进行处理。最后，由汽车车身控制模块将相应的信息发送给仪表盘和驾驶员信息中心。

2）胎压传感器的读入程序

胎压传感器的读入程序分为专用模块读入方法和手动读入方法两种。

（1）专用模块读入方法。

① 使用J-46079胎压检测仪，启动轮胎气压监测读入模式。若听到喇叭发出两声"嘀嘀"声并启动转向信号灯，表示读入模式已经启动，左前转向信号灯也将点亮。

②从左前轮胎开始，将J-46079的天线朝上顶住气门芯位置，紧贴车轮轮辋的轮胎侧

壁,以启动传感器。按下然后松开启动按钮并等待喇叭发出"嘀嘀"声。一旦所有转向信号灯启动持续 3 s 并且喇叭发出"嘀嘀"声,已读入传感器信息,并且下一读入位置的转向信号将点亮。

③ 喇叭发出"嘀嘀"声,并且下一读入位置的转向信号亮后,按以下顺序重复步骤②以启动其余 3 个传感器:右前、右后、左后。

④ 当已读入左后传感器时,所有转向信号灯被启动持续 3 s,并且喇叭响起两次"嘀嘀"声,读入过程完成并且车身控制模块退出读入模式。

⑤ 将点火开关置于 OFF 位置,调整所有轮胎至推荐的压力。

(2)手动读入方法。

① 将点火开关置于 ON 位置,按下和释放手柄开关上的"INFO"(信息)按钮,或者按下里程表按钮(取决于驾驶员信息中心等级)直至"TIRE LEARN"(轮胎读入)信息出现在驾驶员信息中心屏幕上。按住"SET/RESET"(设置 / 重置)按钮直至所有转向信号灯被启动持续 3 s,并且喇叭响起两次"嘀嘀"声,显示读入模式已被启动,左前转向信号也将点亮。

② 从左前轮开始,增大 / 减小轮胎气压 8.3 kPa,然后等待喇叭发出"嘀嘀"声。喇叭"嘀嘀"声可出现在压力增大 / 减小前或最多 30 s 后。一旦喇叭发出"嘀嘀"声,读入传感器信息,要读入的下一个位置的转向信号灯将点亮。

③ 喇叭发出"嘀嘀"声,并且下一读入位置的转向信号亮后,按以下顺序重复步骤②以启动其余 3 个传感器:右前、右后、左后。

④ 当已读入左后传感器时,所有转向信号灯被启动持续 3 s,并且喇叭响起两次"嘀嘀"声,读入过程完成并且车身控制模块退出读入模式。

⑤ 将点火开关置于 OFF 位置,调整所有轮胎至推荐压力。

3. 胎压监测系统的常见故障诊断

1)胎压过低

车辆仪表显示:某轮胎胎压过低和胎压灯亮;在旋转菜单后,会出现"请检修胎压监测系统"。

原因:某个或某几个轮胎气压值低。

解决方法:对被提示胎压不足的轮胎充气(达到 240 kPa 即可),然后重新起动汽车。不需要进行轮胎气压指示器传感器读入程序。

2)胎压过高

车辆仪表显示:某轮胎胎压过高;在旋转菜单后,会出现"请检修胎压监测系统"。

原因:某个或某几个轮胎气压值高。

解决方案:对被提示胎压过高的轮胎放气(达到 240 kPa 即可),然后重新起动汽车。不需要进行轮胎气压指示器传感器读入程序。

3)4 个胎压值均不显示

车辆仪表显示:4 个胎压值均不显示。

原因:车辆蓄电池被断开过。

解决方案:汽车行驶后可恢复正常。

4)部分胎压值不显示

车辆仪表显示：部分胎压值（可能 1 个、2 个或 3 个）不显示和胎压灯亮，或者在旋转菜单后会出现"请检修胎压监测系统"。

原因：进行轮胎气压指示器传感器读入程序时，读入错误的胎压传感器位置或者车辆改装电气系统（如加装 DVD 等），干扰了接收器接收胎压传感器的信号。

解决方案：使用正确的胎压诊断工具或充放气方法重新执行轮胎气压指示器传感器读入程序；如果由于改装或加装 DVD 系统，导致释放出的干扰信号较强，则必须先排除电磁干扰。

5）胎压监测系统读入不成功

车辆仪表显示：4 个胎压值均不显示和胎压灯亮，在旋转菜单后会出现"请检修胎压监测系统"。

原因：车身控制模块软件和标定不是最新版本；传感器故障；车辆改装 DVD，干扰了接收器接收胎压传感器的信号。

解决方案：重新编程更新车身控制模块软件，然后进行轮胎气压指示器传感器读入程序；更换新胎压传感器；如果由于改装加装的 DVD 释放出的干扰信号较强，则必须排除电磁干扰。

项目五
电动助力转向系统检修

项目描述

电动助力转向（Electronic Power Steering，EPS）系统在低速行驶时可使转向轻便、灵活；当汽车在中高速区域转向时，又能保证提供最优的动力放大倍率和稳定的转向手感，从而提高高速行驶的操纵稳定性。本次任务就电动助力转向系统的相关知识进行学习。

任务　EPS 系统检修

【任务目标】

知识目标

1. 熟悉 EPS 系统的组成及工作原理；
2. 熟悉 EPS 系统的基本组成及工作原理；
3. 掌握 EPS 系统主要部件的结构及工作原理；
4. 熟悉各元件的检测方法。

技能目标

1. 能对 EPS 系统各部件进行拆装；
2. 能对动力转向辅助电动机进行更换；
3. 能对 EPS 系统各部件进行检测；
4. 能对 EPS 系统控制模块进行校准与对中。

素质目标

1. 逐步形成良好的职业素养及沟通协作能力；
2. 具备团队协作及分析问题、解决问题的能力；
3. 有安全文明生产与节能环保意识，并能在实践过程中进行贯彻。

【任务实施】

一、任务描述

一辆雪佛兰科鲁兹轿车，行驶 7 万 km。汽车转向时在某个方向上助力太困难，且转向系统故障灯点亮。请你学习相关知识，合理选用工具，对 EPS 系统进行故障分析及排除。

二、任务准备

第一部分：信息准备

（1）常见的动力转向系统按照助力工作介质不同，分为：＿＿＿＿＿＿、＿＿＿＿＿和＿＿＿＿＿＿三种类型。

（2）电动助力转向系统英文 Electronic Power Steering，简称＿＿＿＿＿，驾驶员在操纵转向盘进行转向时，转矩传感器检测到转向盘的转向以及＿＿＿＿＿，将电压信号输送到电子控制单元，电子控制单元根据转矩传感器检测到的转矩电压信号、转动方向和车速信号等，向电动机控制器发出指令，使＿＿＿＿＿输出相应大小和方向的转向＿＿＿＿＿＿，从而产生辅助动力。

（3）电动助力转向系统由集成在转向柱（或转向器）上的＿＿＿＿＿、车速传感器、机械助力装置、转向机及电脑控制单元组成。

（4）在行车过程中，驾驶员通过＿＿＿＿＿传感器来确定所施加的转向力矩的大小，从而得到需要的转向助力力矩。

（5）电动助力转向系统可以根据速度改变助力的大小，能够让转向盘在低速时更＿＿＿＿＿，而在高速时更＿＿＿＿＿。

（6）电动助力转向系统与液压助力转向系统相比有什么优点？

（7）根据电动机对转向系统产生助力的部位不同，电动助力转向系统分为＿＿＿＿、＿＿＿＿＿和＿＿＿＿＿三种类型。

（8）如图 5-1 所示，通过查询资料填写图示序号各部件名称及作用于表 5-1 中。

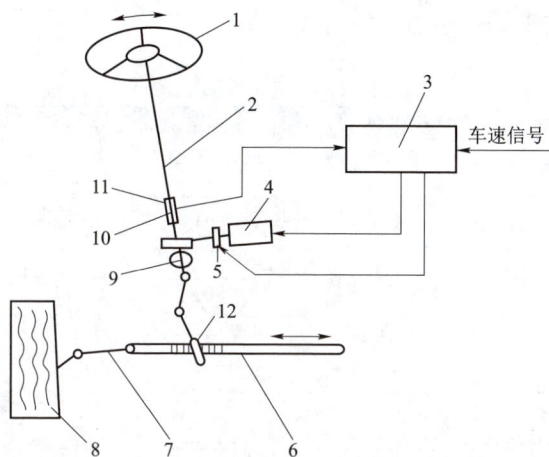

图 5-1　电动助力转向系统结构图

表 5-1　各部件名称及作用

序号	部件名称	作用
1		
2		
3		
4		
5		
6		
7		
8		
9		
10		
11		
12		

（9）通过查询科鲁兹维修手册，画出电动助力转向系统电路图。

（10）通过查询科鲁兹维修手册，填写表5-2。

表5-2　故障代码的含义

故障代码	代表的含义
C005B	
C0176	
C044A	
C0456	
C0475 00	
C047A	
C0544	
C0545	

运行 C0475 00 故障代码的条件是：_____。

设置 C0475 00 故障代码的条件是：_____。

清除 C0475 00 故障代码的条件是：_____。

运行 C047A 故障代码的条件是：_____。

设置 C047A 故障代码的条件是：_____。

清除 C047A 故障代码的条件是：_____。

（11）根据相关知识，小组讨论并分析故障灯点亮可能的原因。

第二部分：制订计划

（1）需要准备的工具，请填表5-3。

表5-3　需要准备的工具

序号	名称	序号	名称	序号	名称	序号	名称
1		5		9		13	
2		6		10		14	
3		7		11		15	
4		8		12		16	

（2）操作过程中注意事项。

（3）参照维修手册，结合所学知识，制订故障排除方案。

（4）根据计划，完成小组成员任务分工。

第三部分：实施计划

（1）相关信息填写：

① 情境模拟，角色扮演客户与服务顾问，进行接车环节演练。

② 环车检查，记录车辆基本信息：_____。

车辆品牌型号：_____。

车辆 VIN 号码：_____。

车辆行驶里程：_____。

车辆外观检查结果：_____。

（2）查询维修手册，填写电动助力转向系统相关紧固件信息于表 5-4 中。

表 5-4　电动助力转向系统相关紧固件

序号	应用	规格
1	动力转向辅助电动机螺栓	
2	转向机电磁阀螺栓	
3	转向机螺栓	
4	转向传动机构内转向横拉杆	
5	中间转向轴下螺栓	
6	转向传动机构外转向横拉杆螺母	

（3）电动助力转向系统的检测。

① 目视 / 外观检查。

目视检查_____。

外观检查＿＿＿＿＿＿＿＿＿＿＿＿＿＿＿＿＿＿＿＿＿＿＿＿＿＿＿＿＿＿＿＿＿＿。

② 根据维修手册，写出电动助力转向系统中发出"咔嗒"声、沉闷金属声或"嗡嗡"声的检查操作步骤。

（4）使用故障诊断仪读取故障代码和数据流。

① 读取故障代码，并记录故障代码及描述：

＿＿＿＿＿＿＿＿＿＿＿＿＿＿＿＿＿＿＿＿＿＿＿＿＿＿＿＿＿＿＿＿＿＿＿＿＿＿＿

＿＿＿＿＿＿＿＿＿＿＿＿＿＿＿＿＿＿＿＿＿＿＿＿＿＿＿＿＿＿＿＿＿＿＿＿＿＿＿

＿＿＿＿＿＿＿＿＿＿＿＿＿＿＿＿＿＿＿＿＿＿＿＿＿＿＿＿＿＿＿＿＿＿＿＿＿＿＿

＿＿＿＿＿＿＿＿＿＿＿＿＿＿＿＿＿＿＿＿＿＿＿＿＿＿＿＿＿＿＿＿＿＿＿＿＿＿＿

② 通过引导性功能读取 6 组（转向盘电子装置）数据流并记录。

＿＿＿＿＿＿＿＿＿＿＿＿＿＿＿＿＿＿＿＿＿＿＿＿＿＿＿＿＿＿＿＿＿＿＿＿＿＿＿

＿＿＿＿＿＿＿＿＿＿＿＿＿＿＿＿＿＿＿＿＿＿＿＿＿＿＿＿＿＿＿＿＿＿＿＿＿＿＿

＿＿＿＿＿＿＿＿＿＿＿＿＿＿＿＿＿＿＿＿＿＿＿＿＿＿＿＿＿＿＿＿＿＿＿＿＿＿＿

＿＿＿＿＿＿＿＿＿＿＿＿＿＿＿＿＿＿＿＿＿＿＿＿＿＿＿＿＿＿＿＿＿＿＿＿＿＿＿

（5）根据数据流和电路图及检查计划，完成表 5-5。

表 5-5　检测结果

序号	测量位置	实测值	标准值	结论
维修结论				

（6）按照维修手册进行相关部件修理、更换。

（7）电动助力转向系统控制模块校准。

写出转向盘转角传感器对中的操作步骤。

（8）场地恢复，6S 管理。

第四部分：评价反馈

任务评价如表 5-6 所示。

表 5-6　任务评价

序号	评价项目	评价指标	分值	自评（25%）	互评（25%）	师评（50%）	合计
1	知识目标（25%）	动力转向系统的功能和类型、特点	5				
		电动助力转向系统（EPS）的基本组成及工作原理	5				
		EPS系统部件结构及工作原理	10				
		EPS系统的常见问题及检修方法	5				
2	能力目标（50%）	能正确地制订维修计划	5				
		能正确选用工具	5				

序号	评价项目	评价指标	分值	自评（25%）	互评（25%）	师评（50%）	合计
2	能力目标（50%）	能对EPS系统各部件进行拆装	5				
		能对动力转向辅助电动机进行更换	10				
		能对EPS系统各部件进行检测	10				
		能对EPS系统控制模块进行校准与对中	10				
		能完整、规范地完成任务单	5				
3	素质目标（25%）	职业素养	5				
		创新意识、迁移能力	5				
		表达能力、协作能力	5				
		搜集、利用资源的能力	5				
		环保意识、劳动意识	5				
合计			100				
综合得分及评价							

【相关知识】

一、动力转向系统的功能和分类

动力转向系统是指在驾驶员的控制下，借助一定的动力助力方式，对转向器施加作用力以减少驾驶员转动转向盘的操纵力、减轻驾驶疲劳的转向系统。动力转向是以驾驶员对转向盘的操作为输入信号，以作用在转向器上的作用力为输出信号的一种伺服机构。

常见的动力转向系统按照助力工作介质不同，分为：液压助力、气压助力、电动助力三种类型。按照动力源不同，分为：机械液压助力转向（图 5-2）、电动助力转向（图 5-3）两种类型。机械液压助力转向已发展了近一个世纪，技术成熟、成本低廉、普及率也最高。但是机械液压助力转向的缺点是会消耗发动机功率，并且结构复杂，泵、管路、液压缸都需要定期维护保养，液压泵转子与液压油之间的损耗会产生很大的能量损失，而液压泵在不转向时也会消耗能量。电动助力转向是在液压助力机构的基础上发展起来的，它采用独立电动机直接提供助力，助力的大小由电控单元根据车速快慢进行控制。它具有节能、环保（可相应降低排放）、高安全性等特点。电动助力转向有效地解决了车辆在操纵稳定性和转向盘转向手感方面的问题，具有兼顾低速转向轻便性和高速增强路感的优点。

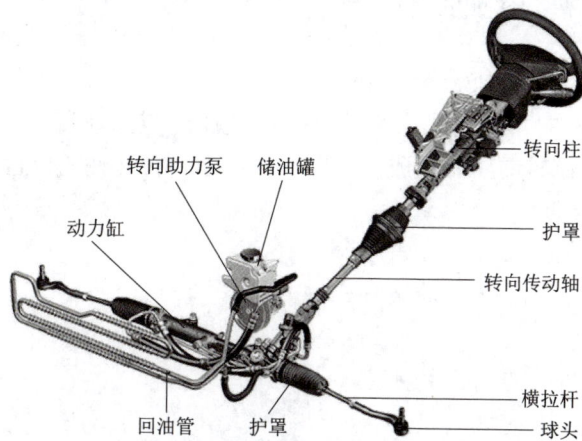

图 5-2　机械液压助力转向系统组成

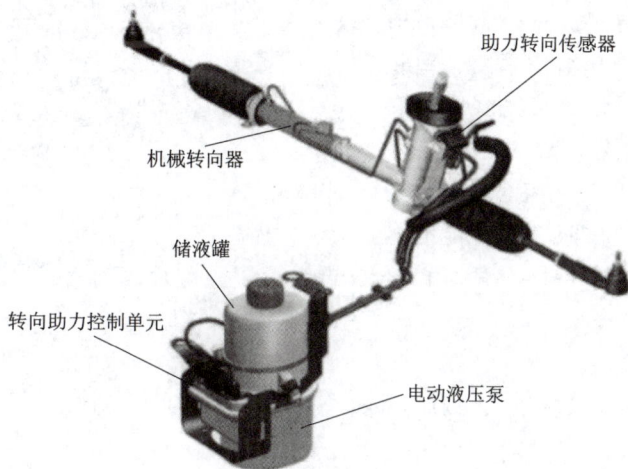

图 5-3　电动助力转向系统组成

二、电动助力转向系统

电动助力转向系统（Electronic Power Steering，EPS）是一种直接依靠电动机提供辅助转矩的动力转向系统。与传统的液压助力转向系统相比，EPS 系统具有很多优点。EPS 系统的功能就是根据各传感器的信号判断驾驶意愿和车辆状态信息，借助于电动机驱动力来对车轮的转向实现不同程度的助力，它是一种智能助力转向系统，能够提供汽车不同工况下转向所需的助力转矩。EPS 系统取消了动力转向泵，简化了转向系统的结构，同时减轻了发动机负荷，使汽车具有较好的燃油经济性。EPS 系统还具有可变助力转向功能、辅助回位功能和转向阻尼调节功能。

一般 EPS 系统应满足以下要求：

（1）优越的操纵性；

（2）合适的转向力；

（3）平顺的回正性能；

（4）要有随动作用；

（5）减小从道路表面传来的冲击；

（6）工作可靠。

1. 电动助力转向系统（EPS）的组成

EPS 系统通常由转向角传感器、转向力矩传感器、电子控制单元（动力转向控制模块）、转向电动机、机械转向器等组成，如图 5-4 所示。各元件的位置因车而异。

2. EPS 系统的优点

（1）采用电力作为转向动力，省去了油压系统，所以不需要给转向油泵补充油，也不必担心漏油。

（2）没有液压式助力转向系统所必需的常运转转向油泵，电动机只是在需要转向时才接通电源，所以动力消耗和燃油消耗均可降到最低。

（3）将各部件装配成一个整体，既无管道也无控制阀，其结构紧凑、重量减轻。一般 EPS 的重量比液压式助力转向系统重量轻 25% 左右。

（4）电动机工作可用 ECU 进行控制，可以比较容易地按照汽车性能的需要设置、修改转向助力特性，具有较好的兼容性。

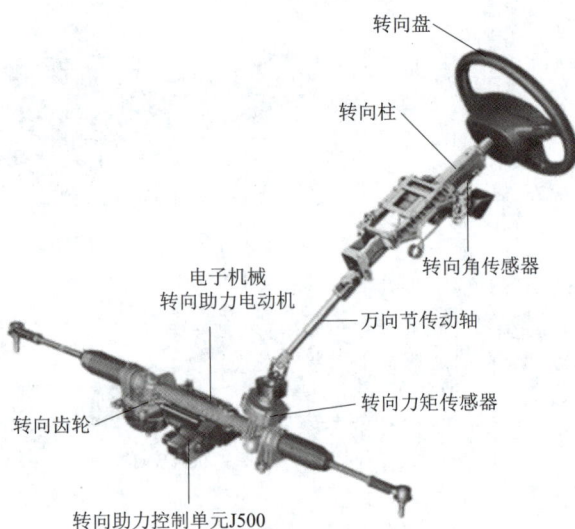

图 5-4　EPS 的组成

3. EPS 系统的分类

根据电动机对转向系统产生助力的部位不同，EPS 系统有三种类型：

1）转向轴助力式

转向助力机械安装在转向轴上。当驾驶员转动转向盘时，控制单元根据接收的转矩、转动方向、车速等信号，控制直流助力电动机的电流。电动机的动力经离合器、电动机齿轮传给转向轴的齿轮，然后经万向节及中间轴传给转向器。

2）转向器小齿轮助力式

转向助力机械安装在转向器小齿轮处。与转向轴助力式相比，可以提供较大的转向力，适用于中型车。

3）齿条助力式

转向助力机械安装在转向齿条处。电动机通过减速传动机构直接驱动转向齿条。与转向器小齿轮助力式相比，可以提供更大的转向力，适用于大型车，对原有的转向传动机械有较大改变。

4. EPS 系统的工作过程

当操纵转向盘时，装在转向轴上的转矩传感器不断测出转向轴上的转矩，并由此产生一个电压信号。该信号与车速信号同时输入电子控制单元，电子控制单元根据这些输入信号进行运算处理，确定助力转矩的大小和转向，即选定电动机的电流和转向，调整转向的助力。电动机的转矩由电磁离合器通过减速机构减速增矩后，加在汽车的转向机构上，使之得到一个与工况相适应的转向作用力。

三、EPS 系统部件结构及工作原理

1. 传感器

系统中的传感器主要有车速传感器、转矩传感器和转向角传感器，其中车速传感器的作用是测量车辆行驶速度，作为电动助力调节的依据。转矩传感器的作用是测量转向盘与转向器之间的相对转矩，以作为转向电动机动力调节的依据。转角传感器的作用是测量转向盘的方向和角度。

1）转矩传感器

转矩传感器也称为转向传感器，其作用是通过测定转向盘与转向器之间的相对转矩，将驾驶员的转向意图反馈给转向助力控制单元，它提供转向助力控制单元控制动力转向电动机电流的主要参数，一般采用非接触式。转矩传感器主要有磁阻式和霍尔式两种。

（1）磁阻式。

磁阻式转矩传感器的结构、原理如图 5-5 所示。它通常是一个电磁感应传感器，其内部有一个磁性转子，圆环中间是扭力杆，该扭力杆能够形成约 5° 的转动角度。转矩传感器安装在转向器总成上，不能单独更换。

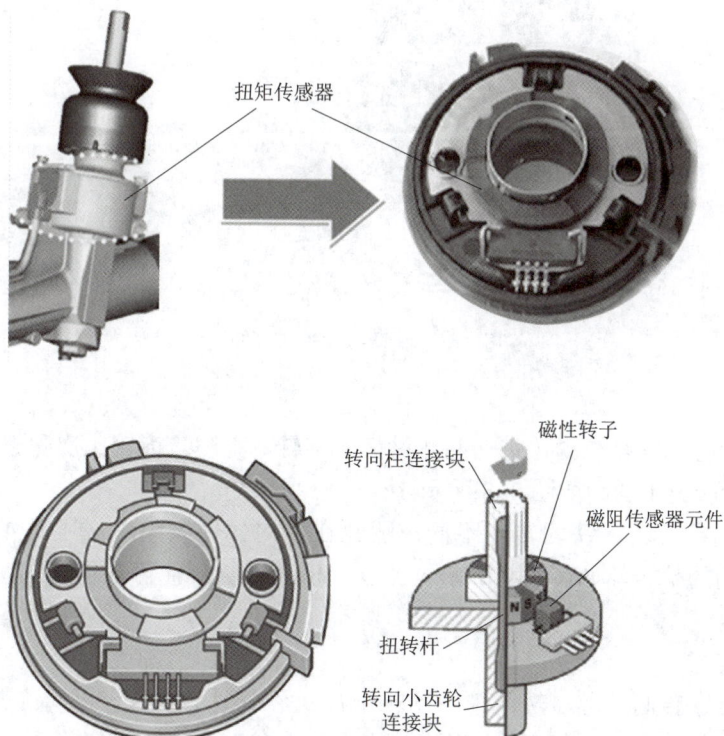

图 5-5　磁阻式转矩传感器外观及原理图

（2）霍尔式。

该扭矩传感器通过霍尔效应在导体的两端产生电势差，主要由定子、磁性转子、霍尔元件等组成。转子由磁性转子组成，固定在输入轴上，主要提供磁场。当转向盘转动时，传感器扭力杆发生扭转变形，导致转子和定子发生转动，使得上下磁轭与磁性转子发生错动，磁通量发生变化，霍尔元件接收到磁通。磁通的变化经过霍尔元件转换为相应的电压变化，从而测量出相应的扭矩大小和方向，如图5-6所示。当磁性转子和霍尔传感器之间产生相对运动时，两个霍尔传感器产生信号，送给控制单元处理。

2）转角传感器

转角传感器主要有光电式、磁阻式和电容式三种。

（1）光电式。

传感器安装于转向柱上，当驾驶员转动转向盘时，转向柱带动转向盘转角传感器的转子随转向盘一起转动，光源就会通过转子缝隙照在传感器的感光元件上产生信号电压。由于转子缝隙间隔大小不同，故产生的信号电压变化也不同，如图5-7所示。

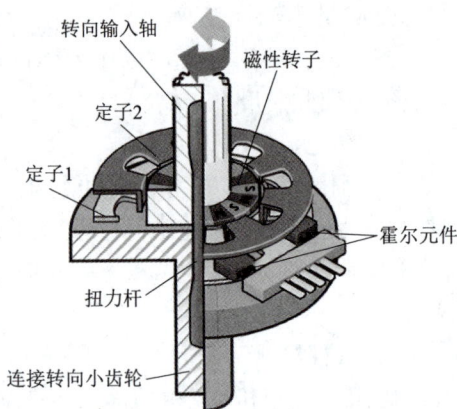

图5-6 霍尔式转矩传感器原理图

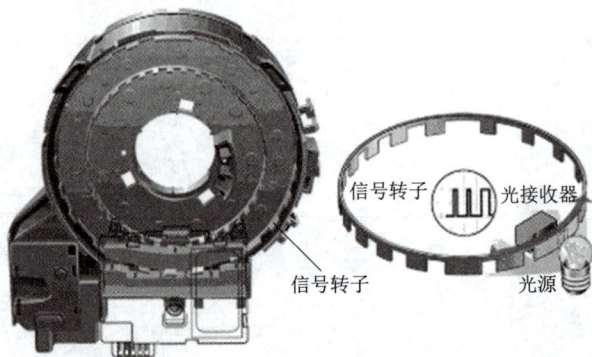

图5-7 光电式转角传感器

（2）磁阻式。

传感器齿轮随转向盘转动，带动两测量齿轮旋转，主测量齿轮比次测量齿轮多两个齿，故两个测量齿轮转速不同，如图5-8所示。

由于两个测量齿轮磁铁的转速不同，因此在各向异性磁阻集成电路中就会产生两个相位和周期不同的信号，如图5-9所示。经过分析和计算后便可测得转向盘的转动方向和角度。

（3）电容式。

传感器安装在转向轴上，转向轴带动转子在9个小型平板电容之间旋转，平板电容器的电容将顺序发生变化，由此可以得到输入轴的旋转信息，如图5-10所示。

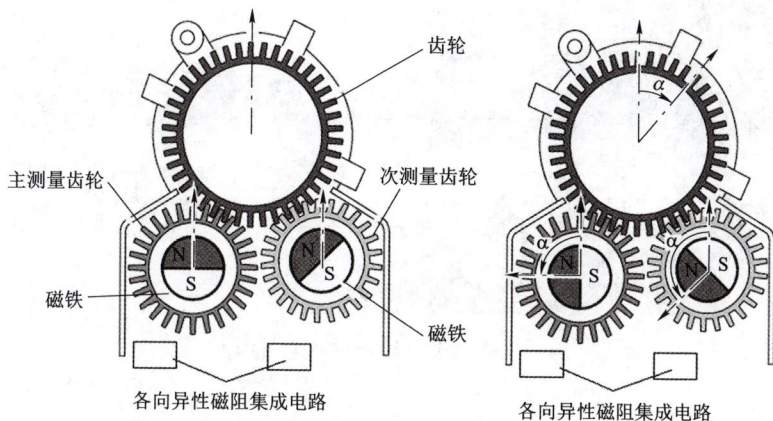

图 5-8 磁阻式转角传感器

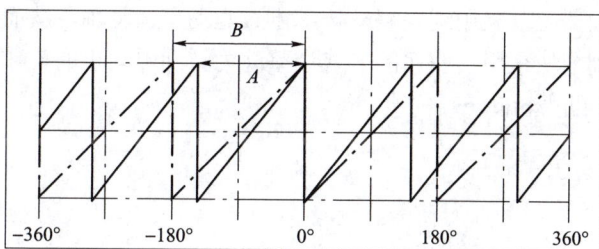

图 5-9 磁阻式转角传感器相位和周期信号

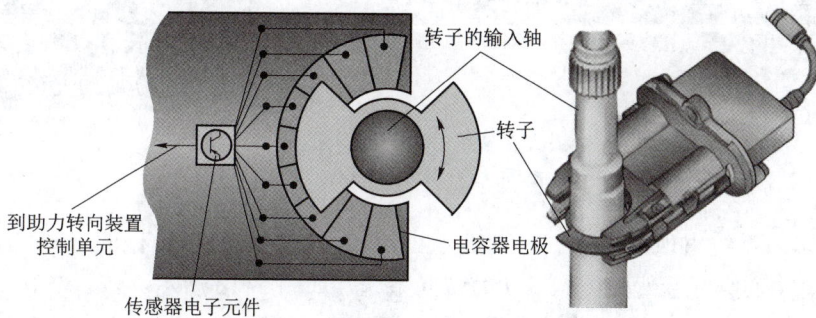

图 5-10 电容式转角传感器

2. 动力转向控制模块

动力转向控制模块通常与转向电动机集成在一起，如图 5-11 所示。

作用：连续监测并处理转矩传感器和电动机转动传感器等信号，以计算转向盘的角度和转动扭矩，并同时根据车速和系统温度（估算值）等信息确定所需助力转矩的大小，从而控制动力转向电动机驱动电流的方向和大小，实现可变助力转向，并防止系统温度过高。

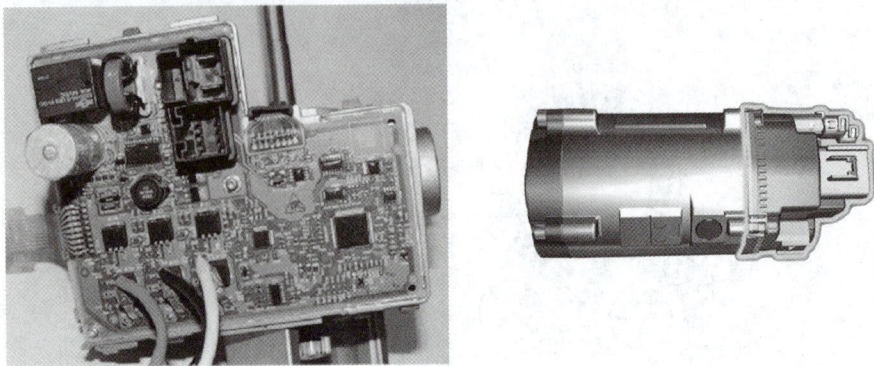

图 5-11　EPS 系统的控制模块

3. 动力转向电动机

动力转向电动机组件包括电动机、电磁离合器和减速机构。

动力转向电动机是助力系统的执行器，它是一个三相感应电动机。如图 5-12 所示，动力转向电动机安装在转向器上，采用蜗轮蜗杆传动方式驱动小齿轮轴，从而使齿条移动，实现助力转向。动力转向控制模块采用占空比的方式调整动力转向电动机的工作电流，以控制其转速大小的变化，实现可变助力转向。

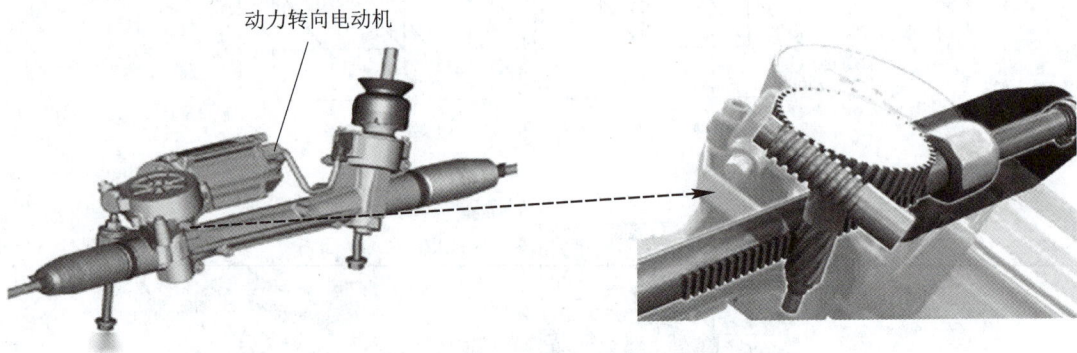

图 5-12　动力转向电动机

当动力转向系统出现故障时，电动机停止工作，转向系统以机械的方式进行工作。同时驾驶员信息中心会提示驾驶员维修动力转向系统，如图 5-13 所示。

图 5-13　转向故障灯

4. 工作过程

驾驶员转动转向盘时，转向器中的扭力杆转动，转矩传感器、转向盘转角传感器、转子转速传感器检测数据，传输给动力转向控制模块，控制模块根据计算必需的助力扭矩，并且起动电动机。

四、EPS 系统的检修

1. 维修注意事项

（1）动力转向控制模块、转矩传感器、电机转动传感器集成在动力转向电动机总成中，其中任何一个部件出现故障均需进行整体维修和更换，不能单独进行维修。

（2）更换新的动力转向电动机总成以及相关维修可能会影响到部件定位、故障指示灯点亮等情况，需要使用诊断仪对 EPS 系统进行设置。

（3）当助力转向系统故障灯点亮或者无故障灯亮但转向异常时，应使用诊断仪记录相应故障代码后进行维修。

2. 动力转向控制模块校准对中学习（以科鲁兹为例）

更换转向机总成或动力转向控制模块后，必须执行动力转向控制模块对中学习程序，以防止转向不良、回正不均匀等故障出现。以下是动力转向控制模块对中学习的操作步骤：

（1）连接故障诊断仪；

（2）起动发动机；

（3）在故障诊断仪的"配置/复位功能"下，选择动力转向对中程序并按下确认键；

（4）通过转向盘使前轮处于正中前方位置；

（5）将转向盘缓慢向左转向 90°；

（6）转向盘缓慢转回中央位置，然后再向右缓慢转向 90°；

注意：转向盘对中后，目视确认转向盘对中，确认转向盘位置数据参数读数为 $0° \pm 1°$。如果转向盘位置数据参数读数不在 $0° \pm 1°$ 范围内，则重复对中程序。

（7）使转向盘缓慢居中；

（8）等待故障诊断仪屏幕显示"校准完成"。如果显示"程序失败"，则重复对中程序；

注意：点火开关置于 OFF 位置后，在执行任何需要断开车辆蓄电池的程序前等待 25 s，否则可能会发生模块记忆丢失。

（9）退出程序。

【知识拓展】

比亚迪原地转向系统

在国内，原地转向功能并不多见，之前更多的还是被外资越野品牌车型所搭载。但是比亚迪仰望 U8（图 5-14）在上市发布会上横向移动出场，让麦克纳姆轮再度进入了人们的视野中。

一、原地掉头概念

原地掉头又称为坦克掉头，因为坦克的左右两侧的履带可以反向运转，这样就能够帮助坦克在狭窄的空间内完成原地掉头。坦克之外，其他诸如挖掘机这样的工程机械等，由于都搭载了履带，也可以实现原地掉头，所以原地掉头并不是什么新技术，在日常生活中

图 5-14　比亚迪仰望 U8 原地转向掉头

也很常见。而只拥有四个车轮的汽车，由于其前进或者后退的运动方向都一致，很难实现原地掉头。比亚迪仰望 U8 通过易四方技术实现了原地转向。实际上，实现原地转向功能的是麦克纳姆轮这种特殊的机械结构。

二、麦克纳姆轮的工作原理

麦克纳姆轮由瑞典工程师本特·艾隆发明，并在 1972 年被注册了专利。不过该专利保护期在 1992 年失效，因此其他车企可以根据自己的需求来使用这项可以实现原地转向掉头功能的设计。

如图 5-15 所示，麦克纳姆轮在车轮外部安装了与轴心成 45°角排列的辊子，而这些辊子成为推动车轮转向的关键所在。当转向时，转动系统的摩擦力会产生与轮轴成 45°角的反推力，每个反向推力都能够产生纵向和横向的分力，最终这些力合成在一起会决定车轮的偏转角度。要使得麦克纳姆轮起效，四个车轮必须有独立的动力源，因此传统内燃机车辆需要在四个车轮上额外再布置一套驱动电机系统，而电动车配置四个独立驱动电机的工作量和难度相对来说就低了很多。麦克纳姆轮的缺点在于各个辊子的反向推力存在互相抵消的可能，整体系统效率并不高。此外，辊子结构较为复杂、成本也比较高，而且会导致车轮的磨损比普通车轮高很多，所以耐久性上也会存在一定的问题。但是其结构紧凑，且占用空间较小，比较适合纯电动车型。仰望 U8 汽车搭载原地转向系统，正好可以实现四个车轮的独立控制。当左边的两个车轮顺时针旋转，而同时右边的两个车轮逆时针旋转，车辆就可以实现原地转向掉头的功能。需要指出的是，并不是每个车轮搭载了单独控制驱动/制动系统就可以实现原地转向掉头，而是需要软件进行控制。

仰望 U8 汽车之外，奔驰的 EQG、悍马 EV、丰田坦途、Rivian R1T 以及东风猛士 M-Terrain 等，基本都可以实现坦克掉头的功能，但并不是每个车型都使用麦克纳姆轮的原理来实现原地掉头。

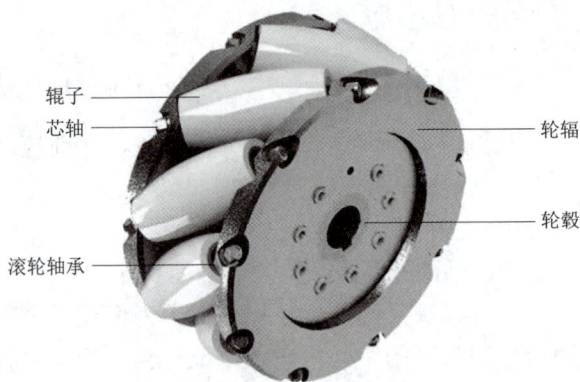

辊子
芯轴
轮辐
轮毂
滚轮轴承

图 5-15　麦克纳姆轮结构

三、摩比斯原地掉头系统

除麦克纳姆轮之外，现代摩比斯也新发了一款搭载 e-Corner 模块技术的 IONIC 5 原型车。如图 5-16 所示，其凭借四个能够进行 90°转向的车轮，同样可以实现横向行驶、原地360°掉头等特殊动作。在每个 e-Corner 里，摩比斯都为其集成了电动马达、电动减振器、线控制动和线控转向，组成了一个比较完整的且能够独立驱动 / 制动的角结构。在这套机械结构内，每个 e-Corner 都脱离了传统底盘设计，也没有转向系统。每个车轮都能够按照驾驶意图来进行单独调整，实现四轮随意驱动。搭载了 e-Corner 的 IONIC 5 原型车，可以在同一方向上将其所有车轮旋转 90°，以此来实现坦克掉头，甚至可以精准实现蟹行、定圆、斜行等动作。

图 5-16　现代摩比斯原地掉头汽车

项目六

制动安全系统检修

项目描述

随着电子技术的发展，电子制动系统广泛应用于汽车制动系统。电子制动系统包括防抱死制动系统（Antilock Braking System，ABS）、驱动防滑控制（Acceleration Slip Regulation，ASR）系统和车身稳定（Electronic Stability Program，ESP）系统等。这种制动系统通过电子控制单元对制动力进行精确控制，从而提高制动效果，提升车辆行驶的安全性。本项目共分三个任务，分别是 ABS 检修、ASR 系统检修、ESP 系统检修，通过本项目，学生可以系统地学习制动安全系统的结构及原理，并应用所学来解决实际的问题。

✦ 任务一　ABS 检修

【任务目标】

知识目标

1. 了解 ABS 的理论基础、种类；
2. 了解 ABS 的结构形式、特点及与常规制动的区别；
3. 掌握 ABS 的结构与工作原理；
4. 熟悉典型的 ABS 结构形式和工作过程；
5. 熟悉检修 ABS 时应注意的事项；
6. 熟悉 ABS 故障的一般检查方法。

技能目标

1. 能正确完成轮速传感器的更换；
2. 能进行相关传感器的检测；
3. 能利用各种资源进行常见故障的诊断分析，并进行总结学习；
4. 能对 ABS 故障进行检测，正确记录和分析数据；

5. 能自主学习汽车制动安全系统的新知识、新技术。

素质目标

1. 树立终身学习的意识，学会搜集、整理资源进行学习；

2. 具备团队协作及分析问题、解决问题的能力，并学会共性问题总结；

3. 有较好的劳动意识，能在实践中进行贯彻；

4. 具备安全文明生产与节能环保意识，有一定的安全应急能力。

【任务实施】

一、任务描述

一辆轿车，行驶中 ABS 故障报警灯常亮，车辆在紧急制动的情况下，车轮全部抱死，ABS 不起作用。请你学习相关知识，合理选用工具，对 ABS 进行故障分析及排除。

二、任务准备

第一部分：信息准备

（1）汽车制动性主要评价指标有_____和_____。

（2）制动效能的评价指标有_____、_____和_____。

（3）制动过程中车轮的三种状态是_____、_____和_____。

（4）将车轮滑移率 s 控制在_____左右，是最理想的控制效果。

（5）ABS 工作的汽车车速必须大于_____，否则制动时车轮仍可能抱死。

（6）ABS 工作过程包括_____、_____和_____。

（7）写出 ABS 的功用。

（8）ABS 组成结构认知。

① 轮速传感器。

作用：_____

工作原理：_____

_____

_____

_____

_____。

② 三位三通电磁阀，如图 6-1 所示。

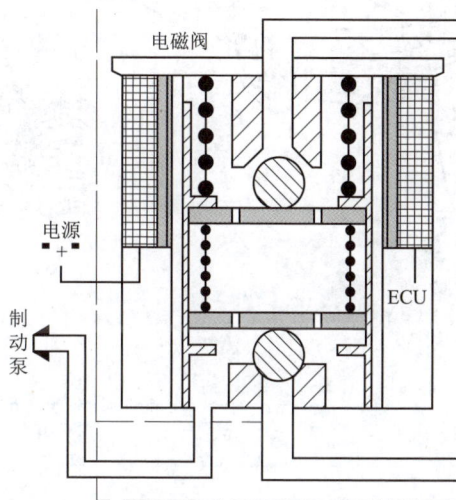

图 6-1　三位三通电磁阀结构示意图

作用：_____。

组成：

电磁阀三位：_____、_____和_____。

电磁阀三通：_____、_____和_____。

工作过程：

电磁线圈未通电时，_____

_____。

电磁线圈通入较小电流（2 A），_____

_____。

电磁阀线圈通入较大电流（5 A），_____

_____。

（9）根据图 6-2 标号回答以下零部件名称及作用，并填表 6-1。

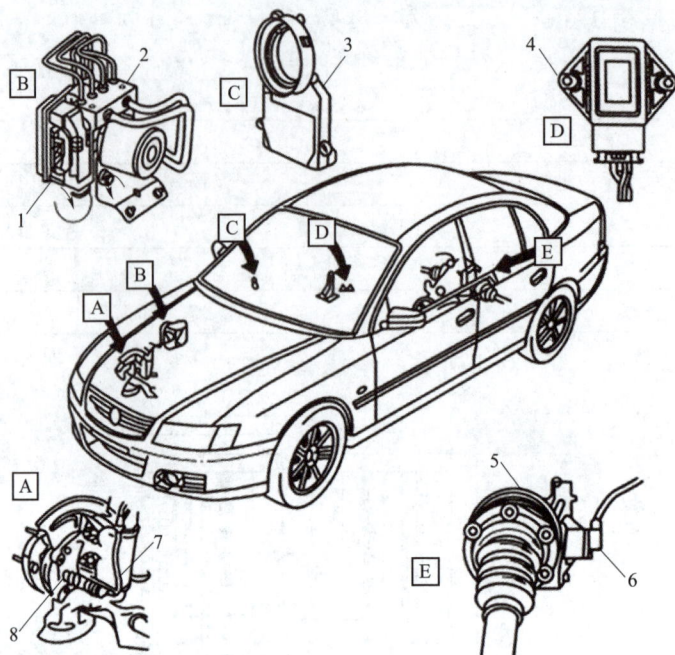

图 6-2　ABS 结构示意图

表 6-1　部件名称及作用

序号	部件名称	作用
1		
2		
3		
4		
5		
6		
7		
8		

（10）据图 6-3 简述 ABS 升压、保压、降压的工作过程。

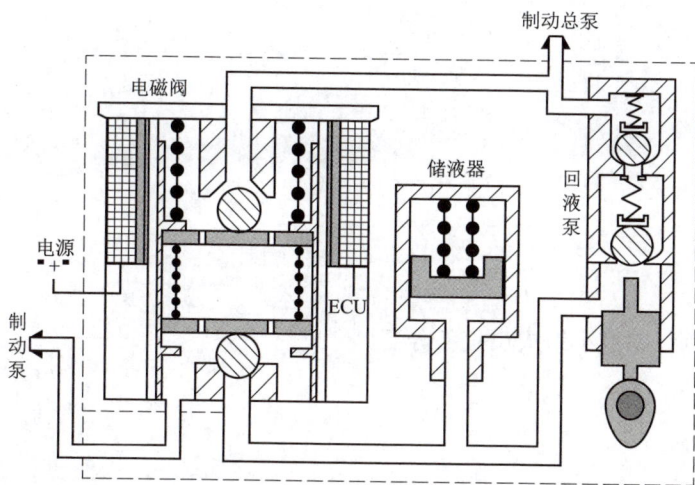

图 6-3 制动压力调节器组成示意图

增压过程（常规制动）：_____

_____；

保压过程：_____

_____；

降压过程：_____

_____。

（11）根据相关知识，小组讨论并分析 ABS 警告灯点亮可能的原因。

第二部分：制订计划

（1）需要准备的工具，请填表 6-2。

表 6-2 需要准备的工具

序号	名称	序号	名称	序号	名称	序号	名称
1		5		9		13	
2		6		10		14	
3		7		11		15	
4		8		12		16	

（2）参照维修手册，结合所学知识，制订故障排除方案。

（3）根据计划，完成小组成员任务分工。

第三部分：实施计划

（1）相关信息填写：车辆型号_____。前轮轮速传感器螺栓扭矩：_____。

（2）根据维修手册，画出轮速传感器的电路图。

（3）对照电路图，在实车上找到相应的零部件并说明线束颜色，且填表 6–3。

表 6–3　零部件电路参数

序号	零部件	线束颜色	电路符号	检测参数
1	制动信号开关			电压： 导线的导通性：
2	左前轮轮速传感器			电压： 导线的导通性：
3	电子控制单元	无		电压： 导线的导通性：
4	ABS警告灯			电压： 导线的导通性：
5	制动信号灯			电压： 导线的导通性：
6	点火开关供电线			电压： 导线的导通性：

（4）实施检修，并填表 6-4。

表 6-4　检修记录

项目	作业记录		备注
一、症状	□ABS不运作		
	□ABS不能有效地运作		
	ABS警告灯不正常	□持续点亮　　□不点亮	
	制动警告灯不正常	□持续点亮　　□不点亮	
二、故障现象确认	确认故障症状并记录症状现象（根据不同故障范围，进行功能检测，并填写检测结果）		
三、故障代码检查			
四、正确读取数据和清除故障代码 （当定格数据和动态数据中不存在反映故障代码特征的相关数据时，应填写"无"）	1. 定格数据记录（只记录故障发生时的数据帧内容） （1）基本数据： （2）定格数据中除基本数据外的反映故障代码特征的相关数据： 2. 与故障代码特征相关的动态数据记录 3. 清除故障代码 4. 确认故障代码是否再次出现，并填写结果		

项目	作业记录	备注
五、确定故障范围	根据上述检查进行判断并填写可能故障范围	
六、基本检查		
七、部件测试	对被怀疑的部件进行部件测试，须注明元件名称／插接件代码、针脚编号和测量结果：	
八、电路测量	对被怀疑的线路进行测量，须： （1）注明插件代码和编号，控制单元针脚代号以及测量结果： （2）记录相关波形：	

项目	作业记录	备注
九、故障部位确认和排除	根据上述的所有检测结果，确定故障内容并注明： （1）确定的故障是： （2）故障点的排除处理说明：	
十、维修结果校验	1. 维修后故障代码读取，并填写读取结果	
	2. 与原故障代码相关的动态数据检查结果	
	3. 相关波形	
	4. 维修后的功能确认并填写结果	

（5）场地恢复，6S 管理。

第四部分：评价反馈

任务评价如表 6-5 所示。

表 6-5 任务评价

序号	评价项目	评价指标	分值	自评 （25%）	互评 （25%）	师评 （50%）	合计
1	知识目标 （25%）	了解ABS的理论基础、种类	2				
		了解ABS的结构形式、特点及与常规制动的区别	3				
		掌握ABS的结构与工作原理	5				
		熟悉典型的ABS结构形式和工作过程	8				

续表

序号	评价项目	评价指标	分值	自评（25%）	互评（25%）	师评（50%）	合计
1	知识目标（25%）	熟悉检修ABS时应注意的事项	2				
		熟悉ABS故障的一般检查方法	5				
2	能力目标（50%）	能正确地制订维修计划	5				
		能正确选用工具	5				
		能正确完成轮速传感器的更换	5				
		能进行相关传感器的检测，并记录分析相关数据	10				
		能利用各种资源进行常见故障的诊断分析，并进行总结	10				
		能自主学习汽车制动安全系统的新知识、新技术	5				
		能完整、规范地完成任务单	10				
3	素质目标（25%）	职业素养、劳动意识	5				
		协作能力、创新意识	5				
		知识迁移、共性分析能力	5				
		搜集、利用资源的能力	5				
		环保意识	5				
	合计		100				
	综合得分及评价						

【相关知识】

一、ABS 的理论基础

ABS 是在传统制动系统的基础上采用电子控制技术，以实现制动力自动调节的一种电液一体化装置。ABS 在汽车制动时，自动控制制动器制动力的大小，确保车轮与地面有良好的附着力，从而提高汽车制动的安全性。

1. 汽车的制动性

汽车的制动性指汽车在行驶过程中，强制地减速以至停车且维持行驶的方向稳定性的能力。主要评价指标：制动效能、制动时的方向稳定性。

（1）制动效能——基本评价指标：制动距离、制动减速度、制动时间；

（2）制动时的方向稳定性——不发生跑偏、侧滑及失去转向能力。

2. 汽车制动时车轮受力分析

如图 6-4 所示：

1）制动器制动力

制动器制动力指制动蹄与制动鼓（盘）压紧时形成的摩擦力矩 M_j 通过车轮作用于地面的切向力——F_μ。

2）地面制动力

地面制动力指制动时地面对车轮的切向反作用力——F_x。

v——车速；

ω——车轮旋转角速度；

M_j——惯性力矩；

M_μ——制动阻力矩；

W——车轮法向载荷；

F_z——地面法向反力；

T——车轴对车轮的推力；

F_x——地面制动力；

r——车轮半径；

$r\omega$——车轮切向速度，简称轮速。

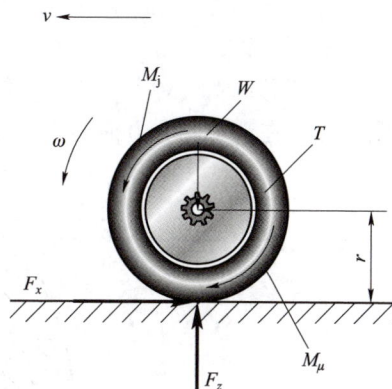

图 6-4　汽车制动时车轮受力分析

3. 附着系数 φ 与滑移率 s 的关系

1）制动过程中车轮的三种运动状态

第一阶段：纯滚动（车速 = 轮速），路面印痕与胎面花纹基本一致，如图 6-5 所示。

第二阶段：边滚边滑（车速 > 轮速），路面印痕可以辨认出轮胎花纹，但花纹逐渐模糊，如图 6-6 所示。

第三阶段：抱死拖滑（轮速 =0），路面印痕粗黑，如图 6-7 所示。

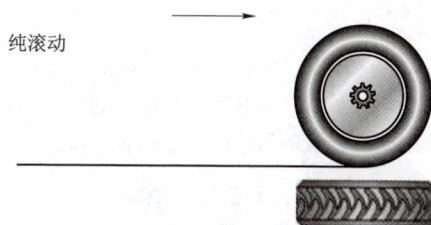

图 6-5　制动时车轮纯滚动

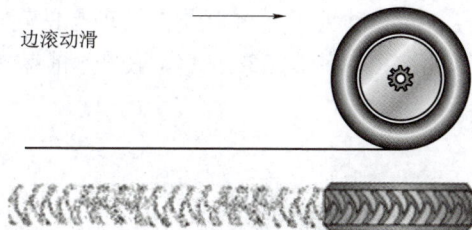

图 6-6　制动时车轮边滚边滑

图 6-7　制动时车轮抱死拖滑

2）滑移率 s

滑移率表示车轮纵向运动中滑动成分所占的比例。定义为：

$$s=(v-r\omega)/v\times100\%$$

式中，v——车轮中心的速度；

ω——车轮的角速度；

r——车轮的滚动半径。

分析结论：

当滑移率为 15% ～ 30%（轮胎处于滑移的临界状态）时，纵向附着系数最大，而横向附着系数在滑移率为 0 时最大，如图 6-8 所示。

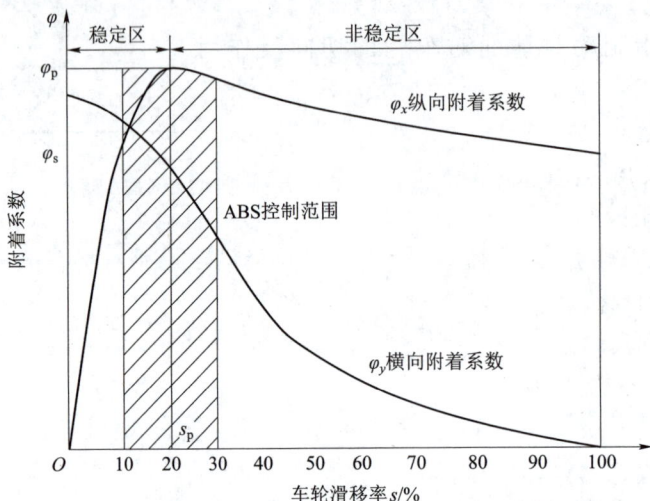

图 6-8　附着系数 φ 与滑移率 s 的关系

其中：

$s<20\%$ 为制动稳定区域；

$s>20\%$ 为制动非稳定区域。

将车轮滑移率 s 控制在 20% 左右，便可获取最大的纵向附着系数和较大的横向附着系数，是最理想的控制效果。

二、ABS 功用与组成

1. 功用

科学计算和实验证明，最佳制动状态不是出现在车轮抱死时，而是出现在车轮与地面维持 20% 左右的滑移率时。此时，车辆既可以获得大的制动力，又可以获得较理想的转向性能和横向稳定性。ABS 可以精确控制四个车轮的滑移率保持在 20% 左右，使车辆制动效能达到最大化，如图 6-9 所示。具体作用如下：

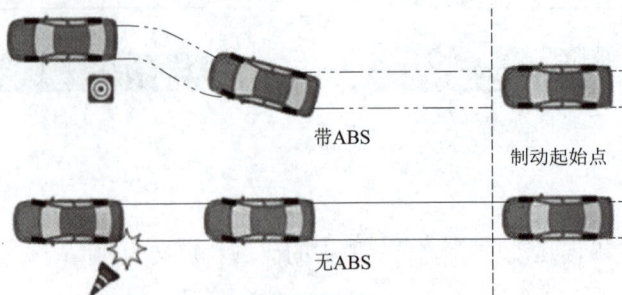

图 6-9　ABS 工作示意图

（1）充分发挥制动器的效能，缩短制动时间和距离；

（2）可有效防止紧急制动时车辆侧滑和甩尾，具有良好的行驶稳定性；

（3）可在紧急制动时转向，具有良好的转向操纵性；

（4）可避免轮胎与地面的剧烈摩擦，减少轮胎的磨损。

ABS 的几点说明：

（1）ABS 是在常规制动基础上工作，制动中车轮未抱死时与常规制动相同；车轮趋于抱死时 ABS 才工作，ECU 控制制动压力调节器对分泵制动压力进行调节。

（2）ABS 工作的汽车车速必须大于 5 km/h，若低于该车速，制动时车轮仍可能抱死。

（3）常规制动系统出故障，ABS 随之失去控制作用；ABS 出现故障，ECU 自动关闭 ABS，同时 ABS 警告灯点亮并存储故障代码，但常规制动系统仍可正常工作。

2. ABS 组成

ABS 是在传统制动系统的基础上增设传感器、电子控制模块和执行器三个部分，如图 6-10 所示。

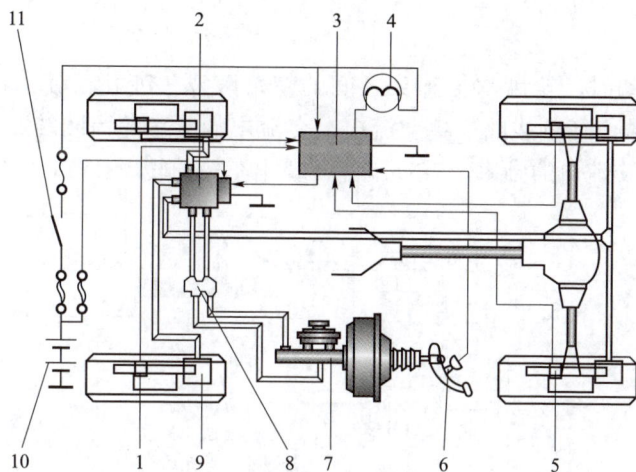

图 6-10　ABS 的组成

1—前轮轮速传感器；2—制动压力调节装置；3—ABS 电子控制模块；4—ABS 警告灯；5—后轮轮速传感器；
6—停车灯开关；7—制动主缸；8—比例分配阀；9—制动轮缸；10—蓄电池；11—点火开关

1）传感器

（1）车速传感器。

检测车速，给电子控制模块（ECU）提供车速信号，用于滑移率控制。

（2）轮速传感器。

轮速传感器通常有磁电式和霍尔式两种类型。磁电式轮速传感器与信号齿圈配合工作，用于检测车轮转速，产生与轮速成正比的正弦交流信号，经整形、放大转变成数字信号送给 ECU，用于对制动压力调节器实施控制。

① 组成。

轮速传感器由传感头和齿圈组成，如图 6-11 所示。

轮速传感器结构：

传感头被线圈包围直接安装于齿圈上方。极轴同永磁体相连，磁体的磁通延伸到齿圈并与它构成磁路。齿圈旋转时齿顶和齿隙轮流交替对向极轴，磁通变化并切割传感线圈，在线圈中产生感应电动势，并由线圈末端通过电线传给ECU。

② 安装。

一般前轮轮速传感头被固定在车轮转向架上，齿圈安装在轮毂上与车轮同步转动；后轮上的轮速传感头被固定在后车轴支架上，齿圈安装在驱动轴上与车轮同步转动。

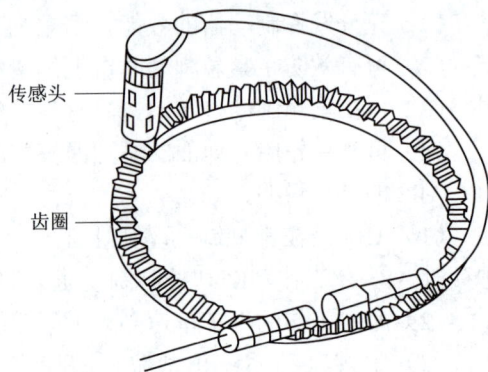

图 6-11　轮速传感器组成

安装注意事项：

为了保证传感器无错误信号输出，应保证传感头与齿圈间留有约 1 mm 的空隙；

安装要牢固，保证汽车在制动过程中的振动不会影响传感信号；

安装前需将传感器加注润滑脂，避免灰尘与飞溅的水、泥等对传感器工作的影响。

③ 工作原理。

齿圈随车轮转动时，轮齿与传感头之间的空气隙发生变化，使磁电式传感器中磁路的磁通发生变化，从而切割线圈产生交流电，交流电的频率随齿圈转速的快慢而变化，如图 6-12 所示。根据交流电的频率，ECU 就能计算出车轮的转速。

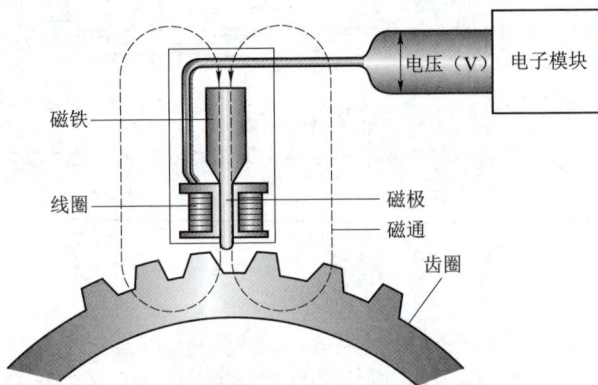

图 6-12　传感器工作原理图

有些新设计的 ABS 采用了加速度传感器，可以对由车轮转速计算出来的车速进行补偿，使制动时滑移率的计算更加精确。

（3）减速传感器。

检测制动时汽车的减速度，识别是否是冰雪等易滑路面，只用于四轮驱动控制系统。

2）电子控制装置（ECU）

ECU 是 ABS 的大脑，接收车速、轮速、减速等传感器的信号，计算出车速、轮速、滑移率和车轮的减速度、加速度，并将这些信号加以分析、判别、放大，由输出级输出控制指令，控制各种执行器工作，如图 6-13 所示。

3）执行器

（1）制动压力调节器。

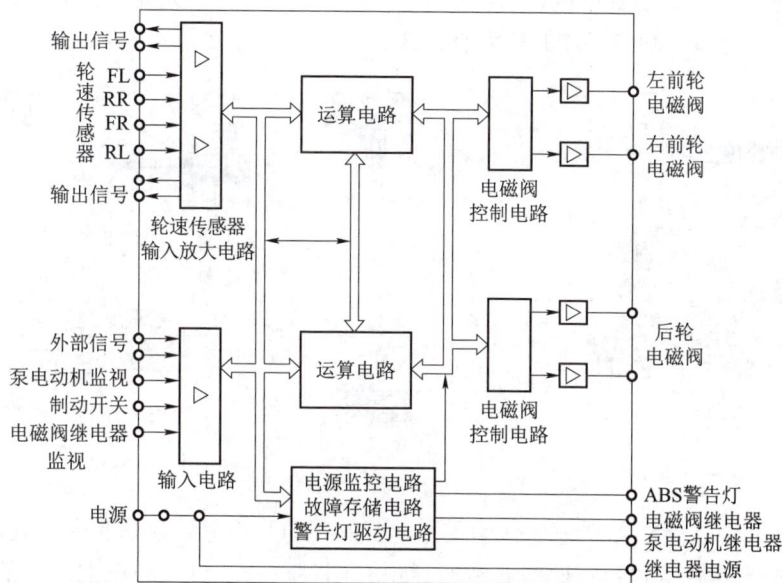

图 6-13　ABS ECU 内部结构

制动压力调节器接收 ECU 的指令，通过电磁阀的动作实现制动系统压力的增加、保持和降低。

（2）液压泵。

液压泵受 ECU 控制，在可变容积式制动压力调节器的控制油路中建立控制油压；在循环式制动压力调节器调节压力降低的过程中，将由轮缸流出的制动液经蓄能器泵回主缸，以防止 ABS 工作时制动踏板行程发生变化。

（3）ABS 警告灯。

ABS 出现故障时，由 ECU 控制将其点亮，向驾驶员发出报警，并由 ECU 控制闪烁显示故障代码，如图 6-14 所示。

图 6-14　ABS 警告灯亮

三、ABS 的控制方式

1. ABS 分类

ABS 可分为气压式、液压式和气液组合式。气压式和气液组合式 ABS 主要用于大中型客车或货车。轿车、厢式汽车和轻型载重汽车则采用液压式 ABS。

按照系统部件安装位置不同，ABS 可分为整体式（图 6-15）和分离式（图 6-16），制动主缸与液压控制单元制成一体的称为整体式。

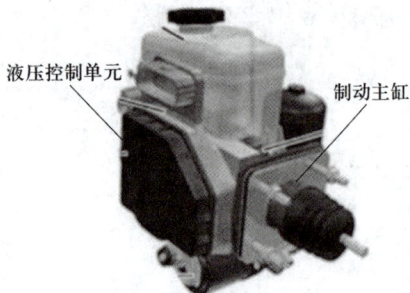

图 6-15　整体式

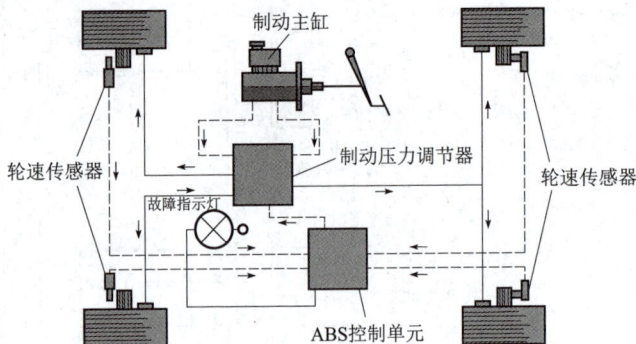

图 6-16　分离式

按照控制通道（能够独立进行制动压力调节的制动管路称为控制通道）数目不同，ABS 分为单通道式、双通道式、三通道式和四通道式四种形式。目前轿车上应用的是三通道和四通道两种形式。

2. 控制通道

1）控制原则

（1）按高选原则一同控制：以保证附着力较大的车轮不发生制动抱死为原则进行制动压力调节，称这两个车轮是按高选原则一同控制。

（2）按低选原则一同控制：以保证附着力较小的车轮不发生制动抱死为原则进行制动压力调节，称这两个车轮是按低选原则一同控制。

2）分类

（1）四传感器四通道 / 四轮独立控制（图 6-17）。

特点：

① 各制动轮压力均可单独调节（轮控制），控制精度高；

② 制动时可最大限度地利用每个车轮的附着力，方向稳定性好。

（2）四传感器三通道 / 前轮独立 - 后轮低选控制方式（图 6-18）。

特点：两前轮独立控制，两后轮一同控制（轴控制）。

四、ABS 工作过程

1. 制动压力调节器

功用：接收 ECU 的指令，通过电磁阀的动作来实现车轮制动器制动压力的自动调节。

组成：电磁阀、液压泵、储液器等，如图 6-19 所示。

压力调节器安装在主缸和轮缸之间，通过电磁阀直接或间接地控制轮缸的制动压力。

1）循环式制动压力调节器的结构

（1）电磁阀。

由电磁阀直接控制轮缸的制动压力。多采用三位三通电磁阀，在 ECU 控制下，使阀处于"增压""保压""减压"三种位置。

三位三通电磁阀工作原理如图 6-20 所示。

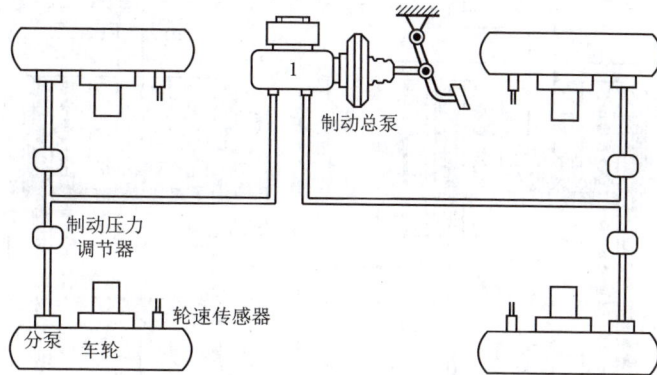

图 6-17 四传感器四通道 / 四轮独立控制

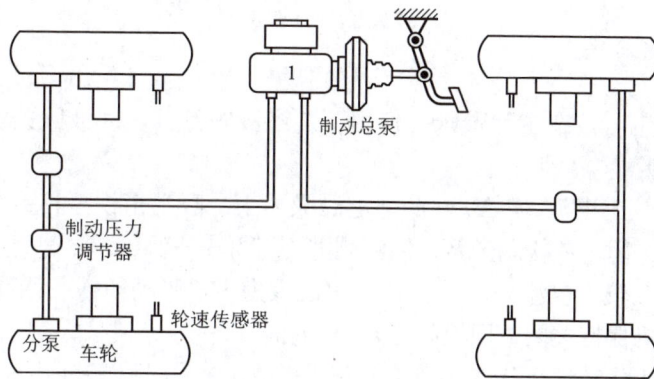

图 6-18 四传感器三通道 / 前轮独立－后轮低选控制方式

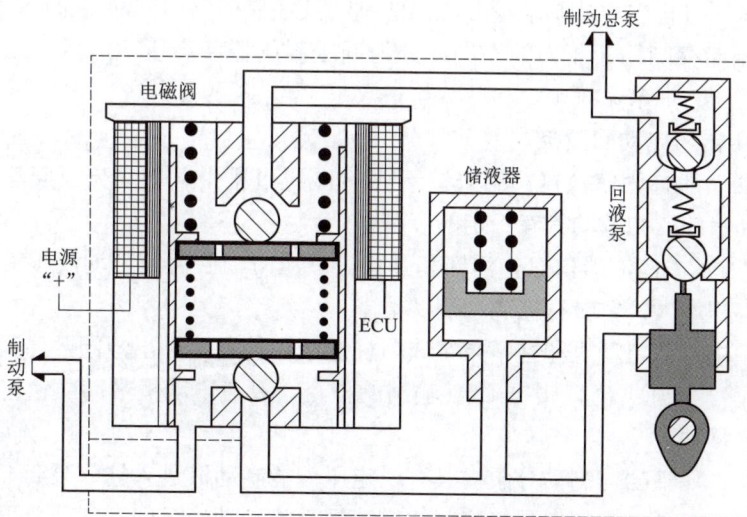

图 6-19 制动压力调节器组成

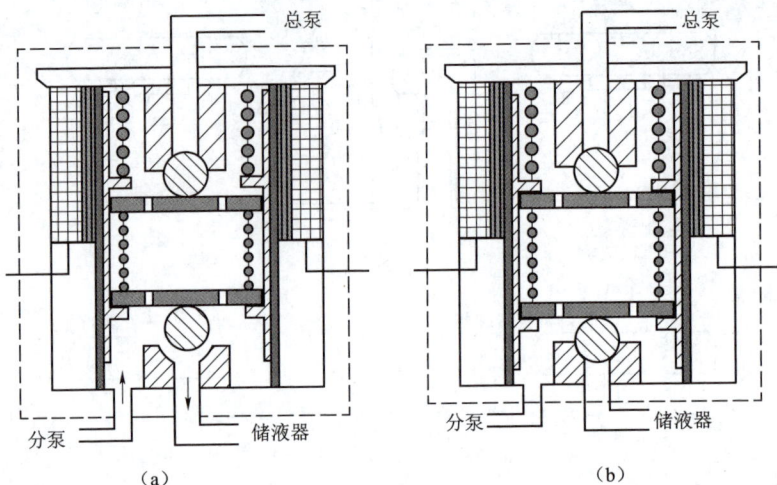

图 6-20 三位三通电磁阀工作原理

（a）减压；（b）保压

工作过程是：

电磁线圈未通电时，在主弹簧张力作用下，进液阀打开，回液阀关闭，进液口与出液口保持畅通——增压。

电磁线圈通入较小电流（2 A），产生电磁吸力小，吸动衔铁上移量少，但能适当压缩主弹簧，使进液阀关闭，放松副弹簧，回液阀并不打开——保压。

电磁阀线圈通入较大电流（5 A），产生电磁吸力大，吸动衔铁上移量大，同时压缩主、副弹簧，使进液阀仍保持关闭，回液阀打开——减压。

因为该电磁阀工作在三个状态（增压、保压、减压）——称之为"三位"。

对外具有三个接口（进液口、出液口、回液口）——称之为"三通"。

所以该电磁阀称为"三位三通"电磁阀，常写成 3/3 电磁阀。

（2）回油泵与储能器。

在电磁阀减压过程中，从制动轮缸流出的制动液经储能器由回油泵泵回制动主缸。

蓄压器依据储存制动液压力的不同，分为低压蓄压器和高压蓄压器。二者分别配置在不同类型的制动压力调节系统中。

① 低压蓄压器与电动回液泵。

低压蓄压器一般称为储液器，用来接纳 ABS 减压过程中从制动分泵回流的制动液，同时还对回流制动液的压力波动具有一定的衰减作用。

如图 6-21 所示，储液器内有一活塞和弹簧。减压时，回流的制动液压缩活塞克服弹簧张力下移，使容积增大，暂时存储制动液。

电动回液泵由直流电动机和柱塞泵组成。柱塞泵由柱塞、进出液阀及弹簧组成。

当 ABS 工作（减压）时，根据 ECU 输出的指令，直流电动机带动凸轮转动，凸轮将驱动柱塞在泵筒内移动。

柱塞上行时，储液器与制动分泵内具有一定压力的制动液进入柱塞泵筒。

柱塞下行时，打开进液阀及泵筒底部的出液阀，将制动液泵回到制动总泵出液口。

② 高压蓄压器与电动增压泵。

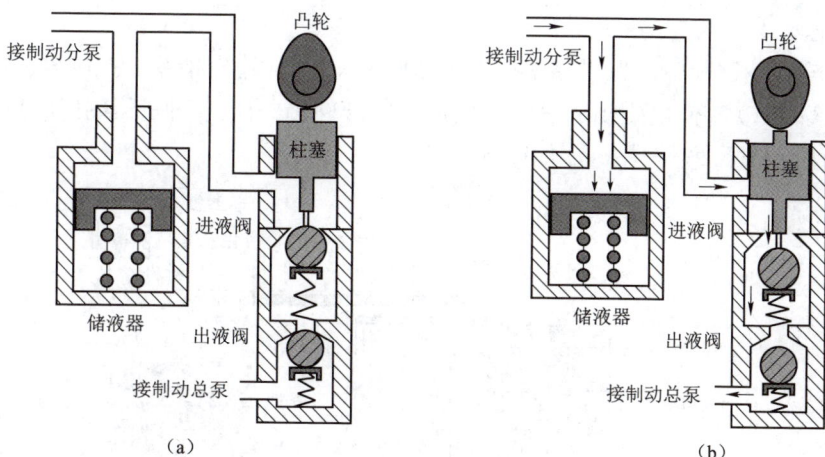

图 6-21 储液器与电动回液泵

（a）柱塞上行；（b）柱塞下行

高压蓄压器又称蓄能器，用于储存制动中或 ABS 工作时所需的高压制动液，如图 6-22 所示，蓄能器多采用黑色气囊状球体。黑色气囊状球体被一个膜片分隔成两个互不相通的腔室，上腔为气室，充入氮气并具有一定的压力，下腔为液室，与电动增压泵液通道相通，盛装由电动增压泵泵入的制动液。

蓄能器下端设有压力控制和压力警示两个控制开关。压力控制开关：检测蓄能器下腔制动液压力。压力低于 15 MPa 时，开关闭合，增压泵工作；压力达到 18 MPa 时，开关打开，增压泵停止工作。

压力警示开关：设有两对开关触点，一对常开，一对常闭。当高压蓄压器下腔制动液压力低于 10.5 MPa 时，常开触点闭合，点亮红色制动警告灯；同时常闭触点张开，该信号送给 ECU，关闭 ABS 并点亮黄褐色 ABS 警告灯。

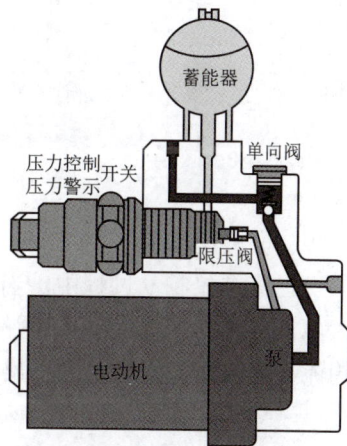

图 6-22 蓄能器与电动增压泵

2）循环式制动压力调节器的工作过程

（1）增压（常规制动）。

踏下制动踏板，由于电磁阀的进液阀开启，回液阀关闭，各电磁阀将制动总泵与各制动分泵之间的通路接通，制动总泵中的制动液将通过各电磁阀的进出液口进入各制动分泵，各制动分泵的制动液压力将随着制动总泵输出制动液压力的升高而升高——增压，如图 6-23 所示，与常规制动相同。

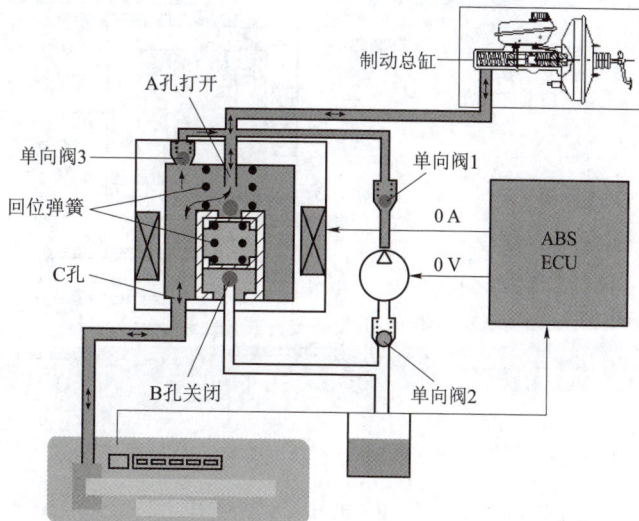

图 6-23 增压过程

（2）保压。

在某车轮制动过程中，当滑移率接近于 20% 时，ECU 输出指令，控制电磁阀线圈通过较小电流（约 2 A），使电磁阀的进液阀关闭（回液阀仍关闭），保证该控制通道中的制动分泵制动压力保持不变——保压，如图 6-24 所示。

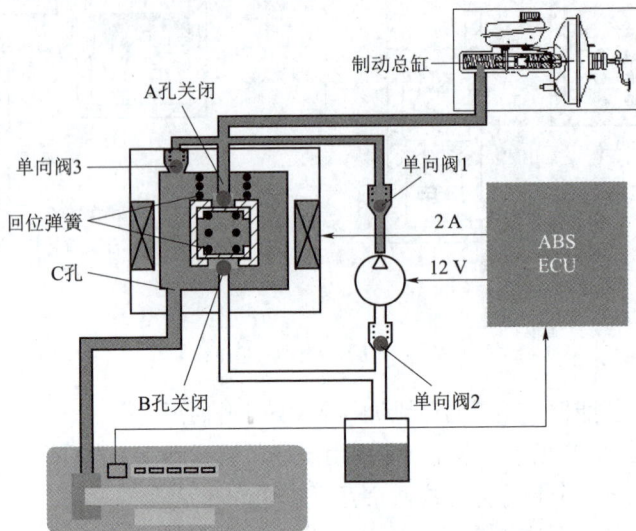

图 6-24　保压过程

（3）减压。

在某车轮制动过程中，当滑移率大于 20% 时，ECU 输出指令，控制电磁阀线圈通过较大电流（约 5 A），使电磁阀的进液阀关闭、回液阀开启，制动分泵中的制动液将通过回液阀流入储液器，使制动压力减小——减压，如图 6-25 所示。

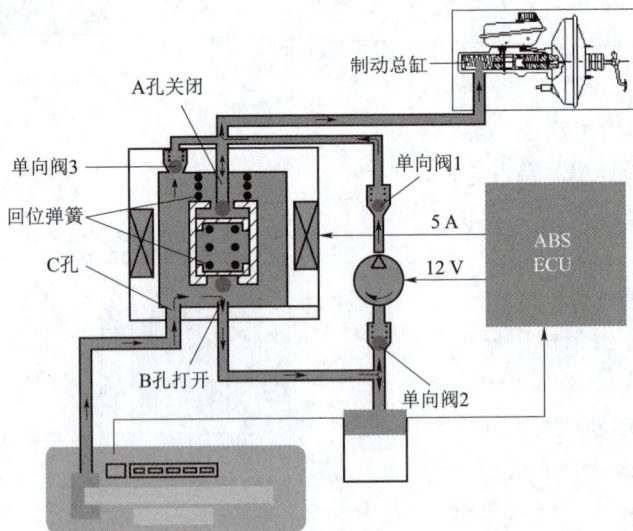

图 6-25　减压过程

与此同时，ECU 控制电动泵通电运转，将流入储液器的制动液泵回到制动总泵出液口。

2. 可变容积调压方式

1）液压控制可变容积调压方式（图6-26）

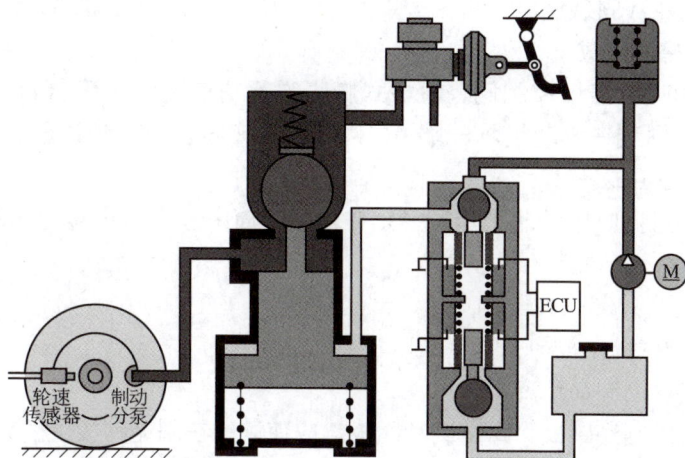

图6-26　液压控制可变容积调压方式

（1）在汽车原有制动系统管路中增加一套液压控制装置，用于改变制动管路容积，实现增压—保压—减压的循环调节；

（2）这种制动压力调节系统的控制液压油路和ABS控制的制动液油路是相互隔开的。

结构特点：四传感器、四通道，四个车轮均独立控制；液压控制为可变容积式。

组成：电磁阀、调压缸、电动增压泵、蓄压器、压力开关。

工作过程：

踏下制动踏板，制动液流经制动泵→ A腔→开关阀→ B腔→制动分泵。制动分泵制动液压力将随踏板力的增大而增大。

s 趋近于20%，ECU控制输入电磁阀略通电后即关闭，输出电磁阀通电关闭。滑动活塞产生位移使开关阀关闭，A腔与B腔隔断，B腔容积不变——保压。

$s>20\%$，ECU控制输入电磁阀通电打开，输出电磁阀通电关闭。滑动活塞在控制液压作用下上移，B腔容积增大——减压。

$s<20\%$，ECU控制输入电磁阀断电关闭，输出电磁阀断电打开。控制油液泄入储液罐，滑动活塞下移，B腔容积减小——增压。

2）微机控制可变容积调压方式

（1）在汽车原有制动系统管路上增加一套控制装置，用于控制制动管路中容积的变化；

（2）这种制动压力的调节方式是由活塞在调压缸中所产生的位移直接改变制动管路的容积，实现增压—保压—减压的循环调节。

（3）组成：调压缸、电磁阀。

（4）ABS工作：单向阀、电磁阀均关闭，活塞在调压缸中运动，完成增压、保压、减压过程。

（5）微型电机控制可变容积调压方式应用实例——德尔科ABS VI。

制动压力调节器既可采用整体式，即与制动总泵组合为一体，又可采用分离式，远离制动总泵单独布置。

两前轮独立控制，两后轮按低选原则一同控制。

前轮制动压力调节器由控制阀（单向阀、电磁阀）、电磁制动器（简称 EMB）、双向直流电动机及驱动齿轮（固装在电动机轴一端）、传动齿轮（固装在驱动调压缸活塞的螺杆的下端）、螺杆及活塞等组成。

后轮制动压力调节器由控制阀、机械式膨胀弹簧制动装置（简称 ESB）、双向直流电动机及驱动齿轮（固装在电动机轴一端）、传动齿轮（固装在驱动调压缸活塞的螺杆的下端）、螺杆及活塞等组成。

双向直流电动机同时驱动两个活塞分别在两个缸筒中上下同步移动或保持在某一位置，改变制动管路容积，调节制动压力。

五、ABS 的检修

1. 使用装备 ABS 的车辆的注意事项

（1）要保持足够的制动距离。

（2）切忌反复踩制动踏板，踩下制动踏板，应使施加在制动踏板上的力持续且稳定。

（3）ABS 正常工作时，会产生液压工作噪声和制动踏板震颤；在紧急制动时，应直接将加速踏板踩到底，且不放松。

（4）控制好转向盘。

（5）在行车中应留意仪表板上的 ABS 警告灯情况，如发现闪烁或长亮，说明已不具 ABS 功能，但常规制动系统仍起作用，应尽快到修理厂检修。

（6）要保持车轮传感器探头及齿圈的清洁。

（7）应严格按规定的轮胎气压标准加气，同时要保持同轴轮胎气压的均衡，严禁使用不同规格的轮胎。

（8）ABS 对制动液的要求非常高：

① 沸点高，保证制动时不会产生"气阻"；

② 运动黏度要低，以保证制动时反应及时；

③ 对金属橡胶无腐蚀性；

④ 能长期保存，性能稳定；

⑤ 吸湿性低、溶水性好、沸点下降少。

添加或更换制动液应严格按照车辆使用说明书上的要求，禁止掺杂不同型号的制动液。

2. ABS 的维护项目和要求

ABS 的维护项目及要求在维修手册中有明确的规定，应严格遵守和执行。

（1）制动系统必须使用 DOT4 及以上的合成制动液。

（2）每次定期维护时检查液面高度，应接近上限，必要时添加。

（3）一般行驶条件下，24 个月更换一次制动液；苛刻条件下，12 个月更换一次制动液。

（4）每行驶 20 000 ~ 30 000 km，检查故障代码，必要时排除故障并清除故障代码。

3. 检修 ABS 时应注意的事项

1）ABS 常见故障

（1）紧急制动时，车轮被抱死；

（2）制动效果不良；

（3）警告灯亮起；

（4）ABS 出现不正常现象。

2）检修时注意事项

（1）制动系统发生故障由 ABS 警告灯和制动装置警告灯指示。有时 ABS 警告灯和制动装置警告灯不亮，但制动效果仍不理想，则可能是系统放气不干净或在常规制动系统中存在故障。

（2）制动不良时，先区分是机械故障还是 ABS 故障。

鉴别方法：让汽车以常规制动方式工作，如制动不良故障消失，则说明故障在 ABS，如制动不良故障依然存在，则为机械故障。

（3）拆下 ABS 继电器线束插接器或 ABS 制动压力调节器电磁阀线束插接器，使 ABS 制动压力调节器电磁阀不能通电工作。

（4）确定为 ABS 故障后，应首先对 ABS 的外观进行检查，检查制动油路和泵及阀有无泄漏、导线的接头和插接器有无松脱、蓄电池电压是否亏电。在检查电路故障时，也不应漏检熔断器。

（5）若外观检查正常，用故障诊断仪或人工调取的方式查询故障代码，检查故障所在。

（6）不要轻易拆检 ECU 和液压控制器件，如果怀疑其有问题，可用替换法检查。

（7）在拆检 ABS 液压控制器件时，应先进行卸压，以防高压油喷出伤人。

卸压方法：关闭点火开关，反复踩制动踏板 20 次以上，直到感觉踩制动踏板力明显增加为止。

（8）开始维修前，应关闭点火开关，从蓄电池上拆下接地线。特别注意拔下 ABS 电气插头之前，必须关闭点火开关。

（9）拆卸前必须彻底清洁连接点和支承面，清洁时不要使用像汽油、稀释剂等类似的清洁剂，拆下的零件必须放在干净的地方，并覆盖好。

（10）把 ABS ECU 和液压控制单元分开后，必须把液压控制单元放在专用支架上，以免在搬运过程中碰坏阀体。

（11）制动系统打开后不要使用压缩空气，也不要移动车辆。

（12）拆下的部件如果不能立刻完成修理工作，必须小心地盖好或者用塞子封闭，以保证部件的清洁。

（13）更换配件时，必须使用质量良好的配件。配件要在安装前才从包装内取出。

（14）一定要按维修手册的要求进行安装调整。

（15）维修 ABS 完成作业后，按规定加装制动液后，要对系统进行放气。

（16）在试车中，至少进行一次紧急制动。当 ABS 正常工作时，会在制动踏板上感到有反弹，并可感觉到车速迅速降低而且平稳。

4. ABS 的故障自诊断

（1）当点火开关接通时，ECU 会对其系统电路进行自检，此时 ABS 警告灯点亮几秒钟，若系统无故障，则警告灯熄灭；如果警告灯一直不亮，说明警告灯及其线路可能存在故障；如果警告灯常亮，说明 ABS 存在故障；如果制动警告灯常亮，说明制动液不足，应检查制动液液位。当 ABS 警告灯常亮时，需要使用故障诊断仪读取相关故障代码，然后按照维修手册相关故障代码的诊断流程进行诊断和排除。

（2）发动机发动后，车速第一次达到 60 km/h 时 ABS 完成自检。

自检过程中，发现异常或在工作中 ABS 工作失常，ECU 就停止使用 ABS，同时制动警告灯亮起，并储存故障代码。

✳ 任务二　ASR 系统检修

【任务目标】

知识目标

1. 了解 ASR 系统的功用及与 ABS 的关联；
2. 了解 ASR 系统的类型及原理；
3. 掌握 ASR 系统的结构组成及各部件的工作过程；
4. 掌握典型 ASR 系统的工作过程；
5. 熟悉 ASR 系统的使用与检修注意事项。

技能目标

1. 能够识别 ASR 系统；
2. 能够正确拆装 ASR 系统各组件；
3. 能结合 ABS 对 ASR 系统故障进行分析；
4. 能按照维修手册正确地检测 ASR 系统。

素质目标

1. 逐步形成良好的职业素养及沟通协作能力；
2. 具备团队协作及分析问题、解决问题的能力；
3. 具备系统学习的能力，能上下串联衔接知识来分析问题。

【任务实施】

一、任务描述

一辆轿车，某次行驶过程中仪表显示 ASR 系统故障。仪表板上 ASR 故障灯常亮。通过了解，故障刚出现时，在行驶一段时间后 ASR 故障灯才会亮；关闭汽车再重新起动，仪表板上的 ASR 故障灯又会熄灭；但再行驶一段路程，ASR 故障灯又会重新点亮。请你学习相关知识，合理选用工具，对 ASR 系统故障进行分析及排除。

二、任务准备

第一部分：信息准备

（1）ASR 系统的基本组成有＿＿＿＿＿＿、＿＿＿＿＿＿和＿＿＿＿＿＿。

（2）ASR 系统传感器主要包括＿＿＿＿＿＿、＿＿＿＿＿＿和＿＿＿＿＿＿。

（3）ASR 系统的执行器主要包括＿＿＿＿＿＿和＿＿＿＿＿＿。

（4）ASR 系统的作用。

（5）比较 ABS 与 ASR 系统的异同。

（6）ASR 系统的控制方式有哪些？

（7）根据相关知识，小组讨论并分析 ASR 系统可能的故障原因。

第二部分：制订计划

（1）需要准备的工具，请填表 6-6。

表 6-6　需要准备的工具

序号	名称	序号	名称	序号	名称	序号	名称
1		5		9		13	
2		6		10		14	
3		7		11		15	
4		8		12		16	

（2）参照维修手册，结合所学知识，制订故障排除方案。

（3）根据计划，完成小组成员任务分工。

第三部分：实施计划

（1）相关信息填写：所测车辆型号＿＿＿＿＿＿＿＿＿＿＿＿＿＿＿＿＿＿＿＿＿＿＿＿＿。

（2）根据维修手册，画出 ASR 系统的电路图。

（3）根据维修手册，画出节气门位置传感器电路图。

（4）实施检修，并填表 6-7。

表 6-7　检修记录

项目	作业记录		备注
一、症状	□ASR系统不运作		
	□ASR系统不能有效地运作		
	ASR警告灯不正常	□持续点亮　□不点亮	
	制动警告灯不正常	□持续点亮　□不点亮	

项目	作业记录	备注
二、故障现象确认	确认故障症状并记录症状现象（根据不同故障范围，进行功能检测，并填写检测结果）	
三、故障代码检查		
四、正确读取数据和清除故障代码（当定格数据和动态数据中不存在反映故障代码特征的相关数据时，应填写"无"）	1. 定格数据记录（只记录故障发生时的数据帧内容） 1）基本数据： 2）定格数据中除基本数据外的反映故障代码特征的相关数据： 2. 与故障代码特征相关的动态数据记录 3. 清除故障代码 4. 确认故障代码是否再次出现，并填写结果	
五、确定故障范围	根据上述检查进行判断并填写可能故障范围	

项目	作业记录	备注
六、基本检查		
七、部件测试	对被怀疑的部件进行部件测试，须注明元件名称 / 插接件代码、针脚编号和测量结果：	
八、电路测量	对被怀疑的线路进行测量，须： （1）注明插件代码和编号，控制单元针脚代号以及测量结果： （2）记录相关波形：	

续表

项目	作业记录	备注
九、故障部位确认和排除	根据上述的所有检测结果，确定故障内容并注明： （1）确定的故障是： （2）故障点的排除处理说明：	
十、维修结果校验	1. 维修后故障代码读取，并填写读取结果	
	2. 与原故障代码相关的动态数据检查结果	
	3. 相关波形	
	4. 维修后的功能确认并填写结果	

（5）场地恢复，6S 管理。

第四部分：评价反馈

任务评价如表 6-8 所示。

表 6-8　任务评价

序号	评价项目	评价指标	分值	自评（25%）	互评（25%）	师评（50%）	合计
1	知识目标（25%）	了解ASR系统的功用及与ABS的关联	5				
		了解ASR系统的类型	5				
		掌握ASR系统的结构组成及各部件的工作过程	5				

序号	评价项目	评价指标	分值	自评（25%）	互评（25%）	师评（50%）	合计
1	知识目标（25%）	掌握典型ASR系统的工作过程	5				
		熟悉ASR系统的使用与检修注意事项	5				
2	能力目标（50%）	能正确地制订维修计划	5				
		能正确选用工具	5				
		能够识别ASR系统	5				
		能够正确拆装ASR系统各组件	10				
		能结合ABS对ASR系统故障进行分析	10				
		能按照维修手册正确地检测ASR系统	10				
		能完整、规范地完成任务单	5				
3	素质目标（25%）	职业素养、劳动意识	5				
		协作能力、创新意识	5				
		知识迁移、共性分析能力	5				
		搜集、利用资源的能力	5				
		环保意识	5				
	合计		100				
	综合得分及评价						

【相关知识】

一、汽车 ASR 系统简介

1. 汽车 ASR 系统的起源

有过驾驶经验的人都知道，如果车辆在积雪、结冰或潮湿泥泞的道路上起步或在行进中突然加速时，驱动车轮就有可能出现快速空转现象。

汽车发动机传递给车轮最大驱动力是由轮胎与路面之间的附着系数和地面作用在驱动轮上的附着力决定的。但是，驱动力的增大受到附着力的限制，驱动力的最大值只能等于轮胎与路面之间的附着力。当驱动力超过附着力时，驱动轮将会在路面上打滑。

当汽车在地附着系数低的路面（如泥泞或冰雪路面）上行驶时，由于地面与车轮之间的附着系数很小，因此在起步、加速时驱动轮就有可能打滑，导致汽车起步、加速性能下降。此外，当汽车在非对称路面上行驶时，如果某个驱动轮处于在附着系数较低的路面（如泥泞或冰雪路面）上，那么地面对车轮施加的转矩将很小。虽然另一个车轮处于在附着系数较高的路面上，但是根据差速器转矩等量分配特性，地面能够提供的驱动转矩只能与处在低附着系数路面上车轮产生的驱动转矩相等。那么此时，车轮也有可能出现打滑现象，从而导致汽车通过性能变差。

当驱动轮打滑时，意味着轮胎与地面接地点出现了相对滑动，为了区别汽车制动时为车轮抱死而产生的"滑移"，我们把这种滑动称为驱动轮的"滑转"。驱动轮的滑转，同样会使车轮与地面的纵向附着力下降，使驱动轮上可获得的极限驱动力减小，最终导致汽车的起步、加速性能和在湿滑路面上通过性能的下降。同时，驱动轮的"滑转"还会导致横向附着系数大幅下降，从而使驱动轮出现横向滑动，随之产生汽车在行驶过程中的方向失控现象。

因此，为了避免和减少上述情况发生，就出现了汽车驱动防滑控制系统，即 ASR 系统。由于 ASR 多数是通过控制发动机功率来实现的，故有些车系将其称为牵引力控制系统（Traction Control System），简称 TCS 或 TRC。

2. ASR 系统的发展

汽车 ASR 系统是伴随着 ABS 的产品化而发展起来的，它实质上是 ABS 基本思想在驱动领域的发展和推广。别克（BUICK）早在 1971 年研制的电控装置就是通过自动中断发动机点火，以减少发动机的输出转矩，从而防止驱动轮发生滑转的驱动防滑系统。

世界上最早比较成功的汽车电子驱动防滑装置是在 1985 年由瑞典沃尔沃汽车公司（VOLVO）试制生产的，并安装在 VOLVO 760Turbo 汽车上。该系统称为电子牵引力控制（Electric Traction Control，ETC）系统，是通过调节燃油供给量来调节发动机的输出转矩，从而控制驱动轮滑转率，产生最佳驱动力。

1986 年在底特律汽车巡回展中，美国通用汽车公司（GM）雪佛兰（Chevrolet）分部在其生产的克尔维特·英迪牌轿车上安装了 ASR 系统，为 ASR 系统的发展做了良好的宣传。同年 12 月，博世（BOSCH）公司的 ABS/ASR 2U 是第一次将制动防抱死技术与驱动防滑技术结合起来应用到奔驰 S 级轿车上，并开始了小批量生产。与此同时，奔驰公司（BENZ）与瓦布科公司（WABCO）也开发出了 ASR 系统，并将其用在了货车上。

此后，各大汽车公司纷纷开始应用 ABS/ASR 系统，使其成为顶级豪华车的标准配置。随着各公司不断开发出结构更紧凑、成本更低、可靠性更强、功能更全面的 ABS/ASR 系统，ASR 系统也逐渐应用于中、低档汽车。到 1990 年时，已经有 23 家汽车厂商的近 50 种车型使用了 ASR 系统。1993 年，博世公司又开发出了第五代 ASR 系统，其结构更紧凑，成本也大大降低，可靠性得到了增强。

国内对 ASR 技术的研究，大约开始于 20 世纪 90 年代。一些科研单位如清华大学、吉林大学、北京理工大学等对 ASR 技术的发展进行跟踪、研究，并取得了阶段性进展。目前，我国科研人员主要针对 ASR 系统的控制策略、控制算法、逻辑等关键环节进行研究。由于受电控发动机的限制，我国目前尚无自主研发的集 ABS 和 ASR 为一体的 ABS/ASR 防滑控制系统产品出现。

ABS 与 ASR 大多都组合为一体，并且现在与主动（半主动）悬架、电动助力转向、电控自动变速器等装置组合，从而成为改善汽车性能不可缺少的一环。

3. ASR 的功用

汽车 ASR 系统是继 ABS 之后，应用在汽车上专门用来防止驱动轮在起步、加速和在湿滑路面行驶时滑转的驱动力控制系统。为了弄清楚 ASR 的作用，让我们先分析一下汽车驱动轮的运动状态。

驱动轮的滑转程度可以用滑转率表示，其表达式为

$$s_d = (v_\omega - v) / v_\omega \times 100\%$$

式中：s_d 为驱动轮的滑转率；v_ω 为车轮瞬时圆周速度；v 为车速。

当汽车未动（$v_\omega = 0$）而驱动轮转动时，$s_d = 100\%$，车轮处于完全滑转状态；当 $v_\omega = v$ 时，$s_d = 0$，驱动轮处于纯滚动状态。

车轮滑转率与纵向附着系数之间的关系如图 6-27 所示。可以看出：

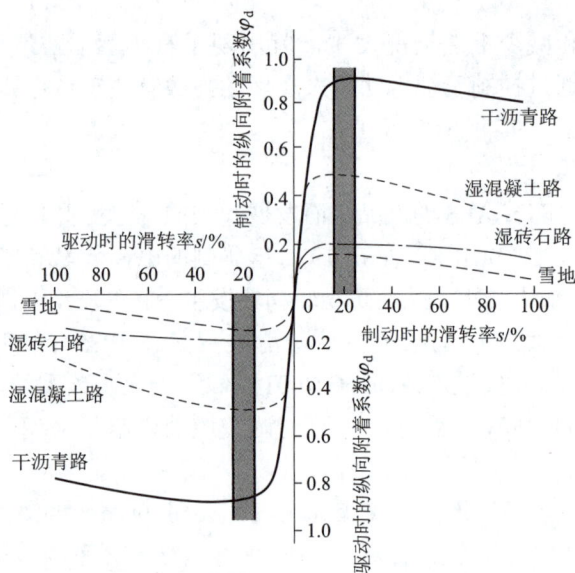

图 6-27   车轮滑转率与纵向附着系数之间的关系

（1）纵向附着系数随路面的不同而发生大幅的变化。

（2）在各种路面上，纵向附着系数均随滑转率的变化而变化，且当滑转率为 20% 左右时，纵向附着系数达到最大值。若滑转率继续增大，则纵向附着系数逐渐减小。

ASR 的基本控制思路是：在车轮滑转时，将滑转率控制在最佳滑转率（大约 20%）范围内，使路面能够提供较大的附着系数，从而使车轮的驱动力能够得到充分利用。

ASR 的主要功能是：在车轮开始滑转时，通过降低发动机的输出转矩或控制制动系统的制动力等来减小传递给驱动车轮的驱动力，防止因驱动力超过轮胎与路面之间的附着力而导致驱动轮滑转，从而提高车辆的通过性，改善汽车的方向操纵稳定性。

因此，总结起来 ASR 系统的作用是控制车轮与路面的滑转率，防止汽车在起步、加速过程中打滑，特别是防止汽车在非对称路面或转弯时驱动轮的滑转，以保持汽车行驶方向的稳定性、操纵性，维持汽车的最佳驱动力，提高汽车的通过性和行驶平顺性。

ASR 系统是 ABS 的延伸，在技术上与 ABS 比较近，部分软件、硬件可以共用。很多车型采用了集成 ABS 与 ASR 功能于一体的结构，控制系统共用一个 ECU，这种结构也简称为

ABS/ASR 防滑控制系统，或者说汽车防滑控制系统是对 ABS 和 ASR 的统称。

二、汽车 ASR 系统类型及组成

1. 汽车 ASR 系统的类型

为达到对汽车驱动车轮运动状态的精确控制，ASR 系统可以通过以下方式实现对驱动车轮滑转的控制。

1）发动机输出功率控制

当汽车起步、加速时，若加速踏板踩得过猛，常常会因驱动力超过轮胎和地面的附着极限，而出现驱动轮短时间的滑转。这时，ASR 电控器将根据加速踏板行程大小发出控制指令，可通过发动机的副节气门驱动装置，适当调节副节气门的开度，也可以直接由发动机 ECU 改变点火时刻或燃油喷射量，通过限制发动机功率输出，减少驱动轮产生的驱动力，从而达到抑制驱动轮滑转的目的。

2）驱动轮制动控制

在单侧驱动轮打滑时，ASR 电控器将发出控制指令，通过制动系统的压力调节器，对产生滑转的车轮施加制动力。随着滑转车轮被制动减速，其滑转率会逐渐下降。当滑转率降到预定的范围之内以后，电控单元立即发出指令，减少或停止这种制动。之后，若车轮又开始滑转，则继续下一轮的控制，直至将驱动轮的滑动率控制在理想范围内。与此同时，另一侧滑转车轮仍然保持着正常的驱动力。这种作用类似于驱动桥差速器中的差速锁，即当一侧驱动轮陷入泥泞中，部分或完全丧失了驱动能力，若制动该车轮，另一侧的驱动轮仍然能够产生足够的驱动力，以便维持汽车正常的行驶。如果当两侧驱动轮同时出现滑转，但滑转率不同时，可以通过对两侧驱动轮施加不同的制动力，分别抑制它们的滑转，从而提高汽车在湿滑及不对称路面上的起步、加速能力和行驶的方向稳定性。这种方式是防止驱动轮滑转最迅速有效的一种控制方法。但是，出于对舒适性的考虑，一般这种控制方式制动力不可施加太大。因此，常常作为第一种方法的补充，以保证控制效果和控制速度的统一。这种控制方式采用的是 ASR 与 ABS 组合的液压控制系统，在 ABS 中增加了电磁阀和调节器，从而增加了驱动控制功能。

3）防滑差速锁（Limited Slip Differential，LSD）控制

LSD 能对差速器锁止装置进行电控，使锁止范围在 0 ～ 100% 变化。当驱动轮出现单边滑转时，电控器发出控制命令，使差速锁和制动压力调节器工作，从而控制车轮的滑转率。这时非滑转车轮还有正常的驱动力，从而提高汽车在滑溜路面的起步、加速性能及行驶时的方向稳定性。各驱动轮的锁紧系数可用差速器中的液压预紧盘来调节。它可从零连续增加到完全锁紧，所需液压由蓄压器提供，调节作用由电磁阀控制。电控防滑差速锁系统组成如图 6-28 所示。

在差速器向驱动轮输出驱动力的输出端，设置有一个离合器，它通过调节作

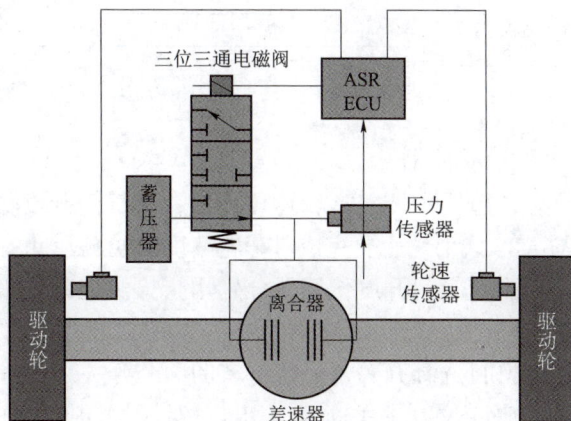

图 6-28　电控防滑差速锁系统组成

用在离合器片上的液压压力，便可调节差速器的锁止程度。

4）综合控制

为了达到更理想的控制效果，可采用上述各种控制方式相结合的控制系统。汽车在行驶过程中，由于路面湿滑程度各不相同，驱动力的状态也随时变化，综合控制系统将根据发动机的工况和车轮滑转的实际情况采取相应的控制措施。例如：在发动机处于输出大转矩的状态下，车轮发生滑转的主要原因往往是路面湿滑，采用对滑转车轮施加制动力的方法比较有效。在更为复杂的工况下，借助综合控制的方式能够更好地达到控制驱动轮滑转的目的。

2. 汽车 ASR 系统的组成

ASR 系统的基本组成如图 6-29 所示，主要包括传感器、ECU、执行器等部件。

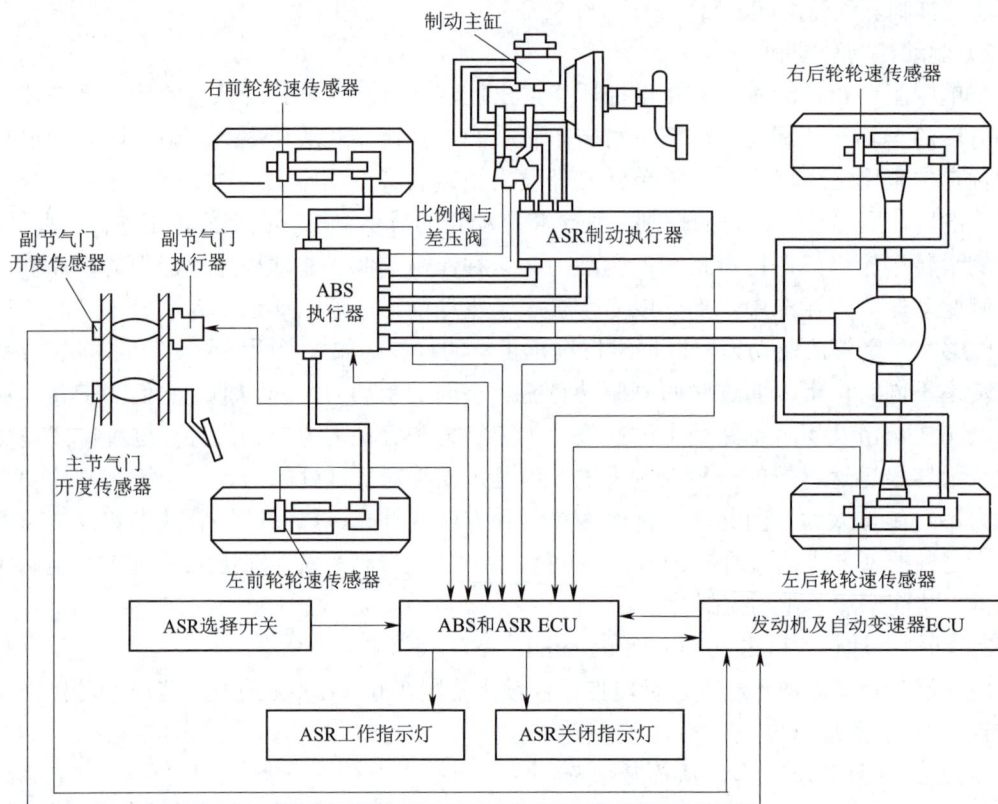

图 6-29　ASR 系统的基本组成

1）传感器

传感器主要包括轮速传感器、节气门开度传感器、ASR 选择开关等。一般轮速传感器与 ABS 共用，主要完成对车轮速度的检测，并将轮速信号传递给 ASR 和 ABS 电控单元。而主、副节气门开度传感器分别用于检测主、副节气门的开启角度，并将这些信号传递给发动机和自动变速器电控单元，与发动机电控系统共用。

ASR 选择开关是系统特有的一个开关装置，它可以通过人为操作选择是否启用 ASR 系统，如将 ASR 的关断开关切断（处于"OFF"的位置），ECU 可使系统退出 ASR 工作状态，并点亮 ASR 关断指示灯。在某些特殊的场合，例如，检查汽车传动系统或其他系统的故障时，可以借助该开关使 ASR 系统停止工作，以避免因驱动轮悬空，致使 ASR 对驱动轮施加制动而影响故障检查。

2）ECU

ASR ECU 以微处理器为核心，配以输入、输出电路及电源电路等。为了减少电子元器件的数目，简化和紧凑结构，ASR 控制器通常均与 ABS 控制器组合为一体，如图 6-30 所示，ASR ECU 的输出信号来自传感器、ABS ECU、发动机 ECU 和选择控制开关等。根据上述输入信号，ASR ECU 通过计算后向制动压力调节器与副节气门驱动装置发出工作指令，并通过指示灯显示当前工作状态。一旦 ASR ECU 检测到任何故障，则立即停止 ASR 调节。此时车辆仍可以保持常规行驶方式，同时系统会将检测出的故障信息存入计算机的随机存取存储器（RAM），并让报警指示灯闪烁，以提醒驾驶员。

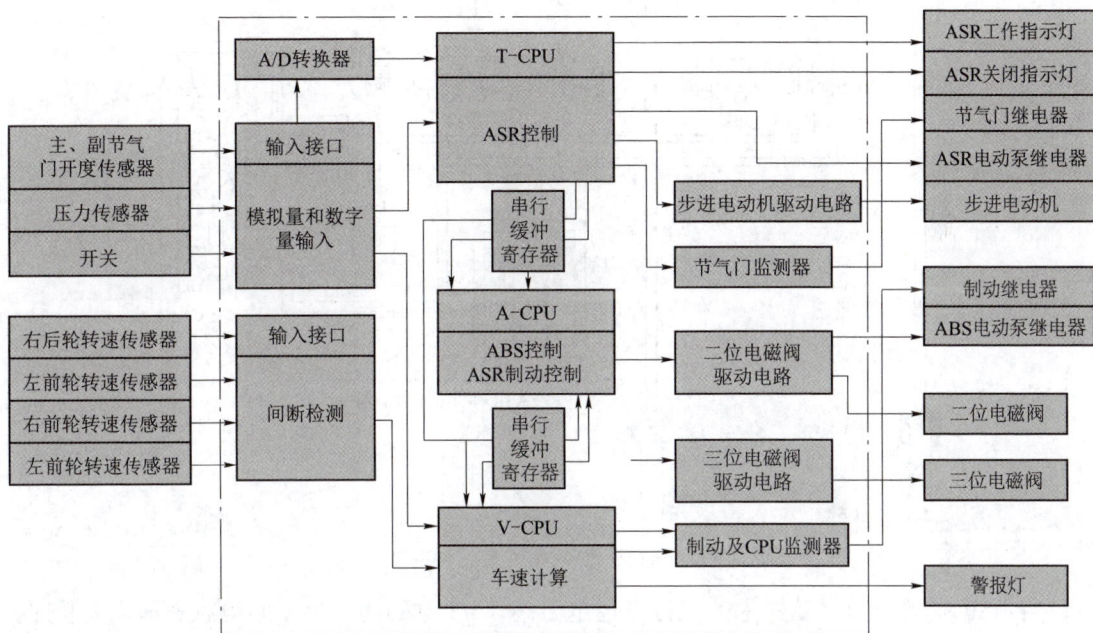

图 6-30　ASR 与 ABS 的 ECU 组合图

3）执行器

ASR 系统的执行器主要包括制动压力调节器、副节气门驱动装置等。前者根据 ABS 和 ASR 电控单元的信号，调节制动器中的液压；后者则根据 ASR 电控单元传送来的信号控制副节气门的开启角度。

（1）ASR 制动压力调节器。

ASR 制动压力调节器通过接收 ASR 控制器的指令，对滑转车轮施加制动力并控制动力的，这种方式是为了防止制动力施加太大。其也作为第一种方法的补充，以保证控制制动力的大小，使驱动轮的滑转率处于目标范围内。ASR 制动压力调节器有独立式和组合式两种结构。独立式是指 ASR 与 ABS 制动压力调节器彼此分立的结构形式，它比较适合将 ASR 作为选装系统的车辆，布置较灵活，但结构不紧凑、连接点较多、易泄漏。组合式是指将 ASR 与 ABS 两套压力调节装置合二为一的结构形式，特点与独立式结构相反。

① 独立调节式：制动压力独立调节的结构形式如图 6-31 所示。

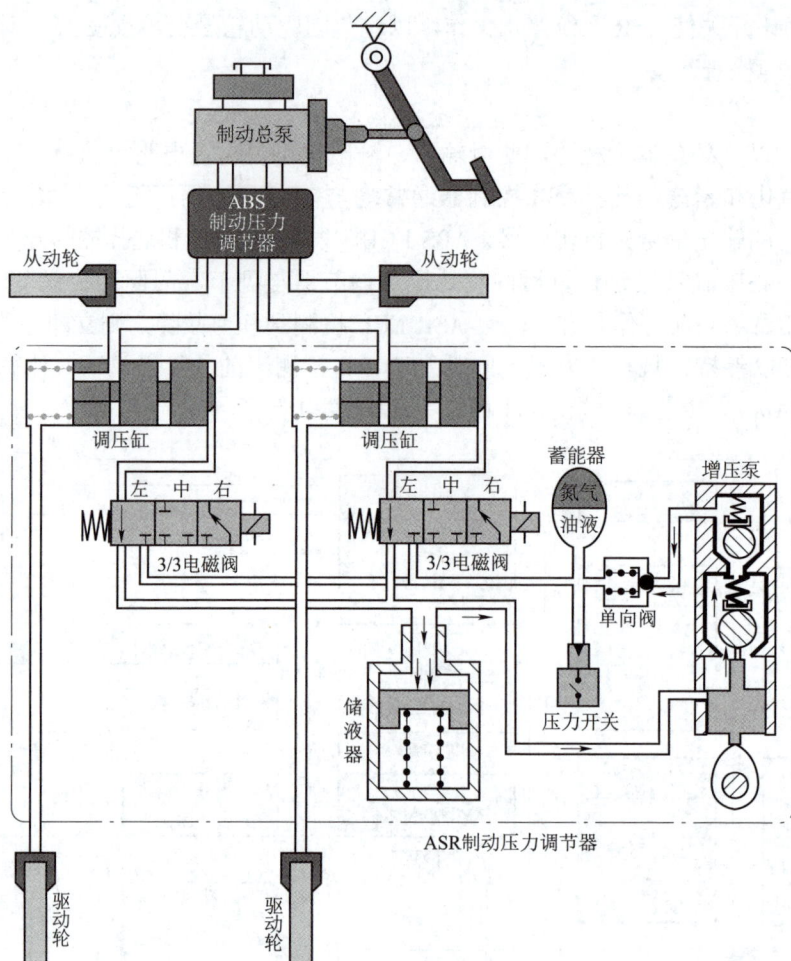

图 6-31　独立调节式 ASR 制动压力调节器

当 ASR 制动压力调节器中的三位三通电磁阀（3/3 电磁阀）处于断电状态而取左位时，调压缸右腔与储液器相通，压力较低，故缸内活塞在回位弹簧推力的作用下被推至右极限位置。此时，一方面可借助调压缸中部的通液孔将 ABS 制动压力调节器与车轮上的制动轮缸导通，保证 ABS 实现正常调压；另一方面也可实现 ASR 对制动轮缸的减压。

当电磁阀通电而处于右位时，调压缸右腔与储液器隔断，但与蓄能器导通，具有一定压力的液体将调压活塞推向左端，截断 ABS 制动压力调节器与制动轮缸的联系，调压缸左腔的压力会随活塞的左移而增大，进而带动制动轮缸压力的上升，便可实现 ASR 对驱动轮制动压力的增压调节。

当电控器使电磁阀半通电而处于中间位置时，调压缸与储液器和蓄能器均相通，而调压缸活塞保持不动，驱动轮缸压力也维持不变。

②组合调节式：组合方式的 ASR 制动压力调节器如图 6-32 所示。

当 ASR 调节电磁阀（3/3 电磁阀Ⅰ）断电而取左位时，ASR 不起作用。通过两个 ABS 调压电磁阀（3/3 电磁阀Ⅱ、Ⅲ）的作用，可实现对两驱动轮制动压力的调节。

当 ASR 调压电磁阀通电而取右位时，若 ABS 调压电磁阀仍处于断电状态而取左位，这时，蓄能器的压力油可流入驱动车轮的制动轮缸，以达到制动增压的目的。

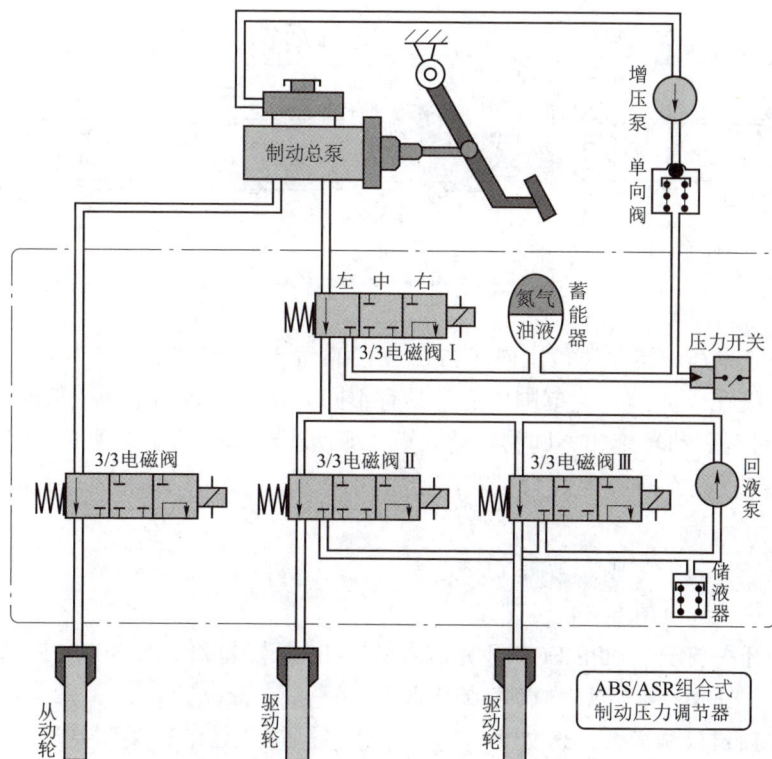

图 6-32　组合调节式 ASR 制动压力调节器

若 ASR 调节电磁阀半通电处于中间位置时，则切断了蓄能器与制动主缸的联系，驱动轮制动轮缸压力维持不变。

当两个 ABS 调压电磁阀通电而取右位时，驱动轮制动轮缸与储液器相通，制动压力下降，从而实现制动减压。

由此可见，组合调节式通过调节电磁阀（3/3 电磁阀Ⅰ、Ⅱ、Ⅲ）的不同组合，分别实现对驱动轮的制动防抱死控制和驱动防滑控制。另一个调压电磁阀（3/3 电磁阀）实现对从动轮的制动防抱死控制。

（2）副节气门驱动装置。

ASR 以副节气门控制发动机输出功率是应用最广泛的方法。当 ASR 不起作用时，副节气门处于全开状态，发动机输出功率由主节气门直接控制。当 ASR 起作用时，ECU 控制副节气门的开度变化，便可实现对发动机输出功率的调节。节气门驱动装置一般由步进电动机和传动机构组成，步进电动机根据 ASR 电控器输出的控制脉冲可使副节气门转过规定的角度。副节气门驱动装置控制如图 6-33 所示。

尽管汽车公司采用的 ASR 系统各不相同，但是，概括说来它们在工作中均具有以下一些特点：

① ASR 系统可由开关选择其是否工作，并由相应的指示灯指示其状态。

② 当 ASR 系统关闭时，副节气门处于全开位置，此时，其制动压力调节装置不影响制动系统的正常工作。

③ ASR 系统在工作时，ABS 具有调节优先权。

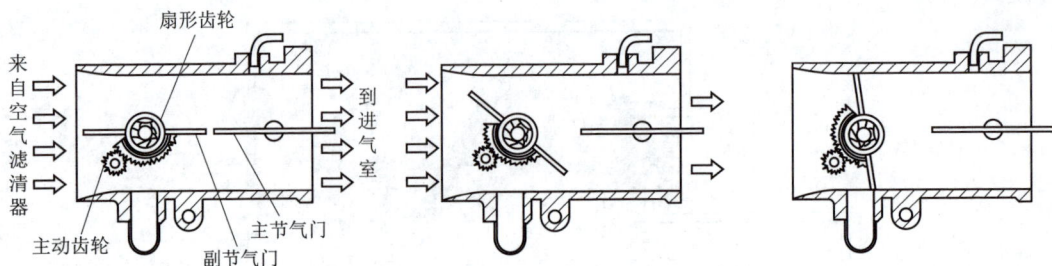

图 6-33　副节气门驱动装置控制

④ ASR 系统只在一定车速范围内（如 8 ～ 120 km/h）起作用。

⑤ ASR 系统在不同的车速范围内通常具有不同的特性。如当车速较低时，以提高牵引力为目的，可对两驱动轮施加不同的制动力矩（即两驱动轮制动压力独立调节）；当车速较高时，则以保持行驶方向稳定性为目的，使施加在两车轮上的制动力保持相同（两轮一同控制）。

三、汽车 ASR 系统的工作过程

1. 电路工作过程（图 6-34）

（1）点火开关打开，ABS ECU 开始自检，"ABS"警告灯、"ASR OFF"功能指示灯、"ASR"指示灯、"EBD"警告灯均点亮或闪烁。

（2）约 3s 后自检结束，ABS 处于等待工作状态，若"ASR 开关"关闭，ASR 也处于等待工作状态。"ABS"警告灯、"ASR OFF"指示灯、"ASR"指示灯均熄灭，"EBD"警告灯在驻车开关关闭时熄灭。

（3）行驶过程中，ABS 控制模块随时监控驱动轮速信号、制动开关信号、从动力模块传来的车速信号及经 CAN 数据线传来的发动机转速、节气门开度等信号，当相应信号达到控制门限时，ASR 进入干预状态。

紧急制动时，ABS 控制模块首先通过 CAN 数据线向动力模块发出减小发动机输出转矩请求，动力模块减小发动机点火提前角，降低驱动转矩，减轻滑转。

若 ABS 控制模块在发出减小发动机转矩请求后，仍然检测到有驱动轮滑转，则起动 ABS 泵电动机带动油泵工作产生液压，同时向 ASR 电磁阀发出指令，将适当的油压送到滑转驱动轮的轮缸对其实施制动，此时，"ASR"指示灯闪亮。

（4）若"ASR 开关"打开，ASR 退出工作，"ASR OFF"指示灯点亮。ASR 系统仅在湿滑路面上行驶时使用，在好路面或在举升机上检查传动系统时应停止 ASR 系统的工作。

2. 油路工作过程

（1）常规制动时，所有电磁阀均断电，主缸与轮缸相通，轮缸制动压力随主缸增大而增大。

（2）ABS 工作时，TC 2/2 电磁阀断电开通，电控单元根据各轮速信号控制各轮缸进口和出口电磁阀的打开或关闭，以及电动油泵的起动或停止，以调节制动油压，控制滑移率。

（3）EBD（电子制动力分配系统）工作时，电控单元根据各轮速信号比较前后轮的制动压力大小，控制后轮缸进口和出口电磁阀的打开或关闭，以及电动油泵的启动或停止，调节后轮制动油压，使前后轮制动力分配接近理想状态。

（4）ASR 制动干预。若驱动轮滑转（如左前轮），需要进行制动干预，其液压油路工作过程如下：

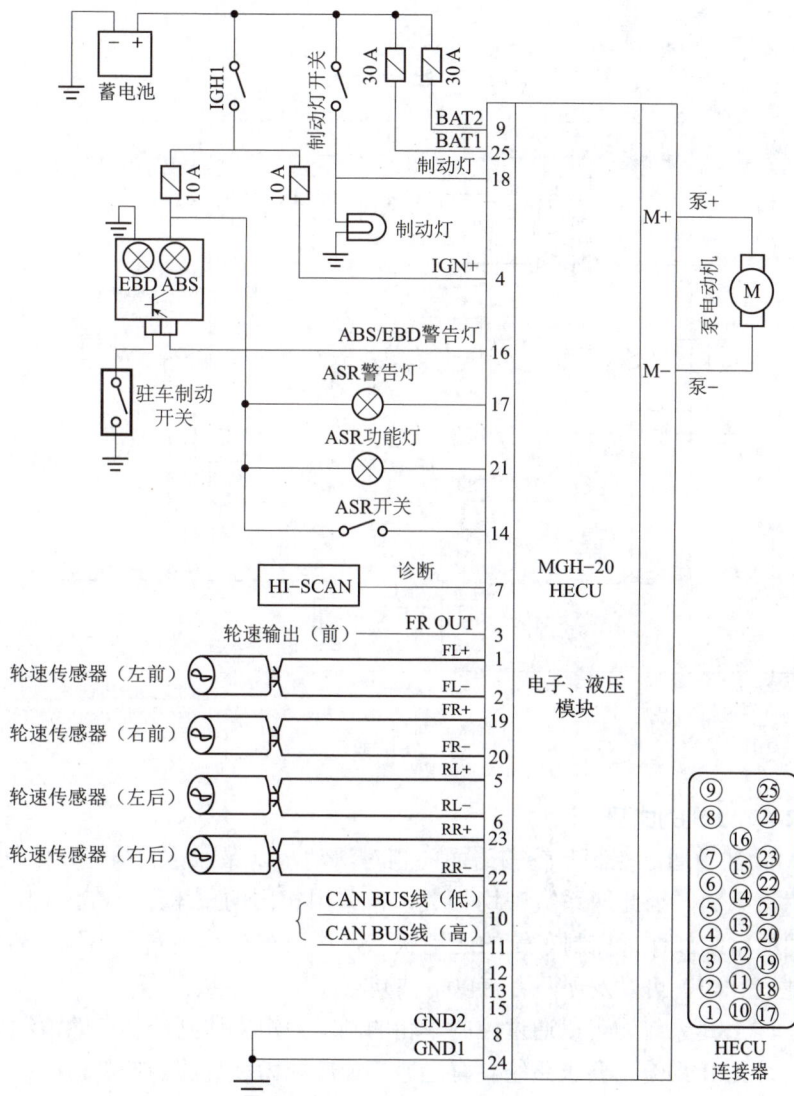

图6-34 ASR 工作电路图

① ASR 增压状态。

TC 2/2 电磁阀通电关闭、右后轮缸进口阀通电关闭、左前轮缸进口阀断电打开、左前轮缸出口阀断电关闭，且油泵电动机启动，液压油由主缸第二腔、液压滑阀、单向阀吸入油泵。加压后，经高压蓄压器、左前轮缸进口阀进入左前轮缸，对左前轮实施制动。

② ASR 保压状态。

当检测到左前驱动轮的滑移率达到规定值时，在增压状态的基础上，左前轮缸进口阀通电关闭，如图6-35所示，轮缸内油压保持不变。

③ ASR 降压状态。

若检测到左前驱动轮的滑移率小于规定值时，则会在保压状态的基础上，左前轮缸出口电磁阀通电打开，轮缸中的液压油经出口阀、单向阀流回液压泵的进油口，如图6-35所示，左前驱动轮缸的制动油压下降。

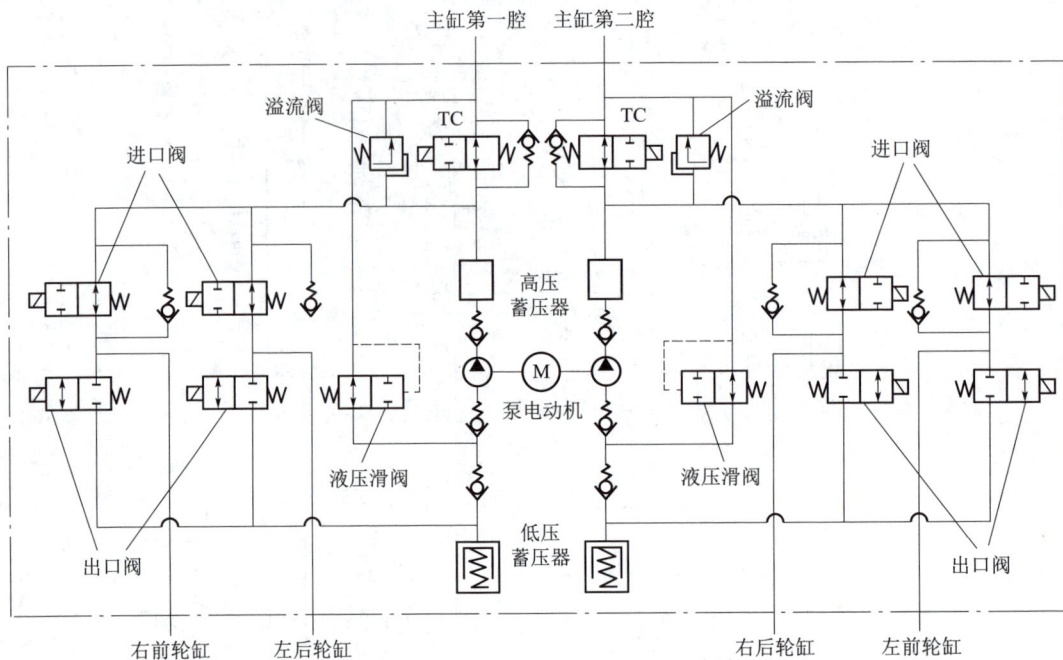

图6-35 ASR 工作油路

四、ASR 与 ABS 的比较

ASR 与 ABS 都是通过控制车轮和路面的相对滑动，以保证轮胎与地面之间存在较小的纵向和横向附着系数，因此两系数密切相关，常采用相同的技术结合在一起，共享许多电子组件和共同的系统部件来控制车轮的运动状态，构成车辆行驶安全系统。若将 ASR 系统与 ABS 详细进行比较，可以发现两者有以下共同点：

（1）ABS 与 ASR 系统均可以通过控制车轮的制动力矩来达到控制车轮滑动的目的；

（2）ABS 与 ASR 系统均要求系统具有迅速的反应能力和足够的控制精度；

（3）两种系统均要求调节过程消耗尽可能小的能量；

（4）ABS 与 ASR 系统均具有自诊断功能。

同时，ASR 系统与 ABS 也存在以下一些明显的区别：

（1）ABS 是防止制动时车轮抱死滑移，改善制动效能，确保制动安全；ASR 系统则是防止驱动车轮原地滑转，提高汽车起步、加速性能及在滑溜路面行驶的通过性和方向稳定性。

（2）ABS 对所有车轮实施调节，ASR 系统只对驱动轮加以调节控制，并由驾驶员通过选择开关来确定是否使用 ASR 系统。

（3）ABS 只调节制动压力，ASR 系统的调节包括发动机输出转矩调节和制动压力调节。

（4）ABS 是在制动时，在车轮出现抱死的情况下起控制作用，在车速很低（小于 8 km/h）时不起作用；而 ASR 系统则是在整个行驶过程中都工作（尤其是在起步、加速、转弯等过程中），在车轮出现滑转时起作用，而当车速很高（80 km/h 以上）时不起作用。

（5）ABS 工作时，传动系统振动较小，各车轮之间的相互影响不大，而 ASR 系统工作时，由于差速器的作用，车轮之间产生较大的相互影响，传动系统易产生较大振动。

五、ASR 系统的检修

1. 防滑系统的使用

ASR 系统是由电子元件控制的，在工作中有些现象是正常的，例如：

（1）系统检查时的声音：在发动机起动后，有时候会从发动机舱中传出类似碰击的声音，这是系统在进行自我检查时发出的声音，属于正常现象。

（2）工作时的声音：液压单元内部电动机的声音；与制动踏板振动一起产生的声音；工作时，因制动而引起悬架碰击声或轮胎与地面接触发出（吱嘎）声。

（3）在积雪或是沙石路面上，安装有 ABS 车辆的制动距离有时候会比没有安装 ABS 车辆的距离长。

（4）在 ASR 系统工作时，发动机的节气门反应会比不工作时慢。

2. ASR 系统的故障诊断及修复

现代汽车电控系统都具有故障自诊断功能。当 ABS/ASR 系统的 ECU 检测到系统的故障信息时，立即使仪表板上相应警告灯点亮，提示驾驶员 ABS/ASR 系统出现故障，同时将故障信息以故障代码的形式储存到存储器中。诊断 ABS/ASR 系统故障时，按照设定的程序和方法可读取故障代码和清除故障代码。

3. ASR 系统故障诊断注意事项

（1）ABS、ASR 系统是一种汽车主动安全系统，从事该项目检修诊断工作要求具备该系统的相关知识；

（2）在车辆使用中，若怀疑或确定 ASR 系统元件有故障，一般都需要将可疑元件拆下进行检查或更换；

（3）由于蓄压器使管道中的制动液保持着一定压力，在拆卸油管时要小心高压制动液喷出；

（4）安装时要按规定的力矩拧紧管路的螺纹连接件，拧得过松容易造成松动和泄漏，拧得过紧又容易造成变形和滑丝；

（5）若在维修中拆动了液压系统元件，安装后必须对液压系统进行排气；

（6）在对 ABS、ASR 系统进行检修之前原则上要查询故障代码；

（7）在拔下 ABS、ASR 系统控制单元插头的情况下不要驾车；

（8）ABS、ASR 系统的元器件插头只有在关闭点火开关时才可拔下或插上；

（9）不允许松开液压单元的螺栓（在更换回油泵继电器和电磁阀时，继电器罩盖螺栓除外）；

（10）在涉及与制动液有关的作业时，要注意采取有效的安全防范措施。

4. ABS/ASR 系统故障检测的前提条件

（1）所有车轮应使用规定的及相同规格的轮胎，轮胎充气压力应正确；

（2）包括制动灯开关及制动灯在内的常规制动装置应正常；

（3）液压系统的接头处和管路应密封良好；

（4）轮毂轴承及其间隙应正常，轮速传感器安装位置应正确；

（5）所有熔断丝应正常；

（6）电控插头连接应正确，并且锁紧器应可靠锁紧；

（7）油泵继电器和 ABS 电磁阀继电器的插头应正确；

（8）蓄电池电压应正常；

（9）只有停车及打开点火开关情况下才可能进入故障自诊断系统，在车速超过 2.75 km/h

时不能进入故障自诊断系统，因此在进行故障自诊断时四个车轮必须处于静止状态；

（10）在进行 ABS、ASR 系统故障检测期间，汽车电气设备要远离高耗电设备。

✳ 任务三　ESP 系统检修

【任务目标】

知识目标

1. 熟悉 ESP 系统的功用和组成；

2. 掌握 ESP 系统工作过程；

3. 熟悉 ESP 系统和 ABS、ASR 系统之间的差别；

4. 典型 ESP 系统主要部件的功用及检修方法。

技能目标

1. 能识别 ESP 系统的主要部件；

2. 能对 ESP 系统主要部件进行检测及分析；

3. 能运用故障诊断仪对 ESP 系统进校准和故障读取；

4. 会运用所学知识和经验来排除 ESP 系统的故障。

素质目标

1. 逐步形成良好的职业素养及沟通协作能力；

2. 具备团队协作及分析问题、解决问题的能力；

3. 能够按照企业 6S 要求和安全生产规范进行操作；

4. 有节能环保的意识，能正确处理实践中的废料及零部件。

【任务实施】

一、任务描述

一辆 2014 年 5 月购入的大众宝来轿车，已行驶 16 万 km。某次行驶过程中仪表上 ESP 故障警告灯点亮。请你学习相关知识，合理选用工具，对车身稳定系统故障进行分析及排除。

二、任务准备

第一部分：信息准备

（1）ESP 是＿＿＿＿＿＿＿＿＿＿的简称，属于车辆的＿＿＿＿＿（主动 / 被动）安全，也可称之为动态驾驶控制系统。ESP 以＿＿＿＿＿与＿＿＿＿＿、＿＿＿＿＿为基础，增加＿＿＿＿＿传感器、＿＿＿＿＿传感器等信息，通过对车轮制动器和发动机动力的控制，实现对侧滑的纠正。

（2）ESP 的特点。

（3）ESP 的组成包括传感器、控制模块和执行器，其中传感器有_____、_____、

_____、_____。

（4）根据图 6-36，请分别写出图示标号部件的名称及作用于表 6-9 中。

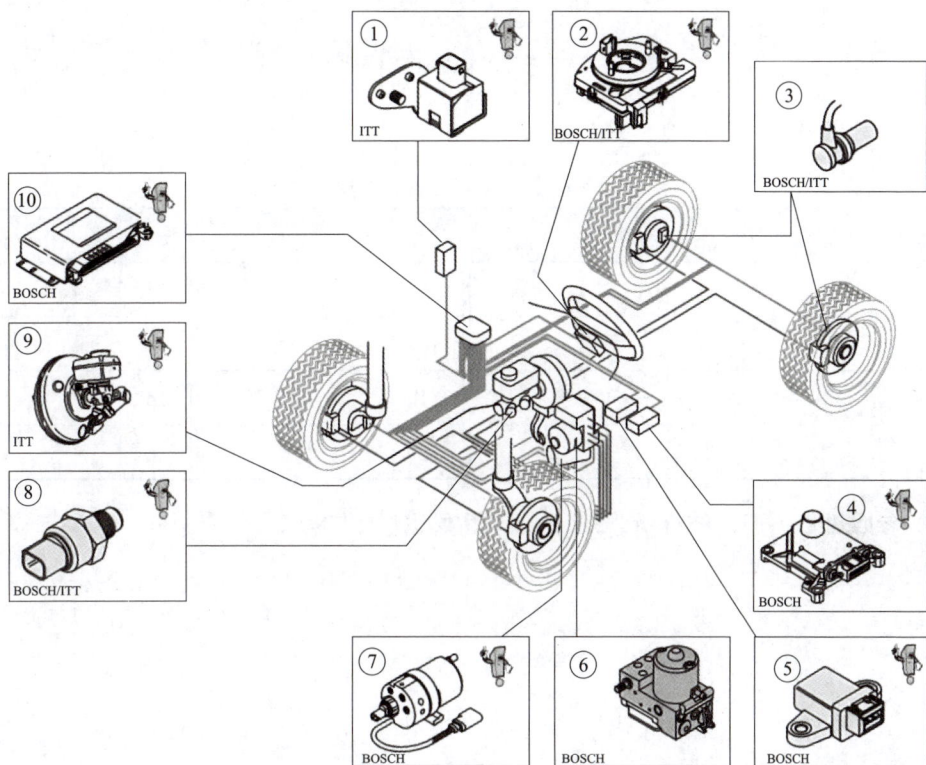

图 6-36　ESP 系统部件示意图

表 6-9　部件名称及作用

序号	部件名称	作用
1		
2		
3		
4		
5		
6		
7		
8		
9		
10		

（5）根据相关知识，小组讨论并分析 ESP 可能的故障原因。

第二部分：制订计划

（1）需要准备的工具，请填表 6-10。

表 6-10　需要准备的工具

序号	名称	序号	名称	序号	名称	序号	名称
1		5		9		13	
2		6		10		14	
3		7		11		15	
4		8		12		16	

（2）参照维修手册，结合所学知识，制订故障排除方案。

（3）根据计划，完成小组成员任务分工。

第三部分：实施计划

（1）相关信息填写：所测车辆型号＿＿＿＿＿＿＿＿＿＿＿＿＿＿＿＿＿＿＿＿＿。
（2）根据维修手册，画出 ESP 系统的电路图。

（3）实施检修，并填表 6-11。

表 6-11 检修记录

项目	作业记录		备注
一、症状	□ESP系统不运作		
	□ESP系统不能有效地运作		
	ESP警告灯不正常	□持续点亮　□不点亮	
	制动警告灯不正常	□持续点亮　□不点亮	
二、故障现象确认	确认故障症状并记录症状现象（根据不同故障范围，进行功能检测，并填写检测结果）		
三、故障代码检查			
四、正确读取数据和清除故障代码（当定格数据和动态数据中不存在反映故障代码特征的相关数据时，应填写"无"）	1. 定格数据记录（只记录故障发生时的数据帧内容） 1）基本数据： 2）定格数据中除基本数据外的反映故障代码特征的相关数据： 2. 与故障代码特征相关的动态数据记录 3. 清除故障代码 4. 确认故障代码是否再次出现，并填写结果		

项目	作业记录	备注
五、确定故障范围	根据上述检查进行判断并填写可能故障范围	
六、基本检查		
七、部件测试	对被怀疑的部件进行部件测试，须注明元件名称／插接件代码、针脚编号和测量结果：	
八、电路测量	对被怀疑的线路进行测量，须： （1）注明插件代码和编号，控制单元针脚代号以及测量结果： （2）记录相关波形：	

项目	作业记录	备注
九、故障部位确认和排除	根据上述的所有检测结果，确定故障内容并注明： （1）确定的故障是： （2）故障点的排除处理说明：	
十、维修结果校验	1. 维修后故障代码读取，并填写读取结果	
	2. 与原故障代码相关的动态数据检查结果	
	3. 相关波形	
	4. 维修后的功能确认并填写结果	

（4）场地恢复，6S 管理。

第四部分：评价反馈

任务评价如表 6-12 所示。

表 6-12　任务评价

序号	评价项目	评价指标	分值	自评（25%）	互评（25%）	师评（50%）	合计
1	知识目标（25%）	熟悉ESP系统的功用和组成	5				
		掌握ESP系统工作过程及控制机理	10				

序号	评价项目	评价指标	分值	自评（25%）	互评（25%）	师评（50%）	合计
1	知识目标（25%）	熟悉ESP系统和ABS、ASR系统之间的差别	5				
		典型ESP系统主要部件的功用及检修方法	5				
2	能力目标（50%）	能正确地制订维修计划	5				
		能正确选用工具	5				
		能识别ESP系统的主要部件并熟悉相关连接关系	5				
		能对ESP系统主要部件进行检测及分析	10				
		能运用故障诊断仪对ESP系统进校准和故障读取	10				
		会运用所学知识和经验来排除电子稳定系统（ESP）的故障	10				
		能完整、规范地完成任务单	5				
3	素质目标（25%）	职业素养、劳动意识	5				
		协作能力、创新意识	5				
		知识迁移、共性分析能力	5				
		搜集、利用资源的能力	5				
		环保意识	5				
合计			100				
综合得分及评价							

【相关知识】

一、ESP 系统概述

ESP 系统一般指车身电子稳定系统，属于车辆的主动安全系统。德国博世公司将直接横摆力偶矩控制跟 ABS 及 ASR 系统结合起来，开发了基于制动力横向分配的电子稳定系统

ESP，形成了同时控制车轮滑移率和整车横摆运动的综合系统，该技术通过合理分配纵向和侧向轮胎力，精确控制极限附着力情况下的汽车动力学行为，使汽车在物理极限内最大限度按照驾驶员的意愿行驶。ESP 系统是 ABS 和 ASR 两种系统功能的扩展，它们之间的差别在于 ABS 或 ASR 系统只能被动地做出反应，而 ESP 系统则能够探测和分析车况并纠正驾驶的错误，防患于未然。

ESP 系统是车辆新型的主动安全系统，是在 ABS 和 ASR 系统基础上，增加了车辆转向行驶时横摆率传感器、测向加速度传感器和转向盘转角传感器，通过 ECU 控制前后、左右车轮的驱动力和制动力，确保车辆行驶的侧向稳定性。

在汽车行驶过程中，ESP 通过不同传感器实时监控驾驶员转弯方向、车速、节气门开度、制动力以及车身倾斜度和侧倾速度，并以此判断汽车正常安全行驶和驾驶员操纵汽车意图的差距，然后通过调整发动机的转速和车轮上的制动力分布，修正转向不足或转向过度（图 6-37）；当制动发生时，ESP 系统则监控制动力的大小和各车轮制动力的分配情况。

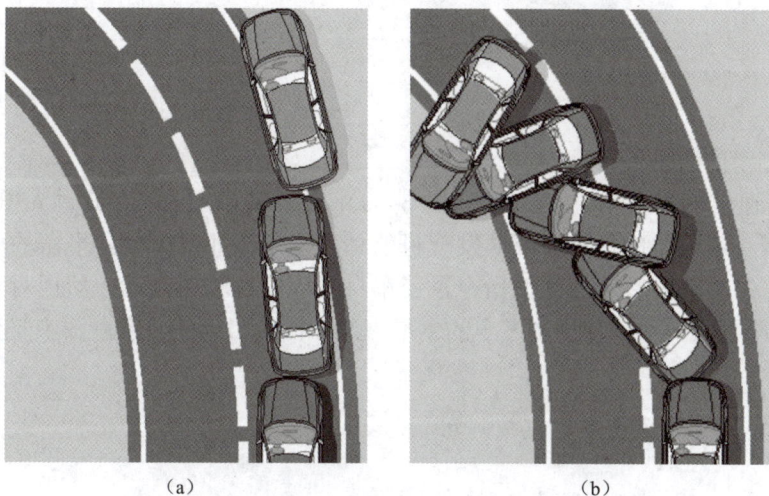

（a）　　　　　　　　　　　（b）

图 6-37　转向不足与转向过度

（a）转向不足；（b）转向过度

二、ESP 系统的特点及功能

1. ESP 系统的特点

（1）实时监控：ESP 系统能够实时监控驾驶员的操控动作、路面反应、汽车运动状态，并不断向发动机和制动系统发出指令。

（2）主动干预：ABS 等安全技术主要是对驾驶员的动作起干预作用，但不能调控发动机，ESP 系统则可以通过主动调控发动机的转速，并调整每个轮子的驱动力和制动力，来修正汽车的过度转向和不足转向。

（3）事先提醒：当驾驶员操作不当或路面异常时，ESP 系统会以警告灯的形式警示驾驶员。

2. ESP 系统的功能

ESP 系统能保证在转向状态下车辆的稳定性（横向），避免车辆产生侧滑。ESP 系统能以 25 次 /s 的频率对驾驶员的行驶意图和实际行驶情况进行检测，在转向状态下，能自动根据车辆的状态，有针对性地单独制动各个车轮或控制发动机、自动变速器的状态使车辆保持稳定行驶，即装备 ESP 系统的车型，将同时具有 ASR、EDL（电子差速锁）、ABS 功能。

1）直线行驶车轮滑移的控制

当汽车在湿滑的路面上做直线起步或躲避障碍物行驶时（图 6-38），ESP-ECU 一旦通过车轮转速传感器检测到某个或全部车轮滑移率大于某设定值时，便立即通过 ASR 系统向发动机 ECU 发出减小喷油量的指令，降低发动机的动力输出，使驱动轮不再打滑。

图 6-38　直线躲避障碍物行驶

2）前轮侧滑的纠偏

当汽车高速转弯产生前轮侧滑时（图 6-39），ESP-ECU 便首先通过 ASR 系统向发动机 ECU 发出减小喷油量的指令，降低发动机的动力输出，并采用反向平衡的原理，同时向 ABS-ECU 发出先制动内后轮的纠偏指令，使车身得到向内转的运动，然后对 4 个车轮进行制动，使车速降到某一水平和抑制汽车的侧滑，汽车便按照驾驶员的意图恢复到正确的轨道上来。

图 6-39　高速转弯前轮纠偏

3）后轮甩尾的纠偏

当汽车转弯产生后轮甩尾时（图 6-40），ESP-ECU 同样采用反向平衡原理，首先通过 ASR 系统向发动机 ECU 发出减小喷油量的指令，降低发动机的动力输出，并同时向 ABS-ECU 发出先制动外前轮的纠偏指令，使车身得到向外转的运动，然后对四个车轮进行制动，使车速降低到某一水平，抑制汽车的甩尾，汽车便按照驾驶员的意图恢复到正确的轨道上来。

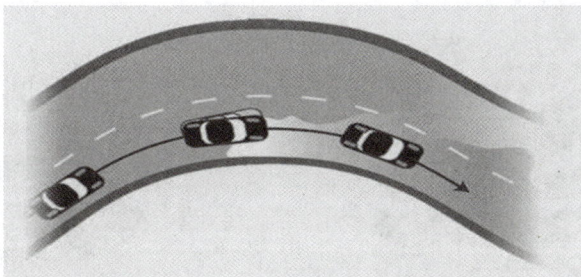

图 6-40 后轮甩尾纠偏

三、ESP 系统组成

BOSCH 和 ITT 为主要的两个 ESP 系统的生产厂家，它们 ESP 系统的设计原理和基本结构是相同的，不同的是组成元件在备件使用上应注意其对应系统。如图 6-41 所示，ESP 系统主要由控制单元、转向盘转角传感器、转速传感器、偏转率传感器、横/纵向加速度传感器及液压系统等组成。图 6-42 所示为其部件所对应的系统。

以应用在大众汽车上的 BOSCH ESP 系统为例，其控制回路如图 6-43 所示。

1. ESP 系统控制单元

ESP 系统的控制单元与 ABS 共用，一般安装在汽车的右侧放脚空间的前部，是 ESP 系统的核心，监控着所有的电气部件，并周期性地检查系统的每个电磁阀工作情况。同时为保障系

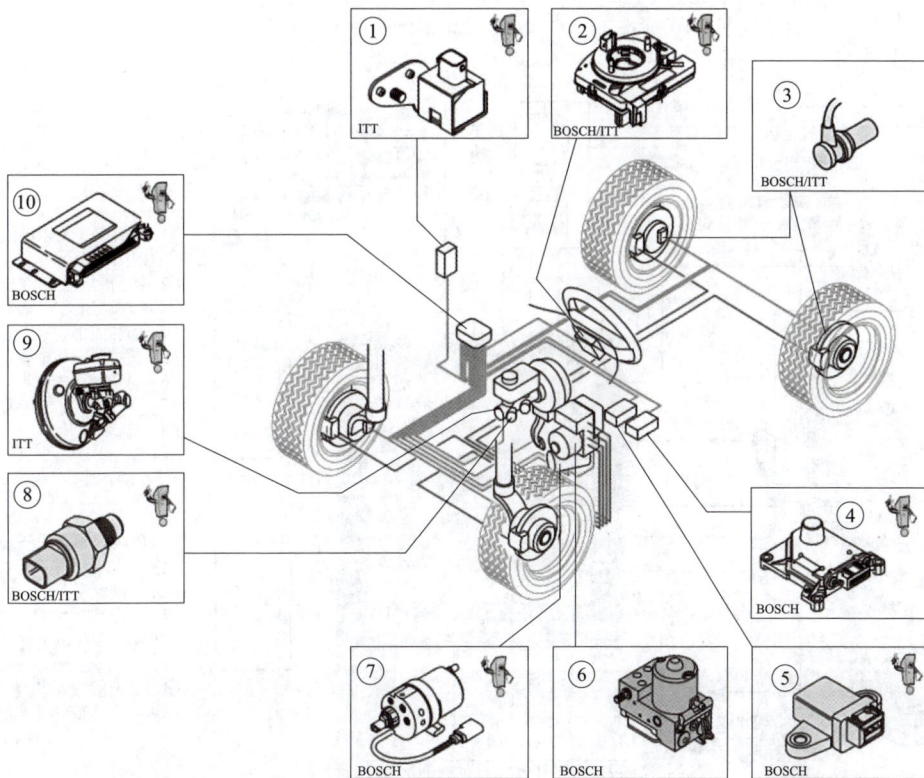

图 6-41 ESP 系统部件示意图

1—纵向加速度传感器；2—转角传感器；3—轮速传感器；4—偏转率传感器；5—横向加速度传感器；
6—液压单元；7—调压泵；8—制动压力传感器；9—制动助力器；10—自控制单元

传感器

带EDS/ASR/ESP的
ABS控制单元J104
在右前脚坑内，
车身前板上

执行元件

ASR/ESP按钮开关 E256

制动灯开关 F

制动踏板开关 F47
车轮转速传感器
右后 G44
右前 G45
左后 G46
左前 G47

转向角传感器 G85

侧向加速度传感器 G200

制动压力传感器 G201

横摆率传感器 G202，
在左前脚坑内，舒适
系统中央控制系统前

附加信号
发动机管理
变速器管理

ABS回液泵继电器J105，
在控制单元保护壳体内，
发动机舱左前部

ABS回液泵 V39

ABS电磁阀继电器J106
在控制单元保护壳体内，
发动机舱左前部

ABS进液阀 N99, N101, N133, N134

ABS出液阀 N100, N102, N135, N136
行驶动态调节阀-1-N225
行驶动态调节阀-2-N226
行驶动态调节高压阀-1-N227
行驶动态调节高压阀-2-N228

行驶动态调节液压泵V156

组合仪表内带显示屏的控制单元J285
ABS指示灯K47
制动系统指示灯K118
ASR/ESP指示灯K155

附加信号
发动机管理
变速器管理
导航系统管理

自诊断接口

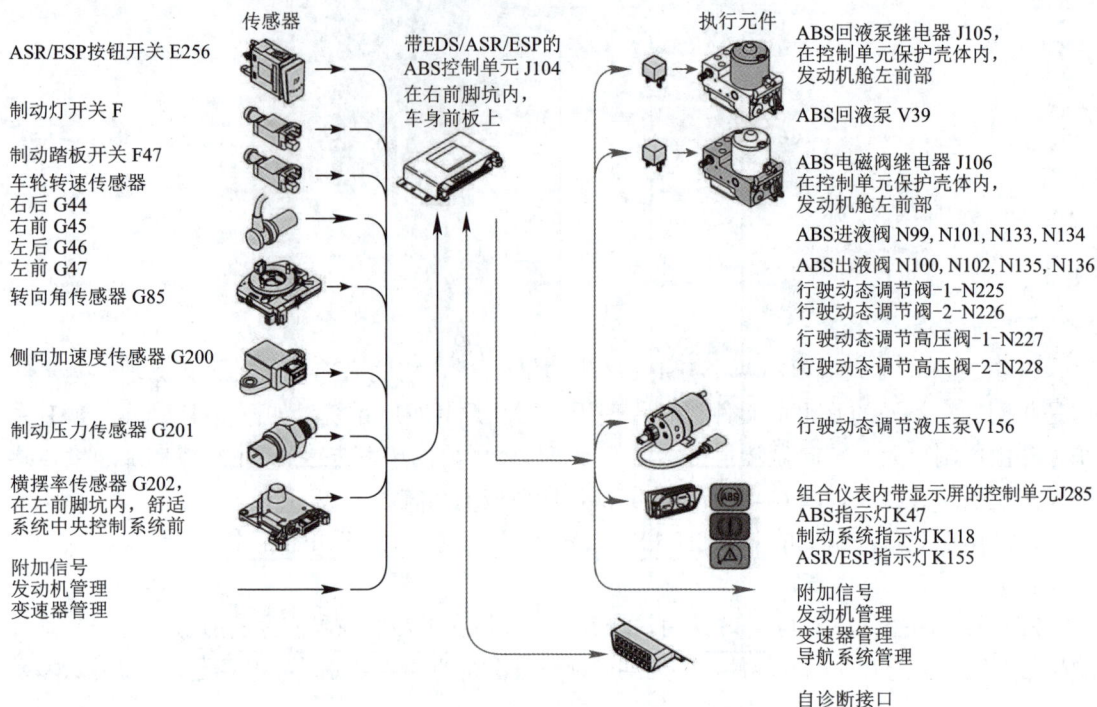

图 6-42　BOSCH ESP 系统组成示意图

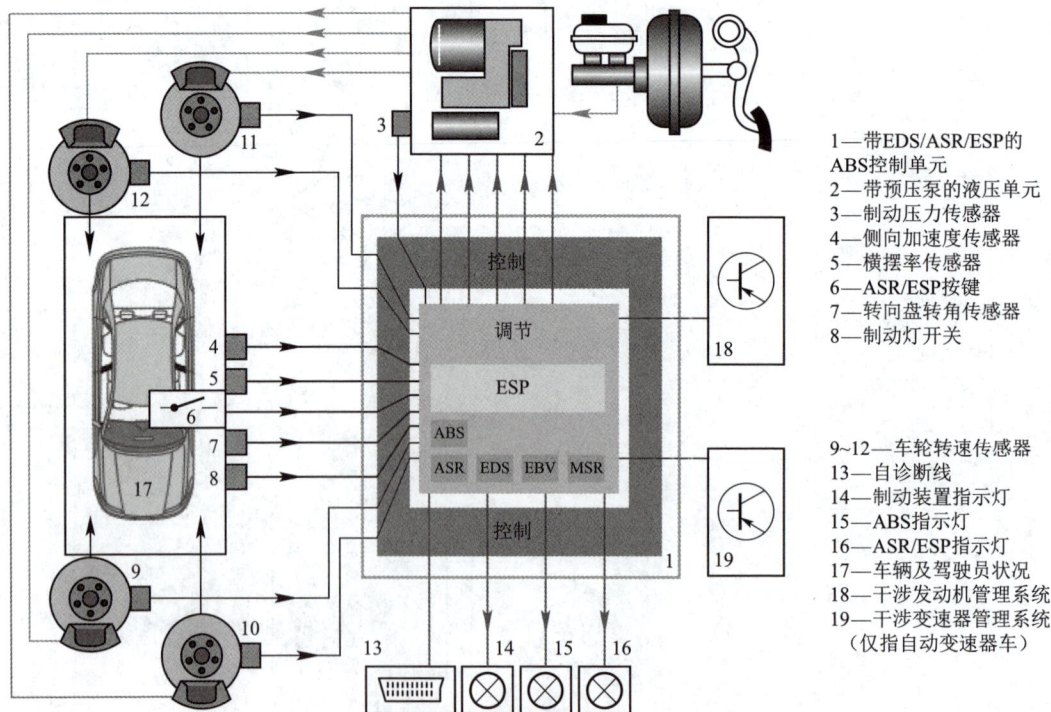

1—带EDS/ASR/ESP的
ABS控制单元
2—带预压泵的液压单元
3—制动压力传感器
4—侧向加速度传感器
5—横摆率传感器
6—ASR/ESP按键
7—转向盘转角传感器
8—制动灯开关

控制

调节

ESP

ABS

ASR EDS EBV MSR

控制

9~12—车轮转速传感器
13—自诊断线
14—制动装置指示灯
15—ABS指示灯
16—ASR/ESP指示灯
17—车辆及驾驶员状况
18—干涉发动机管理系统
19—干涉变速器管理系统
（仅指自动变速器车）

图 6-43　BOSCH ESP 系统控制回路

统的可靠性，在系统中有两个处理器，两个处理器用同样的软件处理信号数据，并相互监控比较。当控制单元出现故障时，驾驶员仍可做一般的制动操作，但 ABS/ EBS/ ASR /ESP 功能失效。

2. 转向盘转角传感器

采用光电式转角传感器，一般安装于汽车转向柱上，位于转向灯开关和转向盘之间，与安全气囊时钟弹簧集为一体。其作用是向带有 EDL/ASR/ESP 的 ABS 控制单元传送转向盘转动角信号，测量的角度为 ±720°，对应转向盘转 4 圈。若无该传感信号则车辆无法确定行驶方向，ESP 系统失效。

3. 组合传感器

组合传感器包括侧向加速度传感器 G200（一般安装在驾驶员座椅下的放脚空间）和横摆率传感器 G202（一般安装于转向柱下方偏右侧），两者也可能集中在一个舱盒内，位于副仪表台手套箱下方，此处为整车的重心位置。

（1）侧向加速度传感器：确定车辆是否受到使车辆发生滑移作用的侧向力，以及侧向力的大小。若无该信号则控制单元将无法计算出车辆的实际行驶状态，ESP 系统功能失效。

（2）横摆率传感器：确定车辆是否沿垂直轴线发生转动，并提供转动速率。没有横摆率测量值，控制单元无法确定车辆是否发生转向，ESP 系统功能失效。

4. 制动压力传感器

安装于行驶动力调节液压泵中，其功能是向控制单元传送制动系统的实际压力，控制单元相应计算出作用在车轮上的制动力和整车的纵向力大小（即控制预压力）。如果 ESP 系统正在对不稳定状态进行调整，那么控制单元将这一数值包含在侧向力计算范围之内。若没有制动力压力信号则系统无法计算出正确的侧向力，ESP 系统失效。

5. ASR /ESP 按钮开关

按下该按钮，ESP 功能关闭。再次按压该按钮，ESP 功能重新激活。重新起动发动机该系统也可自动激活。但是在下列情况下，应该关闭 ESP 功能。

（1）在积雪路面或松软路面上行驶时；

（2）车辆安装防滑链时；

（3）车辆在功率测试状态下行驶时。

如果 ASR /ESP 按钮出现故障后 ESP 系统无法关闭，组合仪表上的 ESP 警报灯有警报显示。

6. 动力调节液压泵

其功能是在制动踏板力较小或根本没有压力时，弥补回油泵的不足，给加油泵吸入端提供所需的初压力。

7. 液压控制单元

制动分泵由液压控制单元的电磁阀控制，通过控制制动分泵的入口阀和出口阀，建立三个工作状态：建压、保压、卸压。当电磁阀功能出现不可靠故障时，整体系统关闭。

三、ESP 系统工作原理与工作过程

1. ESP 系统工作原理

ABS/ASR 系统就是要防止在车辆加速或制动时出现我们所不期望的纵向滑移，而 ESP 系统的作用是控制横向滑移，它是各种工况下的一个主动安全系统，处理各种异常情况，减轻驾驶员的精神紧张及身体疲劳。只要 ESP 系统识别出驾驶员的输入与车辆的实际运动不一致，它就马上通过有选择的制动发动机干预来稳定车辆。ESP 系统首先通过转向盘转角传感器及

各车轮转速传感器识别驾驶员转弯方向（驾驶员意愿），通过横摆角速度传感器，识别车辆绕垂直于地面轴线方向的旋转角度及侧向加速度传感器识别车辆实际运动方向。ESP 系统的控制框图如图 6-44 所示。

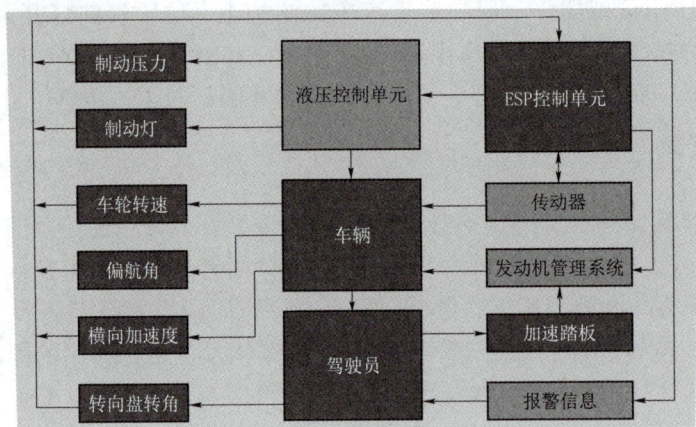

图 6-44　ESP 系统的控制框图

2. ESP 系统工作过程

1）两个问题的应答

ESP 系统对危急驾驶情况做出反应前，必须获得两个问题的应答，如图 6-45 所示。

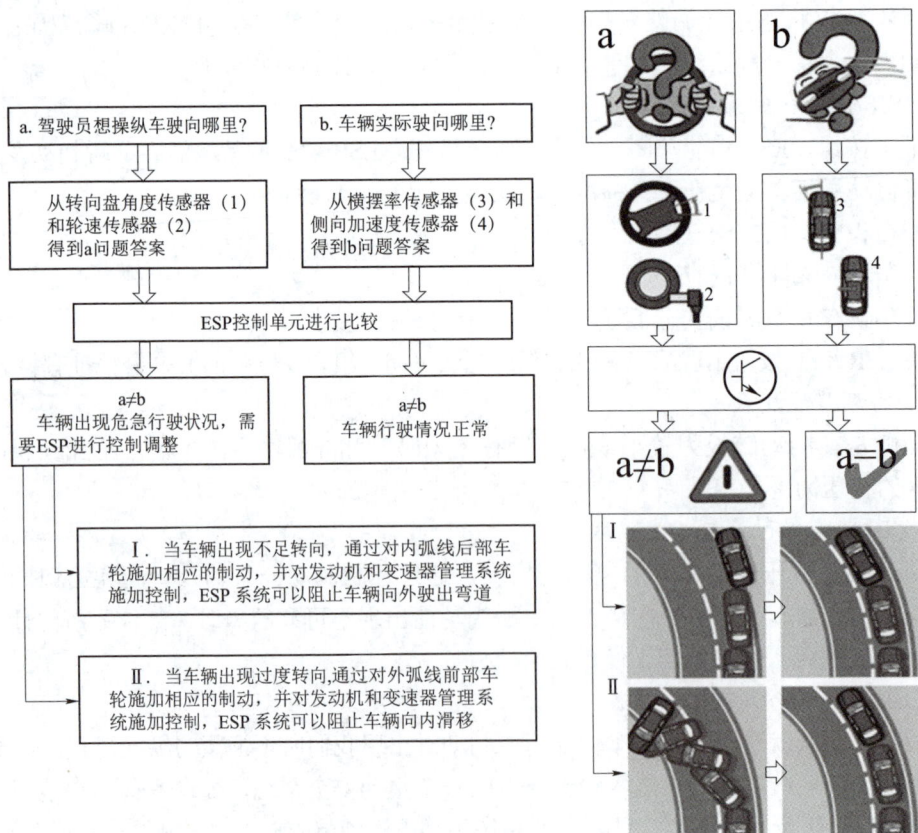

图 6-45　ESP 系统动作程序

如图 6-43 所示，汽车行驶时，4 个轮速传感器（9～12）不断向电子控制单元 1 提供车轮的转速数据。同时，转向盘转角传感器 7 又把所得的数据通过 CAN 总线传给电子控制单元，由此，电子控制单元根据这两种传感器的信息计算出汽车所需转向和所需行驶状态。与此同时，侧向加速度传感器 4 也在向电子控制单元传送侧向的偏转信息；横摆率传感器 5 则传送着汽车的离心趋势，因此，电子控制单元根据这两种传感器的信息同时又算出汽车的实际行驶状态。之后，电子控制单元将刚才算出的所需值与实际状态进行比较，检测是否有偏差，如有偏差（也即汽车有发生翻转或者偏离驾驶员需求的行驶路线的趋势），ESP系统则进行调节。调节过程中，ESP 系统会决定哪只轮子应制动或加速以及发动机转矩是否该减小，在装有自动变速器的汽车上，还决定是否需要使用变速器电子控制单元。当 ESP系统调节完成后，电子控制单元根据各传感器的检测数据，检查调节作用是否有成效。如果有成效，则 ESP 系统停止工作，并继续观察汽车的运行状态；如果没有成效，则 ESP 系统重新工作。ESP 系统工作时，ESP 指示灯亮，提示驾驶员注意。

2）工作过程（图 6-46）

（1）常规制动过程。

常规制动时，所有电磁阀均断电，制动主缸与轮缸直接相通。

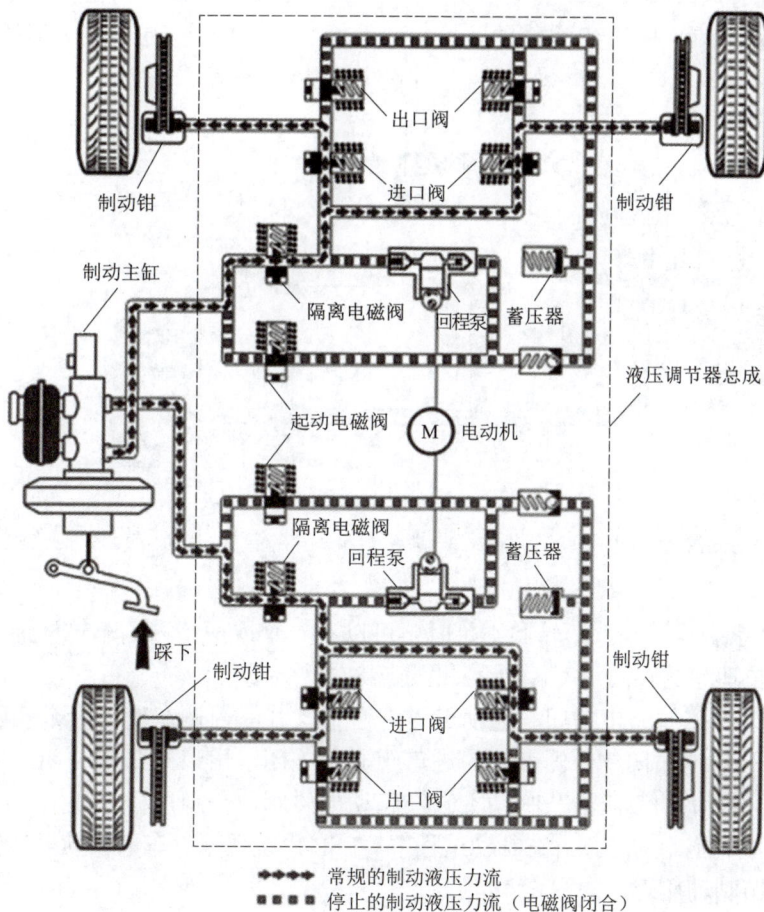

图 6-46　ESP 系统起作用前工作过程

（2）ABS 工作过程。

在 ABS 调节过程中，隔离电磁阀、起动电磁阀仍保持断电，ESP 电控单元根据轮速信号控制各轮进口阀、出口阀关闭或打开并适时起动油泵电动机，调节相应车轮制动轮缸油压，控制车轮滑移率。详细过程可自行分析。

（3）EBD 工作过程。

在 EBD 调节过程中，隔离电磁阀、起动电磁阀、前轮进口阀、前轮出口阀断电。在制动力增长阶段车轮没有出现抱死趋势之前，ESP 电控单元根据前后轮速信号控制后轮进口阀、出口阀关闭或打开并适时起动油泵电动机，调节后轮制动轮缸油压，使前后轮制动力分配保持在理想状态。

（4）ASR/ESP 调节。

隔离电磁阀通电关闭、起动电磁阀通电打开，非滑转驱动轮的进口阀通电关闭、出口阀断电关闭，滑转驱动轮的进口阀断电打开、出口阀断电关闭，电动机带动回程泵运转，将制动液压油从制动主缸经起动电磁阀、进口电磁阀压入滑转驱动轮的制动轮缸，实施制动干预。在制动过程中，ESP 系统根据滑转情况通过进口阀和出口阀调节制动压力。

（5）ESP 系统工作过程。

① 油路控制部件组成。

由图 6-47 可以看出，ESP 系统油路控制部件主要由一些阀与泵及助力器等组成。

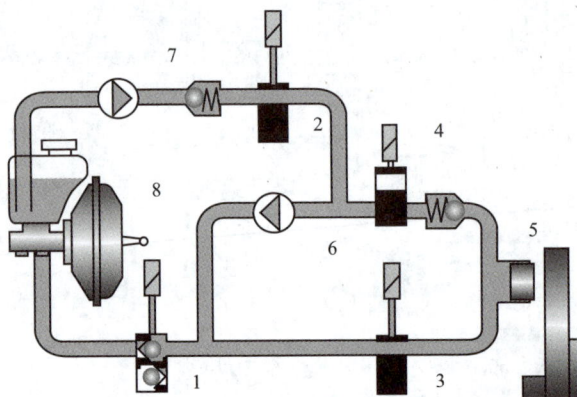

图 6-47　ESP 系统油路控制部件组成

1—分配阀 N225；2—高压阀 N227；3—进液阀；4—出液阀；5—制动分泵；6—回流泵；
7—行使动态调节液压泵；8—制动助力器

② 当 ESP 系统检测到汽车转向不足时，可以对一个或两个内侧车轮施加制动，以保证汽车按照驾驶员理想的转向角度行驶，如图 6-48 ①所示。

此时，隔离电磁阀通电关闭、起动电磁阀通电打开，内侧车轮的一个或两个进口阀断电打开、出口阀断电关闭，外侧车轮的进口阀通电关闭、出口阀断电关闭，电动机带动液压回程泵运转，将制动液压油从制动主缸经起动电磁阀、进口电磁阀压入一个或两个内侧车轮制动轮缸，实施制动干预。在制动过程中，ESP 系统根据汽车的横向摆转情况通过进口阀和出口阀调节制动压力，如图 6-49 所示。

③ 当 ESP 系统检测到汽车转向过度时，可对一个或两个外侧车轮施加制动，以保证汽车按照驾驶员理想的转向角度行驶，如图 6-48 ③所示。

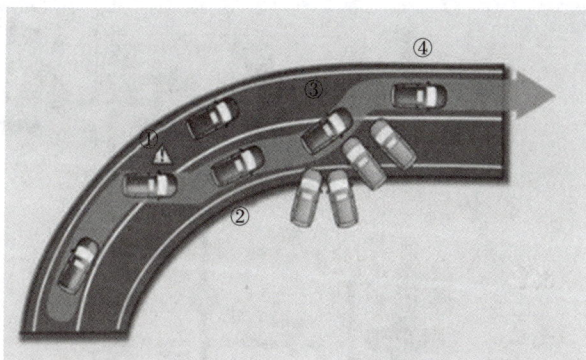

图 6-48　ESP 系统对车辆调整过程

① 紧急制动，猛打转向盘，车辆有转向不足的倾向；② 增加右后轮制动压力，车辆按照转向意图行驶；
③ 恢复正常的行驶路线，车辆有转向过度的倾向，在左前轮上施加制动力；④ 车辆保持稳定

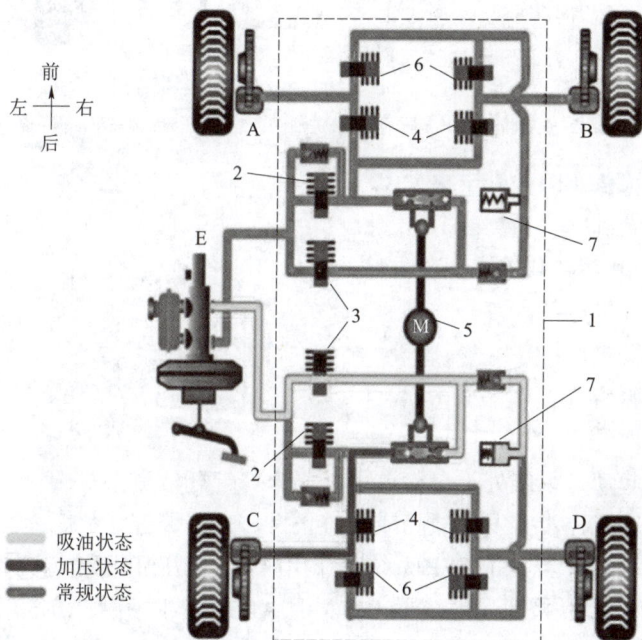

图 6-49　ESP 系统对转向不足的调节

1—液压节器总成；2—控制阀；3—高压阀；4—进油阀；5—液压泵；6—出油阀；7—低压蓄压器

　　此时，隔离电磁阀通电关闭、起动电磁阀通电打开，外侧车轮的一个或两个进口阀断电打开、出口阀断电关闭，内侧车轮的进口阀通电关闭、出口阀断电关闭，电动机带动液压回程泵运转，将制动液压油从制动主缸经起动电磁阀、进口电磁阀压入一个或两个外侧车轮制动轮缸，实施制动干预。在制动过程中，ESP 系统根据汽车横向摆转情况通过进口阀和出口阀调节制动压力，如图 6-50 所示。

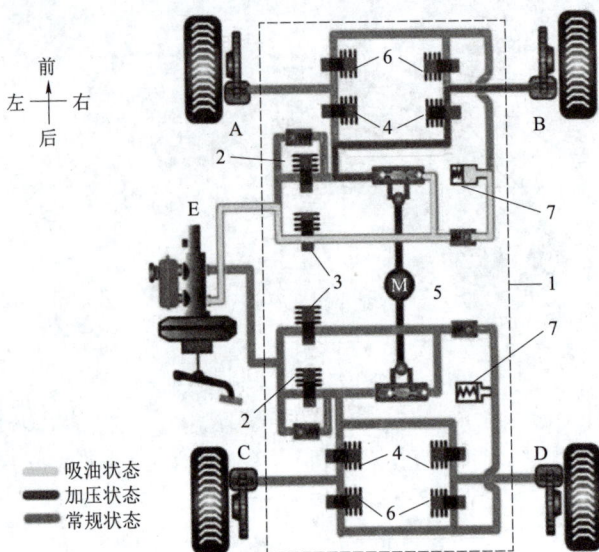

图 6-50　ESP 系统对转向过度的调节

1—液压节器总成；2—控制阀；3—高压阀；4—进油阀；5—液压泵；6—出油阀；7—低压蓄压器

四、ESP 系统检修（以大众宝来为例）

1. 系统警告灯的工作

ABS、ASR、ESP 系统共有 3 种警告灯：

（1）制动装置警告灯；

（2）ABS 故障警告灯；

（3）ASR/ESP 警告灯。

其工作情况依次是：

（1）发动机刚起动，系统处于自检过程，三个警告灯常亮；

（2）系统自检完成，没有发现故障或系统正常，三个警告灯都熄灭；

（3）在汽车行驶中，当 ASR/ESP 系统起作用时，ASR/ESP 警告灯闪烁；

（4）当按下 ASR/ESP 按钮（系统不工作）且 ABS 有效时，ASR/ESP 警告灯亮起；

（5）当 ASR/ESP 系统发生故障时，ASR/ESP 警告灯和 ABS 故障警告灯点亮；

（6）当 ABS 发生故障时，三个警告灯都亮起。

2. 传感器检测

以大众车系为例，ESP 系统主要传感器包括转向盘转角传感器 G85、侧向加速度传感器 G200、横摆率传感器 G202 和制动压力传感器 G201。

1）转向盘转角传感器 G85

安装位置：转向柱上，转向开关与转向盘之间，与安全气囊时钟弹簧集为一体。

作用：向带有 EDL/TCS/ESP 的 ABS 控制单元传递转向盘转角信号。

测量范围：±720°，4 圈，测量精度：1.5°，分辨速度：1°～2 000°/s。

失效影响：系统将不能识别车辆的预期行驶方向（驾驶员意愿），导致 ESP 功能不起作用。

自诊断：更换控制单元或传感器后，需重新标定零点。

电路连接：G85 是 ESP 系统中唯一一个直接由 CAN–BUS 向控制单元传递信号的传感器。打开点火开关后，转向盘被转动 4.5°（相当于 1.5 cm），传感器进行初始化。

拆装注意事项：安装时，要保证 G85 在正中位置，观察孔内黄色标记可见。

2）侧向加速度传感器 G200

安装位置：转向柱下方偏右侧，与横摆率传感器集为一体。

作用：确定侧向力。

失效影响：若没有 G200 信号，则无法识别车辆状态，ESP 功能失效。

测量精度：1.2 V/g（加速度），测量范围：±1.7g（加速度），信号：0 ～ 2.5 V。

3）横摆率传感器 G202

安装位置：转向柱下方偏右侧，与侧向加速度传感器集为一体。

作用：G202 感知作用在车辆上的转矩，识别车辆围绕垂直于地面轴线方向的旋转运动。

失效影响：若没有此信号，则控制单元不能识别车辆是否发生转向，ESP 功能失效。

（4）制动压力传感器 G201

安装位置：在主缸上，为了最大限度地保证安全，有些系统采用了 2 个传感器（双重保障，实际上 1 个就够用）。

功能：计算制动力，控制预压力。

失效影响：ESP 功能不起作用。

最大测量值：170 bar，最大能量消耗：10 mA，5 V。

5）ASR/ESP 按钮开关 E256

安装位置：仪表板上。

作用：按此开关可关闭 ASR/ESP 功能，并由仪表上的警告灯指示出来，再次按压此开关可重新激活 ASR/ESP 功能。如果驾驶员忘记重新激活 ASR/ESP，再次起动发动机后系统可被重新激活。

下列情况下，有必要关闭 ESP：

（1）在积雪路面或松软路面上行驶。

（2）车辆安装了防滑链。

（3）在测功机上检测车辆。

ESP 正在介入时，系统将无法被关闭；E256 失效，ESP 功能将不起作用。

3. 控制单元检测

图 6-51 所示为 ESP 控制单元，其功能有：

（1）控制 ESP、ABS、EDL、ASR（TCS）、EBD。

（2）连续监控所有电气部件。

（3）支持自诊断。

打开点火开关后，控制单元将做自测试。所有的电器连接都将被连续监控，并周期性检查电磁阀功能。

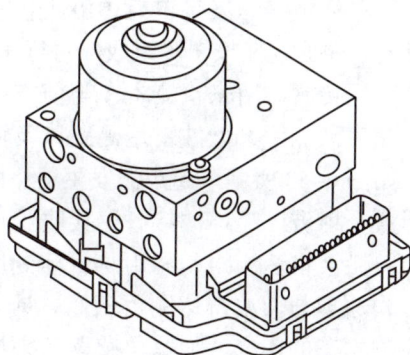

图 6–51　ESP 控制单元

【知识拓展】

自动制动辅助系统

自动制动辅助（Autonomous Emergency Braking，AEB）系统，是指车辆在非自适应巡航的情况下正常行驶，如车辆遇到突发危险情况或与前车及行人距离小于安全距离时，主动进行制动避免或减少追尾等碰撞事故的发生，从而提高行车安全性的一种技术。

目前，全球主流的汽车厂商都有自己的预碰撞安全系统（图6-52），不过各个厂商的叫法各不相同，功能的实现效果及技术细节会有所不同。例如丰田的预碰撞安全系统称为PCS（Pre-Collision System）、本田的称为CMBS（Collision Mitigation Brake System）以及奔驰的PRE-SAFE系统、大众Front Assist预碰撞安全系统、沃尔沃CWAB系统等，但工作原理基本上是相同的。

图6-52 预碰撞安全系统示意图

一般来说，AEB系统由两个分系统组成，包括车辆碰撞迫近制动（CIB）系统和动态制动支持系统（DBS），其中CIB系统会在追尾以及驾驶员未采取任何行动的情况下，紧急制动车辆，而DBS在驾驶员没有施加足够的制动行动时，会给予帮助避免碰撞。

一、汽车AEB系统的组成

汽车AEB系统主要由行车环境信息采集单元、电子控制单元和执行单元等组成。

1. 行车环境信息采集单元

行车环境信息采集单元由测距传感器、车速传感器、加速传感器、制动传感器、转向传感器、路面选择按钮等组成，对行车环境进行实时检测，得到相关行车信息。

测距传感器用来检测本车与前方目标的相对距离以及相对速度。目前，常见的测距技术有超声波测距、微波雷达测距以及激光测距等。超声波测距是利用超声波的反射特性测距。如图6-53所示，超声波发生器不断地发射出40 kHz超声波，该超声波遇到故障物后反射形成反射波，超声波接收器接收到反射波信号后，将其转换成电信号，从而测出目标的距离。微波雷达测距是利用从目标处反射回来的电磁波发现目标并测定其位置。激光测距的工作原理与微波雷达测距相似，具体的测距方式有连续波和脉冲波两种。车速传感器用来检测本车的速度。加速传感器用来检测驾驶员在收到系统提醒报警后是否及时松开加速踏板，对本车实施减速措施。制动传感器用来检测驾驶员是否踩下制动踏板，对本车实施制动措施。转向传感器用来检测车辆目前是否处于弯道路面行驶或者超车状态，系统凭此来判断是否需要进行报警抑制。路面选择按钮是为了方便驾驶员对路面状况信息进行选择，从而方便系统对报警距离的计算。需要采集的信息因系统不同而不同，所有采集到的信息都将被送往电子控制单元。

图 6-53 超声波测距

2. 电子控制单元

电子控制单元接收行车环境采集单元的检测信号后，综合收集到的数据信息，依照一定的算法程序对车辆行驶状况进行分析计算，判断车辆行驶状态，同时对执行单元发出控制指令。

3. 执行单元

执行单元可以由多个模块组成，如声光报警模块、LED 显示模块、自动减速模块和自动制动模块等，根据系统不同而不同。它用来接收电子控制单元发出的指令，并执行相应的动作，达到预期的预警效果，实现相应的车辆制动功能。当系统检测到存在危险状况时，首先进行声光报警提醒驾驶员，当系统发出提醒报警之后，如果驾驶员没有松开加速踏板，则系统会发出自动减速控制指令；在减速之后系统检测到危险仍然存在时，说明目前车辆行驶处于极度危险的状况，需要对车辆实施自动强制制动。

二、汽车 AEB 系统原理

汽车 AEB 系统利用测距传感器测出与前车或者障碍物的距离，然后利用电子控制单元将测出的距离与报警距离、安全距离等进行比较，小于报警距离时就进行报警提示，而小于安全距离时即使在驾驶员没有来得及踩制动踏板的情况下，AEB 系统也会启动，使汽车自动制动，从而为安全出行保驾护航。

三、汽车 AEB 系统类型

欧洲新车星级评价（E-NCAP）以多年来统计的事故数据作为依据，对汽车 AEB 系统使用环境提出三种应用类型，即城市专用 AEB 系统、高速公路专用 AEB 系统和行人保护专用 AEB 系统。

1. 城市专用 AEB 系统

城市交通事故大多发生在路口等待、交通拥堵等情况下，因为此时驾驶员注意力分散，容易忽视自身的车速和前车的距离，从而造成碰撞事故。城市内行车特点是速度慢，易发生不严重的碰撞。城市专用 AEB 系统可以监测前方路况与车辆移动情况，如果探测到潜在的危险，它将采取预制动措施，提醒驾驶员风险的存在；如果在反应时间内未接到驾驶员指令，该系统则会自动制动来避免事故。而在任何时间点内，如果驾驶员采取了紧急制动或猛打转向盘等措施，该系统将停止。

马自达阿特兹 2015 款搭载的低速制动辅助系统（SCBS）属于城市专用 AEB 系统的一种，如图 6-54 所示。该系统能够在车辆低速行驶时主动侦测同前方车辆的距离，当车速为 4 ~ 30 km/h 时，该系统会自动打开，判断本车与前方车辆的距离，当检测到两辆车距离过近时，系统会自动制动减速，避免或减轻伤害；在 20 km/h 速度以下时，会自动停车，避免追尾前车或减轻对前车的伤害。权威数据显示，在大城市的车辆追尾、刮蹭事故中，有 70% 以上的事故发生在车辆中低速行驶时，特别是在拥堵路况上车辆走走停停、驾驶员走神更是追尾和刮蹭事故的主要原因。

图 6-54　马自达阿特兹 2015 款搭载的低速制动辅助系统

2. 高速公路专用 AEB 系统（图 6-55）

在高速公路上发生的事故与城市交通事故相比，其特点不同。高速公路上的驾驶员可能疲劳驾驶，当意识到危险时因车速过快而无法控制车辆。为了保证在这种行驶情况下的安全，AEB 系统必须能用相应的控制策略来应对。系统在车辆高速行驶状态下工作，首先通过报警来提醒驾驶员潜在的危险。如果在反应时间内，驾驶员没有任何反应，第二次警示系统将启动，比如突然的制动或安全带收紧，此时制动器将调至预制动状态；如果驾驶员依然没有反应，那么该系统将会自行实施制动。

3. 行人保护专用 AEB 系统

除探测到路上的车辆外，还有一类 AEB 系统是用来检测行人和其他公路上弱势群体的，如图 6-56 所示，通过车上一个前置摄像头传来图像，可以辨别出行人的图形和特征，通过计算相对运动的路径，以确定是否有撞击的危险。如有危险，系统可以发出警告，并在安全距离内，制动系统采用全制动使车辆停止行驶。实际情况下预测行人行为是比较困难的，系统控制的算法也非常复杂，该系统需要在危险发生前便迅速地做出正确判断，以更有效地做出反应，防止危险事态发生，同时也需要避免系统在特定情况下发生误触发。

图 6-55　高速公路专用 AEB 系统

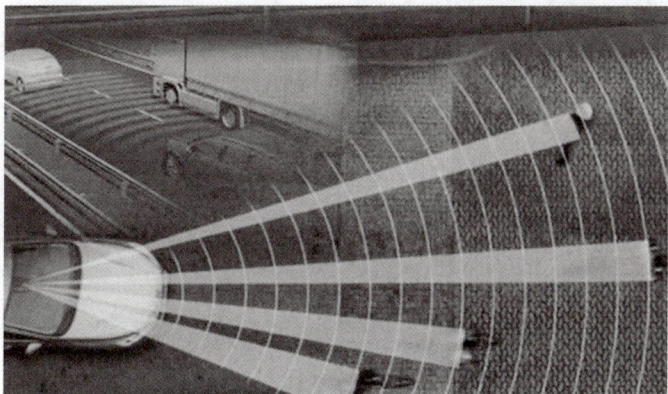

图 6-56　行人保护专用 AEB 系统

　　据欧洲权威调查显示，装备 AEB 系统之后能减少 27% 的事故，所以说 AEB 对于提高安全性是很有帮助的。但 AEB 系统更多的是捕捉前方移动车辆目标，对于较小的目标或者较复杂的场景效果并不明显。在当前技术条件下，即使车辆配备 AEB 系统，驾驶员也不能将"安全驾驶"和"交通法规"抛之脑后，需要时刻谨记良好的驾驶习惯和操作要点，因为一旦车辆超过所能控制的极限，即使拥有 AEB 系统也无济于事。

参考文献

［1］李春明．汽车底盘电控技术［M］．北京：机械工业出版社，2021．

［2］李培军．汽车底盘电控技术［M］．北京：人民邮电出版社，2015．

［3］李晶华．汽车底盘电子控制技术［M］．长沙：中南大学出版社，2017．